민법사례연습

고영남 저

동방문화사

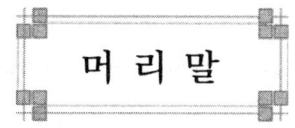

　　민법학을 학습하는 근본적 이유는 민법의 이론과 법체계를 이해하는 데 있지만, 한국의 대학이나 법학전문대학원에서 요구되는 최근의 교육과정은 민법학의 이론과 법리를 실제에 적용하여 사례문제를 해결하는 능력을 제고하는 데 그 목적을 두고 있다. 학문으로서의 민법학보다는 문제해결을 위한 규범적 도구로서 민법학이 고등교육의 교육과정을 지배하고 있다고 말해도 지나치지 않을 것이다. 판례에 대한 이해가 교육과정이나 각종 국가·자격시험에서 중요하게 등장한 것도 이와 무관하지 않다.

　　내가 이런 경향에 뒤쫓아 따르는 것은 아니지만 그 역시 민법학의 한 모습이기 때문에 이 책의 출간을 고민하게 되었다. 이 책은 조승현 교수와 함께 쓴 <민법연습>(한국방송통신대학교출판부, 2002)이라는 단행본 중 저자의 집필부분을 다시 고쳐서 엮은 사례연습교과서이며, 앞으로 그 지면을 '소유권법'과 '용익물권법', 그리고 '채권담보법' 등으로 확대해 볼 생각이다.

　　나는 기본적으로 책임론을 일원적으로 이해하고 구성하는 태도를 취하지만 그 교육의 목적을 위해서는 책임이 발생하는 실제의 영역을 다양하게 나누어 학습하여도 무방하다는 생각을 갖고 있다. 또한 그 책임규범의 바탕에는 이득(利得)과 신뢰(信賴)의 가치가 존재한다고 생각하기에, 이 책의 편제도 '불법행위법'을 먼저 서술하고 나중에 '계약법'을 서술하였다. 모두 15개의 주제를 다루면서 각 주제마다 답을 서술하지 않은 연습문제를 몇 개씩 추가하였다. 고민과 담론 속에서 민법학이 무르익을 것이라고 생각하기 때문이다.

　　이 책은 내가 생각하는 사례교과서 중 첫 번째여서 불법행위법과 계약법의 이론과 체계 중 가장 본질적이라고 생각하는 논점만 다루었고, 또한 참고문헌 역시 가장 대표적 단행본으로 한정하였음을 밝힌다. 출간시기가 오래된 단행본들을 굳이 인용한 이유는 당시 단행본들의 내용이 오히려 최근 단행본들보다 풍부하다고 생각하기 때문이다. 반면 단행본의 정체와는 달리 연구자들의 논문은 21세기 들면서 그 양이나 질이 나아졌지만 이 책의 성격으로 인하여 인용하는 데 가급적 제한을 두었다. 물론 판례에 관해서는 최근 판결을 중심으로 두루 인용하였다. 특히 계약법에서는 매매계약을 기본으로 하고 임대차, 고용, 도급, 위임 등의 전형계약을 가미하여 사례를 구성하였다. 또한 사례에 등장하는 당사자의 이름이나 사실관계를 실제(實際)에 가깝게 구성하려고 노력하였다.

    고민의 깊이와 넓이가 이해의 수준을 보장하지는 않겠지만 이 책을 통하여 민법학의 근원에 조금이라도 접근할 수 있게 된다면 그 기쁨은 클 것이라고 믿으며, 독자들의 질정(叱正)을 바란다.

2016년 이른 봄

고 영 남

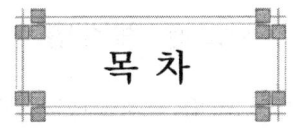

제1편 불법행위법

제1장 일반불법행위 ······ 3
  I. 논점 ······ 3
  II. 불법행위를 위한 주관적 요건 ······ 4
  III. 불법행위를 위한 객관적 요건 ······ 8
  IV. 사례해결 ······ 11

제2장 사용자책임과 구상권의 제한 ······ 15
  I. 강씨에 대한 철수의 청구가 인용될 수 있는지에 대한 검토 ······ 15
  II. 전액구상청구의 인용 여부 ······ 22

제3장 의료과오에 대한 불법행위책임 ······ 28
  I. 논점 ······ 28
  II. D의 불법행위책임에 대한 판단 ······ 30
  III. M의 불법행위책임에 대한 검토 ······ 37

제4장 손해배상의 범위 ······ 43
  I. 논점 ······ 43
  II. 배상범위의 규범으로서 민법 제393조 ······ 44
  III. 통상손해와 그 산정 ······ 46
  IV. 특별손해 ······ 48

제2편 계약법

제5장 불법행위법과 계약법의 착종 : 계약체결상의 과실 · 59
- I. 논점 · 59
- II. '계약체결상의 과실책임'의 고민과 그 이론의 발전 · 60
- III. 김 변호사의 견해 : '계약체결상의 과실책임' 수용론 · 62
- IV. 강 변호사의 견해 : 이른바 '무용론' · 63
- V. 새로운 법정책임이라는 견해 · 65

제6장 계약의 무효 · 71
- I. 쟁점 · 71
- II. 계약의 무효와 철수의 항변사유 · 71
- III. 계약의 유효와 철수의 항변사유 · 82

제7장 계약의 취소 · 88
- I. 쟁점 · 88
- II. 변호사 A의 논거 : 불합의(不合意) · 89
- III. 변호사 B의 논거 : 계약의 해제 · 90
- IV. 변호사 C 의 논거 : 계약의 취소와 그 효과 · 93

제8장 대리인에 의한 계약의 효력 · 99
- I. 논점 · 99
- II. 대리행위의 존부 · 99
- III. 유권대리의 여부 · 101
- IV. 무권대리와 표현대리책임 · 102

제9장 동시이행의 항변권 · 111
- I. 논점 · 111

II. 상환의 원칙으로서 '동시이행의 항변권' ································ 112
   III. 동시이행의 항변권의 성립요건 ··· 113
   IV. 동시이행의 항변권을 행사하여야 하는지 여부 ······················· 118

제10장 위험부담 ·· 123
   I. 논점 ·· 123
   II. 특정물매도인의 선관주의의무와 특정물도그마 ······················· 124
   III. 문제1 : 위험부담과 대금채무의 소멸 ··································· 126
   IV. 문제2 : 위험부담과 대상청구권 ··· 128
   V. 문제3 : 채권자의 귀책사유와 급부의무의 불능 ······················· 130

제11장 변제의 제공과 수령지체 ··· 136
   I. 논점 ·· 136
   II. 만수의 해제주장에 대한 판단 ·· 137
   III. 영희의 청구에 대한 판단 ··· 141

제12장 제3자변제와 변제자대위제도 ·· 150
   I. 논점 ·· 150
   II. 문제1 : 강씨의 거절에 대한 판단 ··· 151
   III. 문제2 : 박씨의 변제자대위 ·· 157

제13장 불완전이행과 담보책임 ·· 166
   I. 논점 ·· 166
   II. 특정물매도인으로서 강씨의 급부의무 ····································· 167
   III. 급부의무의 불완전이행과 그 평가 ··· 168
   IV. 특정물매도인으로서 강씨의 계약책임 ····································· 174

제14장 이행지체와 계약의 해제 ··· 187
   I. 논점 ·· 187

    II. 주택을 반환하라는 철수의 청구에 대한 근거 ··················· 188
    III. 강씨의 법적 지위에 대한 검토 ··································· 195

제15장 채무불이행과 손해배상 ··· 201
    I. 논점 ··· 202
    II. 철수의 해제 및 원상회복청구에 대한 검토 ······················ 202
    III. 손해배상에 대한 검토 ··· 204

제1편 불법행위법

제1장 일반불법행위
제2장 사용자책임과 구상권의 제한
제3장 의료과오에 대한 불법행위책임
제4장 손해배상의 범위

제1장 일반불법행위

문제

피한정후견인 만수(25세)는 낙동강공원의 '자전거전용도로'(자전거 이용 활성화에 관한 법률 제3조)를 벗어난 산책로에서 자신의 자전거를 과속으로 운행하던 중 운전미숙으로 말미암아 산책하던 영희를 치게 되었다. 큰 상해를 입은 영희는 민법 제750조를 근거로 만수에게 손해배상을 청구하였다. 인용되기 위한 요건을 설명하라.

 풀이

I. 논점

영희의 손해배상청구가 인용되기 위해서는 청구원인, 즉 법률요건이 마련되어야 한다. 계약채무가 형성되지 않는 한, 법률에 의한 채무관계가 있는지 탐구하여야 한다. 구체적으로, 만수의 행위가 불법행위에 해당한다면 이는 곧 손해배상의무 내지 청구권을 위한 법적 원인으로서의 법률요건이 된다. 따라서 문제가 된 만수의 행위가 불법행위에 해당하는지 여부를 그 근거가 되는 민법 내지 그 특별법에 의해 체계적으로 검토하여야 한다. 그러나 위 <문제>에서는 영희가 민법 제750조(일반불법행위)에 기초해 손해배상을 청구하고 있으므로 이 법률의 적용 여부만 검토하면 된다. 다만 영희가 큰 상해를 입은 사실에 관해서는 위 <문제>에서 이미 밝혀졌기 때문에 이에 대한 주장이나 입증은 문제되지 않을 것이다.

II. 불법행위를 위한 주관적 요건

1. 만수의 고의 또는 과실

(1) 일반론

타인에게 손해가 발생하리라는 것을 알면서도 가해행위를 한 경우에 가해자의 고의가 인정되지만, 불법행위가 성립되는지를 검토할 경우 고의와 과실은 동등하게 취급된다. 손해를 발생시킨 데 행위자가 무엇인가를 잘못했고 따라서 피해자에게 생긴 손해를 전보해야 한다는 규범을 형성하는 데에서 차이가 없기 때문이다. 따라서 행위자에게 고의가 없어도 과실이 있으면 고의가 있는 경우와 마찬가지로 그 행위자에게 손해배상책임이 귀속된다.

한편 과실의 개념은 학설에 따라 다양하게 설명된다. 특히 과실이 무엇이냐 하는 것은 단순한 과실 개념 자체의 문제에 그치지 않고, 책임귀속체계와 관련된다.[1] 먼저 객관적 과실설에 의하면, 일정한 결과의 발생을 알고 있어야 함에도 불구하고 주의를 게을리 했기 때문에 그것을 알지 못하고서 행위를 하는 사람의 심리상태를 과실이라고 한다.[2] 다시 말해서 불법행위책임이 성립하는 데 필요한 과실은 추상적 경과실이 원칙이고, 이는 보통인, 평균인 또는 표준인의 주의정도를 기준으로 설정된다.[3] 그럼에도 불구하고 이 학설과 판례에

---

[1] 특히 제750조상의 과실을 객관적 과실 내지 위법성(주의의무위반)으로 파악하는 객관적 과실설에 따르면 불법행위책임의 유형을 세 가지로 분류한다. 첫째로 고의에 의한 불법행위책임으로서 '행위자' 비난가능형 불법행위책임이 존재하는데, 이는 가해자의 유책성에 기초한 책임이다. 둘째로 객관적 과실에 의한 불법행위책임유형으로서 '행위' 비난가능형 불법행위책임유형이 있는데, 이는 객관적 주의의무위반에 의한 과실책임이라고 할 수 있다. 그리고 위법성과 과실을 전혀 문제 삼지 않는 불법행위책임유형으로서 위험원지배형 불법행위책임유형이 있다. 이를 위험책임이라고 하는데, 통설은 과실책임주의의 원칙을 유지하면서 과실개념의 객관화, 과실의 추정, 면책의 제한 등의 우회적인 수단으로 현실적인 위험책임의 요청을 충족시키고 있다.
[2] 곽윤직, 채권각론, 475면; 이은영, 채권각론, 785면 등 참고. 통설이라고 할 수 있다.
[3] '불법행위의 성립요건으로서의 과실은 이른바 추상적 과실만이 문제되는 것이고 이러한 과실은 사회평균인으로서의 주의의무를 위반한 경우를 가리키는 것이지만, 그러나 여기서의 사회평균인이라고 하는 것은 추상적인 일반인을 말하는 것이 아니라, 그때그때의 구체적인 사례에 있어서의 보통인을 말하는 것이다'(대법원 1967.7.8. 선고 66다1938 판

의하면, 일정한 침해행위의 유형으로 인하여 생기는 위험의 크고 작음, 그리고 침해된 이익의 크고 작음에 의하여 주의의무의 정도가 변하게 된다고 한다.4)

하지만 주관적 과실설은 달리 파악한다. 과실의 본래적인 개념은 책임능력을 전제로 유책성과 관련하여 이해되는 주관적 과실이며, 통설이 말하는 객관적 과실은 행위의 위험성, 거래안전의무 또는 거래상의 기대를 기초로 하는 위험성관련의 귀책체계로 이해한다. 따라서 불법행위법이 원래 예정하고 있는 과실의 체계는 주관적 과실이지만, 현대사회에 들어오면서 생활의 안전과 관련된 업무상 행위 및 위험성이 있는 행위들이 증가됨에 따라 객관적 과실이 적용되는 범위가 확대되었을 뿐이라고 한다.

한편 이러한 가해자의 과실 여부는 그 입증책임을 누가 부담하느냐에 따라 그 책임 여부가 판이하게 달라질 수 있다. 원칙적으로 채무불이행책임으로부터 자유롭기 위해서는 채무자가 계약위반 관련하여 자신에게 귀책사유 없음을 적극적으로 입증하여야 하지만, 불법행위법에서는 원칙적으로 불법행위의 성립 내지 그 존재를 주장함으로써 그 책임을 형성하고자 하는 피해자가 가해자의 고의 혹은 과실을 입증하여야 한다.5)

결 참조).
4) '운전능력이 없거나 운전기능이 미숙하여 자동차운전학원에서 기능교육을 받고 있는 피교습자라 하더라도 사고의 발생이 예견되는 경우에 일률적으로 사고를 회피할 정도의 주의의무를 기대할 수 없다고 할 수는 없는 것이고, 그때그때의 구체적인 사정에 비추어 사고회피에 관한 주의의무를 위반하였다고 볼 수 있는 경우에는 과실이 있다'(대법원 2001.1.19. 선고 2000다12532 판결). 반면에, '과실이라 함은 통상적인 사람을 기준으로 하여 마땅히 하여야 할 의무를 태만히 하였거나 또는 하지 아니하면 안 될 의무를 이행하지 아니한 경우를 가리켜 뜻하는 것으로서 그와 같이 하지 아니한 것이 불가항력적이었다면 거기에 과실이 있다고 탓할 수는 없는바, 어떠한 방법을 써서라도 총기를 사용할 수 없도록 물리적인 조치를 강구하여야 할 의무가 있다고 하더라도 그 의무를 다하지 못한 것이 불가항력적이었다고 보는 한 과실을 물을 수 없다'(대법원 1979.12.26. 선고 79다1843 판결).
5) 따라서 불법행위법에서의 '과실책임'은 과실을 전제하는 책임론이지만 이를 법정치학적으로 이해하면 '비록 손해가 발생하더라도 그 과실이 없으면 책임 없다'는 명제로 환원된다. 더욱이 이 과실의 입증책임까지 더하면 '비록 손해가 발생하고 가해자에게 과실이 존재하더라도 피해자가 이를 입증하는 데 실패하면 책임 없다'는 명제로 환원된다. 결국 과실책임론은 불법행위로 인한 손해와 그 과실이 존재하더라도 면책될 수 있음을 전제하는 책임법의 함정이다.

(2) 문제해결

자전거를 과속으로 운행하던 중 운전미숙으로 말미암아 영희에게 큰 상해를 입힌 만수로서는 산책로에서 과속으로 자전거를 운행하면 보행인 등의 안전에 위해를 끼칠 수 있음을 '알고 있어야 함에도 불구하고', 주의를 게을리 하여 이를 알지 못했거나 아예 무시하였다고 볼 수 있기 때문에 위 사례에서 만수의 과실은 인정된다. 특히 만수는 자전거전용도로가 확보되어 있음에도 불구하고 그 도로를 벗어나 인근의 산책로에서 자전거를 과속으로 운행하면 보행자들의 안전이 위협받을 수 있고 산책로의 벤치에 앉아있는 사람들에게 위해를 끼칠 수 있다는 현실적 가능성을 예견할 수 있음에도 불구하고 이를 망각 내지 무시하였다는 데 그 근거가 있다. 산책로에서 자전거를 운행하는 보통사람이라면 더욱이 자전거전용도로를 벗어난 상태에서는 오고가는 사람들의 안전을 위해 천천히 운행하려는 주의정도를 지녔다고 보고, 만수에게는 이러한 주의정도가 명백하게 결여되었다고 볼 수 있기 때문이다(객관적 과실설).

더욱이 만수가 피한정후견인이라고 하더라도, 그는 자전거전용도로에서 자전거를 운행하는 보통인이라면 당연히 지녀야 될 주의정도를 망각 내지 무시한 심적 상태에서 사고를 내었기 때문에 추상적 경과실을 인정하는 데 어려움은 없다. 다시 말해서 피한정후견인이라는 주관적 사정은 추상적 경과실 여부를 검토하는 데 아무런 영향을 주지 않는다. 물론 만수에게 이러한 추상적 경과실이 존재한다는 사실은 영희가 입증하여야 한다.

2. 만수의 책임능력

(1) 일반론

민법은 제753조 및 제754조에서 책임변식능력이 없는 미성년자와 심신상실자의 손해배상의무를 면책시키는 규정을 둠으로써 책임능력의 요건을 불법행위책임의 전제로서 소극적으로 인정하고 있다. 따라서 다른 요건과는 달리 책임능력의 존재 여부를 피해자가 입증할 것이 아니라, 오히려 가해자가 자신의 불법행위책임을 면하기 위해 자신에게 책임능력이 결여되었음을 적극적으로 입증하여야 한다.

책임능력의 의미에 대해서는 견해가 나뉜다. 학설 가운데 지배적인 견해에 의하면, 행위자가 자기의 행위의 책임을 인식할 수 있는 능력을 책임능력으로 이해한다. 불법행위로 인한 책임을 행위자에게 귀속시킬 수 있는 능력(=불법행위능력)이라고도 하며, 고의 또는 과실을 인정하는 전제가 된다.[6] 반면에 유력한 견해에 의하면, 고의·과실의 전제로서 행위자의 가해행위에 대하여 배상책임을 부과하는 것이 사회적으로 타당한가라는 규범적 판단의 기준을 책임능력으로 이해한다.[7] 한편 판례에 의하면 책임능력을 법률상 불법행위책임을 변식할 지능 또는 능력이라고 하면서,[8] 구체적으로 13세 3개월 된 자의 책임능력을 인정하는가 하면,[9] 만13세[10] 또는 14세 2개월 된 자의 책임능력을 부정하기도 하여[11] 개별적 사안에 따라 책임능력이 있는지를 판단하고 있다.[12]

(2) 문제해결

만수가 가해자로서 자신의 행위에 따른 책임을 인식할 수 있는지 여부와 관련하여 민법은 그 요건을 소극적으로 검토하기 때문에, 오히려 만수는 자신

---

[6] 따라서 과실책임의 원리가 적용되지 않는 불법행위유형에서는 책임능력을 그 요건으로 설정할 이유가 없다고 한다.
[7] 이은영, 채권각론, 809쪽.
[8] 대법원 1977.5.24. 선고 77다354 판결 등 참조.
[9] 대법원 1969.7.8. 선고 68다2406 판결 참조.
[10] '전쟁놀이를 하던 13세밖에 안 되는 미성년자가 같은 또래의 어린이에게 장난감에 불과한 고무총을 발사하여 상해를 입혔다면 이는 불법행위에 대한 책임을 변식할 지능을 가진 사람의 행위라고 단정할 수 없다'(대법원 1978.7.11. 선고 78다729 판결).
[11] 대법원 1978.11.28. 선고 78다1805 판결 참조.
[12] '불법행위로 인한 책임을 변식할 지능의 유무는 연령 교육기관의 학년도에 의하여 획일적으로 결정할 수 없고 각자의 지능 발육정도 환경 지위신분 평소 행동 등에 의하여 개별적으로 결정하여야 하는 바 만13년 5개월 된 성적이 우수한 중학생이 길이 70센티미터의 탄력이 강한 고무줄 총을 원고 뒤에서 겨누고는 "00야"하고 불러 뒤를 돌아보는 순간 동인의 안면을 향하여 밤알만한 돌을 발사한 행위는 법률상 책임을 변식할 능력이 충분한 행위자의 행동이라고 도저히 볼 수 없다'(대법원 1977.5.24. 선고 77다354 판결).

에게 책임능력이 결여되었음을 입증하는 데 성공하지 못하는 한 불법행위책임으로부터 자유로울 수 없다. 특히 만수가 피한정후견인이라는 점이 책임능력의 결여를 정당화하는 근거가 될 수 있는지 검토할 수 있다. 성년후견제도는 법률행위를 적법하게 또는 확정적으로 유효하게 할 수 있는 당사자와 그렇지 않은 당사자의 형식적 자격을 구분하는 거래사회의 획일적 기준이므로 당사자의 법률행위 여부와 관계없이 발생한 가해행위로 말미암아 생긴 손해의 배상책임을 귀속시키기 위한 주관적 요건인 책임능력 여부를 검토하는 데 고려될 수 없다.

결국 만수가 피한정후견인이라는 점은 불법행위책임의 귀속 여부를 검토하는 데 결정적인 요인이 될 수는 없으며, 따라서 만수는 자신이 심신상실자(제754조) 등 책임무능력자에 해당한다는 점을 입증하지 못하는 한 불법행위책임을 면할 수 없다.

III. 불법행위를 위한 객관적 요건

1. 만수 행위의 위법성

(1) 일반론

가해자의 행위는 위법성을 띠어야 하며, 위법행위란 법질서에 반하는 인간의 행위를 말한다. 그러나 민법 제750조는 가해자의 작위 또는 부작위가 어떠한 경우에 위법성을 갖게 되는지를 구체적으로 정하고 있지 않다. 따라서 위법성의 판단기준에 대하여는 전통적으로 학설에 맡겨져 있다. 결과불법론에 의하면, 타인의 생명, 신체, 건강, 자유, 소유권 기타 권리 등 보호법익의 침해라는 결과(=손해발생) 자체가 있을 때에 행위의 위법성이 인용된다. 따라서 손해결과가 없으면 위법성이 없다고 한다. 반면에 행위불법론에 의하면, 가해자의 행위가 법규범이 정하고 있는 주의의무에 위반된 경우에 위법성이 인정된다고 한다.[13]

---

13) 문제는 행위불법론을 채택하면서 객관적 과실설을 동시에 취할 경우에는 과실과 위법

그렇다면 우리 학설들은 위법성의 판단기준14)을 어떻게 정하고 있는가? 통설에 의하면 위법성은 사회질서를 해치는 것으로 허용될 수 없는 행위에 대한 평가라고 하며, 그 평가의 기준은 다름 아니라 실정법질서와 사회질서를 표준으로 하여 객관적이고 실질적으로 행하여져야 하며,15) 위법성 판단이 곤란한 경우 비교형량이론에 의하여 판단된다고 한다.16)

(2) 문제해결

절대적 법익이라고 할 수 있는 영희의 신체가 크게 다쳤기 때문에 영희에게 상해를 입힌 결과 자체만으로도 만수의 행위는 위법하다고 판단된다. 영희의 신체처럼 절대적 법익이 침해된 경우에는 이러한 결과불법론의 입장을 원칙으로 내세우고 있다. 한편 행위불법론에 의하더라도 자전거전용도로를 벗어나 산책로에서의 과속운행은 보행인의 보행안전을 위협하는 행위로서 허용될 수 없는 반사회질서적 행위라고 판단되므로 행위의 위법성이 인정된다고 볼 수 있다.

성 개념이 착종된다는 점이다. 왜냐하면 행위불법은 곧 금지규범에 위반하는 것이고, 객관적 과실은 객관적 주의의무를 위반하는 것이기 때문이다.
14) 불법행위를 구성하는 일반조항을 두고 있지 않은 독일민법에서는 절대적 법익(생명, 신체, 건강, 자유, 소유권과 같은 절대권)을 침해한 경우, 타인의 보호를 목적으로 하는 법률(=보호법규)을 위반한 경우, 고의로 양속에 반하는 행위를 함으로써 타인에게 손해를 가한 경우에 행위의 위법성을 인용하고 있으며, 판례를 통해 거래안전의무를 위반한 경우에도 위법성을 인정하고 있다.
15) 곽윤직, 채권각론, 487면 이하; 이은영, 채권각론, 801면 이하.
16) 일반적 인격권은 생명, 신체, 건강 및 자유와는 달리 결과불법론에 입각하여 위법성을 판단할 수 없다. 그렇다고 해서 누군가가 인격침해를 받았다는 사실만으로는 위법성을 구성하기에 불충분하고, 그밖에 침해가 어떤 권능에 기한 것인가를 검토해야 한다고 한다. 따라서 침해행위의 사회적 혹은 개인적 유익성과 기대되는 불이익의 개연성 및 정도를 서로 비교하여 그 비교가 침해자에게 불리한 경우, 즉 침해로 사회적·개인적 불이익이 더 많은 경우에 그 침해행위는 위법하다고 판단된다.

2. 행위와 손해 사이의 인과관계

(1) 일반론

만수의 행위로 인해 영희의 신체가 크게 훼손되었다는 사실의 경과가 객관적으로 확인될 필요가 있으며, 더욱이 이러한 사실관계에 의해 만수의 가해행위를 원인으로 하여 영희에게 생긴 손해를 가해자에게 배상하도록 하는 것이 법적으로 타당한지를 검토할 필요가 있다. 이처럼 민법 제750조에서 요구하는 인과관계 개념은 두 가지 의미를 내포하고 있는데, 전자를 사실적 인과관계라고 하고 후자를 법률적 인과관계로서 책임설정적 인과관계라고 한다. 후자는 행위와 법익침해 사이의 인과관계를 말하며, 책임법상의 요건을 갖춘 인과관계를 말한다. 그러나 책임을 귀속시키기 위한 법률적 인과관계는 사실적 인과관계의 존재를 기초로 한다. 이는 원인행위에 의해 손해결과가 발생하였다는 사실의 경과가 입증되어야 함을 말하며, 이를 인과관계의 입증문제라 할 수 있다. 불법행위법에서 이러한 증명책임은 원고, 즉 피해자에게 있음이 통설 및 판례의 태도이다.

(2) 문제해결

만수의 위법한 가해행위로 인해 영희에게 손해가 발생하였다는 인과관계의 문제가 검토되어야 한다. 여기에서는 만수의 행위 때문에 영희가 크게 다쳤다고 하는 사실의 확정문제가 먼저 검토되어야 하는데, 이를 사실적 인과관계의 문제라고 하며 위 사례에서 큰 어려움 없이 피해자인 영희가 입증할 수 있다. 그런데 불법행위책임이 인용되기 위해서는 만수의 가해행위와 침해결과 사이에 책임법적 인과관계가 제750조에 의해 검토되어야 한다(=법률적 인과관계로서의 책임설정적 인과관계). 다시 말해서 만수에게 불법행위책임을 물리고 영희에게 불법행위의 법률효과로서 손해배상청구권을 부여하기 위해 필요한 규범요건이 필요하다. 요컨대 만수의 가해행위와 영희의 손해 사이에는 원인과 결과라는 제750조상의 책임요건이 인정되어 책임설정적 인과관계가 존재하기 때문에 사실적 인과관계가 부인되지 않는 한, 만수에게 불법행위책임을 귀속시키기 위한 인과관계는 인정된다고 판단된다.

IV. 사례해결

먼저 주관적 요건인 만수의 과실에 대해서는 영희가 입증하면 충분하고, 만수는 자신의 책임을 면하기 위해 자신에게 책임능력이 없음을 입증하여야 한다. 따라서 자전거를 전용도로에서 벗어나 산책로에서 과속으로 운행하면 큰 사고를 일으킬 수 있음을 알고 있어야 함에도 불구하고 주의를 게을리 하여 이를 알지 못했거나 아예 무시하였기 때문에 만수의 과실은 인정된다. 또한 만수는 자신이 심신상실자(제754조) 등 책임무능력자에 해당한다는 점을 입증하지 못하는 한, 불법행위책임을 면할 수 없다.

다음으로 객관적 요건이 검토되어야 한다. 절대적 법익이라고 할 수 있는 영희의 신체가 훼손되었기 때문에 만수의 자전거운행은 위법하다고 판단되며, 영희가 상해를 입었기 때문에 손해의 존재를 입증하는 데 어려움이 없다. 끝으로 만수의 위법한 가해행위 때문에 영희에게 손해가 생겼다는 인과관계의 요건을 검토하는 데 있어서 피해자인 영희가 그 사실의 과정을 확인하여 입증하면 된다. 그리고 이러한 사실관계에 기초하여 영희에게 생긴 결과에 대한 책임을 만수에게 물리는 데 필요한 규범인 책임설정적 인과관계가 충분히 인정된다고 판단된다.

결국 위와 같은 주관적 요건과 객관적 요건이 두루 갖추어진 이상, 민법 제750조에 기초하여 영희가 만수를 상대로 제기한 손해배상청구는 인용되어야 한다고 판단한다.

◎ 연습문제

<연습 1-1> 자신의 승용차로 국도상의 교량 위를 과속으로 달리던 철수가 빗물에 미끄러지면서 중앙선을 침범하였는데, 반대차선에서 마주오던 만수의 화물차와 충돌하였다. 이 사고로 화물차의 엔진부위에서 화재가 발생하여 연소하면서 화물차의 적재함에 있던 디지털TV(10억 원 상당)가 타버렸다. 민법 제750조에 기해 손해배상청구소송을 제기한 만수가 철수의 과실을 주장하자, 이에 대해 철수가 자신에게는 중과실이 없다며 '실화책임에 관한 법률'에 의한 면책을 주장하였다. 철수의 항변이 타당한지 검토하라.(논점: 헌재 2007.8.30. 2004헌가25 및 2009년 전부개정된 '실화책임에 관한 법률'의 취지)

<연습 1-2> 철수는 5층 상가건물을 신축하면서 건축법 등 관계법령에 일조방해에 관한 규정을 준수하였음에도 불구하고, 이 신축으로 말미암아 바로 이웃한 만수의 단독주택이 직사광선에 노출되는 시간이 하루에 10여분에 지나지 않게 되었다. 이에 대해 만수가 직사광선이 차단되면서 불이익을 보았다며 철수를 상대로 민법 제750조에 기해 손해배상을 청구하였는데, 만약 당신이 만수의 변호사라면 철수의 불법행위를 어떻게 근거지울 수 있는가?(논점: 공법적 규제에 반하지 않는 행위에 대한 위법성 판단)

<연습 1-3> A는 B의료법인이 운영하는 M병원의 신경외과 의사 C로부터 목디스크수술을 받았으나, 수술 직후 마취에서 깨어나자마자 하반신완전마비 등 사지부전마비증상이 발생하였고 현재까지 척추마비상태가 계속되고 있다. 이에 따라 A는 C의 의료과오를 주장하며 민법 제750조에 기초하여 B와 C에게 손해배상을 청구하였다. 그러나 B 및 C는 A에게 발생한 척추마비상태가 C의 수술행위로 인하여 발생했다는 의학적 인과관계 및 C의 진료행위에 과실이 있었다는 점 등에 대한 증명이 없다는 이유로 A의 손해배상청구는 이유 없다고 주장한다. A 및 그 상대방의 주장을 논평하라.(논점: 사실적 인과관계의 문제와 그 해결방안)

<연습 1-4> 철수는 '2014년의 세월호 참사'와 관련하여 세월호 즉시 인양을 요구하는 시민집회에 참석하던 중, 반대시위대에서 날아든 돌멩이에 맞아 중상을 입게 되었다. 이에 대하여 철수는 가해시위대 속에 있었던 만수를 상대로 불법행위에 기초한 손해배상을 청구하였다. 철수의 손해배상청구가 인용될 수 있는 법률적 근거를 제시하고, 그 구성요건을 설명하라.(논점: 사실적 인과관계에 대한 특칙으로서 민법 제760조 제2항)

<참고문헌>(가나다 순)

권영준, 불법행위법의 사상적 기초와 그 시사점 : 예방과 회복의 패러다임을 중심으로, 저스티스, 통권 제109호, 2009
권영준, 불법행위의 과실 판단과 사회평균인, 비교사법, 제22권 제1호, 2015
곽윤직 집필대표, 민법주해 제18권·제19권, 박영사, 2005
곽윤직, 채권각론(신정수정판), 박영사, 2000
김상용, 불법행위법, 법문사, 1997
김형배·김규완·김명숙, 민법학강의(제14판), 신조사, 2015
이은영, 채권각론(제3판), 박영사, 2000

제2장 사용자책임과 구상권의 제한

문제

굴삭기자영업자 강씨에게 도움을 주던 그의 친구 만수는 강씨의 지시에 따라 박씨의 토목공사현장에 파견되어 강씨 소유의 굴삭기를 사용하여 흙파기작업을 하던 중, 흙을 수거하는 트럭운전기사 철수와 작업내용과 관련하여 언쟁을 하다가 굴삭기를 사용하여 철수에게 중상을 입혔다. 이에 대하여 철수는 불법행위에 기초하여 강씨를 상대로 손해배상을 청구하였다. 철수의 청구가 인용될 수 있는 법률적 근거와 그 구성요건을 설명하시오. 또한 철수에게 손해배상금을 완불한 강씨는 만수를 상대로 그에게 가해원인이 있음을 이유로 하여 손해배상금 전액의 구상을 청구하였는데, 인용될 수 있는가?

풀이

I. 강씨에 대한 철수의 청구가 인용될 수 있는지에 대한 검토

1. 불법행위법 검토

(1) 민법 제750조 적용 여부

흙파기작업과 관련하여 만수의 가해행위에 대한 강씨의 불법행위책임근거를 일반조항인 민법 제750조에서 구할 수 있는지를 검토한다. 무엇보다도 만수에 대한 강씨의 고용관계상 의무와 그 이행 여부가 불법행위법상 위법행위로 판단되어야 하고, 이러한 만수의 위법행위가 원인이 되어 철수에게 손해가 발생하여야 한다. 특히 후자의 문제, 즉 사실적 인과관계가 확인되지 않는 한 강씨의 불법행위책임은 인용될 수 없다. 그리고 사실적 인과관계의 존재가 확인되더라도 불법행위책임을 강씨에게 귀속시키기 위해서는 법률적 인과관계의 존부가 판단되어야 한다.

박씨의 작업장에서 자신의 굴삭기로 작업할 것을 만수에게 지시한 강씨에게 과연 만수의 작업내용을 감독할 의무가 있는지, 그리고 감독의무의 불이행 내지 불완전 이행으로 인하여 결국 철수가 중상을 입게 되었다는 사실의 경과를 철수가 입증할 수 있는지 의문이다. 더욱이 사실적 인과관계의 문제, 즉 원인행위로부터 손해발생이라는 결과에 이르기까지 사실의 경과가 확인되었더라도 과연 이런 사실에 기초하여 강씨에게 불법행위책임을 물을 수 있을지 의문이다. 특히 원인과 결과의 관계에 있는 모든 사실 가운데 어떤 전행사실로부터 일반적으로 초래되는 후행사실이 존재해야 법률적 인과관계를 인정하는 '상당인과관계설'에 의할 경우에, 인과관계의 상당성 내지 일반성을 인정하는 데 어려움이 크다고 볼 수 있다.

(2) 민법 제760조 제3항 적용 여부

공동불법행위가 성립되는지 역시 검토해야 한다. 강씨의 책임을 묻는 데 필요한 인과관계의 요건이 완화되기 때문이다. 하지만 강씨가 만수와는 달리 직접 가해행위를 하지 않았기 때문에 제760조 제1항 내지 제2항이 검토될 수는 없다. 따라서 그의 책임을 검토하기 위해서는 제760조 제3항의 요건을 검토하여야 한다. 판례에 의하면 제3항의 '방조'라 함은 불법행위를 용이하게 하는 직접, 간접의 모든 행위를 가리키는 것으로서 형법과는 달리 손해의 전보를 목적으로 하는 민법의 해석으로서는 고의가 아닌 과실에 의한 방조도 가능하다고 하며, 따라서 과실의 내용은 불법행위에 도움을 주지 않아야 할 주의의무가 있음을 전제로 하여 이 의무에 위반하는 것을 말한다. 요컨대 강씨는 만수가 가해행위를 알면서도 이를 제지하지 않거나 다른 방도를 취할 의무를 위반하였다고 볼 수 없으므로 민법 제760조 제3항이 적용될 수 없다고 판단된다.

(3) 사용자책임 적용 여부

가. 민법 제750조 및 제760조 적용의 한계

불법행위책임의 일반조항(민법 제750조)과 인과관계에 관한 특칙이라고 할 수 있는 공동불법행위규정이 위 청구의 법적 근거로 인용되지 않는 한, 민법 제755조 이하의 특별규정 내지 특별법상의 규정들을 검토해야 한다. 이들 규정은 가해행위를 한 당사자와 일정한 관계에 있는 자에게 불법행위책임을 물리는 근거가 되거나, 가해원인이 된 시설, 동물 등의 점유자에게 불법행위책임을 물리는 근거가 된다. 특히 전자의 경우에는 직접 가해행위를 한 책임무능력자와 책임을 지는 자 사이에 존재하는 감독관계(민법 제755조) 또는 직접 가해행위를 한 피용자 내지 수급인과 책임을 지는 자 사이에 존재하는 지시복종관계(민법 제756조, 제757조)가 불법행위책임의 정당화근거이다. 그런데 위 사례에서 철수의 손해배상청구는 사용자 강씨가 파견한 작업장에서 발생한 만수의 가해행위가 그 기초가 되고, 사용자 강씨의 지시관계가 손해배상청구의 정당화 근거로 주장되기 때문에 민법 제756조가 법률근거로서 검토되어야 한다.

나. 민법 제756조의 성격

사용자가 그의 업무 또는 영업에 타인을 사용하여 사업을 수행하게 하던 중에 제3자에게 손해를 발생시킨 때에는 그 타인의 책임과는 별개로 피해자에 대한 손해배상책임을 부담한다(민법 제756조 제1항 본문). 물론 사용자가 피용자의 선임 및 그 사무감독에 상당한 주의를 다한 때 또는 상당한 주의를 하여도 손해가 발생한 때에는 그렇지 않다(제1항 단서).[17] 무엇보다도 사용자책임의 법적 성질과 관련하여 학설의 다툼이 있다. 대위책임설 또는 고유책임설의 내용에 따라 사용자책임을 구성하는 요건을 달리 이해할 수 있기 때문에 이에

---

17) 민법 제756조의 규정은 그 형식에 있어서 과책주의를 토대로 하는 입법이다. 과책주의에 의하면 타인(피용자)의 행위에 대해서 행위자가 아닌 제3자(사용자)는 책임을 지지 않음이 원칙이다. 과책주의의 원칙에 의거할 때 민법 제756조는 불법행위법상 하나의 예외에 해당할 수도 있다. 그러나 사용자가 피용자의 선임 및 사무감독에 상당한 주의를 다했음을 입증한 때에는 책임이 면제된다는 점을 생각하면 제756조 역시 과책주의의 원칙에 따른 법률이다. 즉, 사용자가 집행보조자인 타인의 행위에 대하여 책임을 지는 것은 법문상 사용자가 선임·감독상의 주의를 다하지 않은 과책이 있는 경우에만 인정되는 것이다. 따라서 사용자책임의 책임체계와 관련해서 사용자 자신의 선임·감독상의 의무를 다하지 않은 과책을 기초로 하든지 또는 사용자의 사업활동의 연장선에 있는 집행보조자의 과책을 기초로 하든지 사용자책임규정은 과책주의의 기초 위에 서 있는 입법이라고 이해되어야 한다.

대한 이해가 필요하다.

먼저 대위책임설은 배상보장설이라고도 불린다. 이 견해에 의하면 사용자책임의 규범목적은 피용자에 대한 피해자의 손해배상청구권의 구현을 법정책적으로 보장해주는 데 있으며, 사용자의 배상의무는 단지 피용자가 불법행위책임이 적법하게 인용되는 경우에 한하여 발생한다. 즉, 피용자가 부담하여야 할 손해배상의무를 사용자가 마치 연대보증인처럼 대신 변제(배상)해주는 기능을 한다.[18] 반면에 이에 비판적인 고유책임설에 의하면 사용자책임은 피해자에 대한 관계에서 사용자 자신이 부담하여야 할 배상책임을 당연히 부담하는 것일 뿐이다. 따라서 사용자의 과책은 피용자의 선임·감독을 제대로 다했음을 입증하지 못한 때에 추정되며 사용자는 피용자의 과실이나 책임능력이 없는 경우에도 책임을 부담한다. 그러므로 사용자책임은 채무가 없는 책임이 아니라 채무가 있는 책임이다.[19]

2. 사용자책임의 성립요건에 대한 검토

민법 제756조 제1항 본문과 단서에 규정된 사용자책임의 성립요건을 위 사례와 관련하여 검토해 본다. 사용자책임이 성립하기 위해서는 우선 만수의 가해행위에 대한 불법행위책임의 성립 여부가 문제되며, 이어서 만수와 강씨 사이의 사무감독관계, 가해행위의 업무집행관련성 그리고 사용자의 면책사유 여부가 검토되어야 한다.

(1) 만수의 가해행위에 대한 불법행위법상 판단

강씨의 피용자인 만수가 철수에게 위법한 가해행위를 했어야 한다. 만수의 위법한 가해행위는 있으나 그의 과실이 없는 경우에도 사용자책임의 성립을 인정할지에 대해 견해의 대립이 있으나,[20] 위 사례를 보건대 만수의 과실을 철

---

[18] 현재 지배설이라고 할 수 있다. 곽윤직, 채권각론, 511쪽 등 참고.
[19] 따라서 사용자와 피용자의 대내적 관계도 '부담부분을 가진 부진정연대채무'로 보아야 하며, 사용자의 부담부분은 피용자와의 내부관계에 의해 결정된다(김형배, 민법학강의, 1668쪽 이하; 이은영, 채권각론, 851쪽 참고).

수가 입증하는 데 어려움이 없다고 판단된다.

(2) 만수와 강씨의 사무감독관계에 대한 판단

사용자와 피용자 사이에 사무감독관계 내지 사용관계가 있어야 한다. 피용자는 사용자로부터 지휘·감독을 받는 종속적 지위에 있음을 말한다.[21] 통설과 판례에 따르면 사용관계는 고용계약에 기초한 고용관계 또는 근로계약관계보다 넓은 개념으로서[22] 사실상의 지시복종관계의 존재를 의미하며, 반드시 유효한 고용관계에 한하지 않고 사실상 만수가 강씨를 위하여 그의 지휘·감독 아래 그의 의사에 따라 사무를 집행하는 관계에 있으면 족하다.[23] 더욱이 판례는 지

---

20) 대위책임설(=피용자 과실요건설)은 피용자(즉, 만수)의 과실 및 책임능력도 사용자책임의 요건이라고 하면서(곽윤직, 채권각론, 517쪽 등. 대법원 1955.5.5. 선고 4287민상271 판결; 대법원 1992.6.23. 선고 91다43657 판결 등 참조), 그 근거로서는 사용자가 피용자의 과실이 없는 행위에까지 책임을 지는 것은 가혹하다는 점과 민법 제756조 제3항은 간접적으로 피용자의 불법행위성립을 요구한 것으로 해석된다는 점을 든다. 반면에 사용자책임의 성립에 피용자의 과실 및 책임능력은 필요하지 않다는 고유책임설(이은영, 채권각론, 853쪽 등)은 그 근거로서 사용자책임은 사용자가 피용자를 사용하여 그 자신의 활동을 확대하는 것이므로 그로 인하여 발생된 피용자의 침해행위도 사용자의 행위 범주 내에서 판단되어야 한다는 점, 그리고 사용자책임에 대한 소송에서 피해자로 하여금 피용자에 관한 불법행위성립의 모든 요건과 그에 추가하여 사용자책임의 성립요건을 입증하도록 하는 것은 가혹하다는 점을 든다. 아울러 대위책임설의 논거였던 제756조 제3항은 사용자책임의 대내관계에 관한 구상권 규정으로서 대외관계에서의 사용자책임의 발생요건과는 무관하다고 지적한다.
21) 대법원 2000.10.16. 선고 2000다30240 판결 참조.
22) 대법원 1979.7.10. 선고 79다644 판결 참조(따라서 동업관계라 하더라도 업무집행에 관하여 지휘·감독 아래 집행하는 관계가 있으면 사용관계는 인정된다).
23) 대법원 1998.8.21. 선고 97다13702 판결 참조(따라서 타인에게 위탁하여 계속적으로 사무를 처리하여온 경우에도 객관적으로 보아 그 타인의 행위가 위탁자의 지휘·감독의 범위 내에 속한다고 보이는 경우에는 그 타인은 민법 제756조에 규정된 피용자에 해당한다). 특히 이러한 태도는 판례의 일관된 입장이라고 볼 수 있다. 노무도급의 경우뿐만 아니라(대법원 2005.11.10. 선고 2004다37676 판결 등 참조) 비록 수임인이라고 하더라도 위임인과 사이에 지휘감독관계가 있고 수임인의 불법행위가 외형상 객관적으로 위임인의 사무집행에 관련된 경우에는 위임인은 수임인의 불법행위에 대하여 사용자책임을 진다(따라서 상속재산분할 등의 사무를 수임한 변호사가 당해 부동산을 타인에 처분하여 매각대금을 편취하였다면 위임인의 사용자책임을 인정할 수 있다고 한다. 대법원 1998.4.28. 선고 96다25500 판결. 사용자책임을 부정하는 견해로서 곽윤직, 채권각론, 514쪽). 뿐만 아니라 타인에게 어떤 사업에 관하여 자기의 명의를 사용할 것을 허용한

휘·감독을 하였느냐에 관계없이 객관적·규범적으로 사용자가 불법행위자를 지휘·감독해야 할 지위에 있었느냐의 여부를 기준으로 사용관계의 존부를 결정해야 한다고 한다.24) 따라서 위 사례에서도 만수는 비록 강씨의 친구로서 그저 단순한 도움을 주고자 작업을 했을 뿐만 아니라 그와의 사이에 적법한 고용관계를 맺은 적도 없지만 박씨의 작업장에서 작업을 하는 데 있어서 강씨의 일정한 지시를 받았을 뿐만 아니라 작업지시와 관련한 지휘 내지 감독을 해야 할 지위에 있기 때문에 사무감독관계의 존재라는 요건은 충족되었다고 판단된다.

(3) 가해행위의 사무집행관련성에 대한 판단

피용자의 가해행위를 이유로 사용자에게 불법행위책임을 묻기 위해서는 그 가해행위가 사용자의 사무를 집행하는 통상적 행위와 일정한 관련성을 가져야 한다. 가해행위가 사무집행과 관련되는지를 판단하는 데 통설과 판례가 줄곧 적용한 외형이론에 의하면,25) 피용자가 '그 사무집행에 관하여'라는 규정의 의미는 다름 아니라 피용자의 행위가 사무집행의 외형을 갖는 경우로 파악한다.26) 즉, 피용자의 가해행위가 외형상 객관적으로 사용자의 사업활동 내지 사무집행행위 또는 그와 관련된 것이라고 보일 때에는 행위자의 주관적 사정을 고려함이 없이27) 이를 사무집행에 관하여 한 행위로 본다. 따라서 피용자가 고

경우에 그 사업이 내부적으로는 타인과 명의자가 이를 공동운영하는 관계로서 타인이 명의자의 고용인이 아니더라도 외부적으로는 타인이 명의자의 고용인임을 표명한 것과 다름이 없으므로, 명의사용을 허가받은 사람이 업무수행중에 과실로 다른 사람에게 손해를 끼쳤다면 명의사용을 허가한 사람은 사용자책임을 면할 수 없다고 한다(대법원 1998.5.15. 선고 97다58538 판결; 대법원 2001.8.21. 선고 2001다3658 판결 등).
24) 대법원 2005.2.25. 선고 2003다36133 판결 등 참조.
25) 대법원 2003.12.26. 선고 2003다49542 판결; 대법원 2000.2.11. 선고 99다47297 판결 참조.
26) 한편 사용자가 상대방의 신뢰를 야기할 만한 원인을 제공하였거나, 피용자의 가해를 방지할 조치를 게을리 하였다는 등의 귀책원인이 있을 때 비로소 사무집행의 외형에 따른 책임을 부과할 수 있다고 하는 제한적 외형이론이 학설로서 주장되는데(이은영, 채권각론, 857쪽 이하), 이 견해에 따르면 근래의 판례는 제한적 외형이론을 취한다고 이해한다.
27) 행위자의 주관적 사정을 고려하지 않지만 피해상대방의 주관적 사정은 책임 여부에 영

의에 기하여 다른 사람에게 가해행위를 한 경우에 그 행위가 피용자의 사무집행 그 자체는 아니더라도 사용자의 사업과 시간적·장소적으로 근접하고, 피용자의 사무의 전부 또는 일부를 수행하는 과정에서 이루어지거나 가해행위의 동기가 업무처리와 관련된 것일 경우에는 외형적·객관적으로 사용자의 사무집행행위와 관련된 것이라고 보아 사용자책임이 성립한다는 게 판례의 태도이다. 특히 판례는 피용자의 본래 직무와 불법행위의 관련 정도 및 사용자에게 손해 발생에 대한 위험 창출과 방지조치 결여의 책임이 어느 정도 있는지를 고려하여 판단하여야 한다고 한다.28)

위 사례를 보건대, 만수가 비록 고의로써 작업내용과 관련이 전혀 없는 가해행위를 철수에게 하였지만, 가해행위를 하게 된 동기가 만수와 철수의 작업내용을 둘러싸고 다투는 과정에서 불거졌다는 점과 사용자 강씨의 업무와 시간적으로나 장소적으로 밀접하다는 점을 고려하여 위 사례의 외형적 현상만을 가지고 볼 때 객관적으로 사용자의 사무집행과 관련이 있다고 본다.

(4) 선임 내지 사무감독상 주의의무의 결여에 대한 판단

사용자가 피용자의 선임 및 그 사무감독에 상당한 주의를 한 때 또는 상당한 주의를 하여도 손해가 있을 경우에는 사용자는 위 책임을 지지 않는다(제756조 제1항 단서). 물론 일반불법행위의 요건과는 달리 사용자가 스스로 선임·감독상의 주의의무를 다했는지를 입증하여야 한다.29) 더욱이 사용자의 선임

향을 준다. 즉, '피용자의 불법행위가 외관상 사무집행의 범위 내에 속하는 것으로 보이는 경우에 있어서도, 피용자의 행위가 사용자나 사용자에 갈음하여 그 사무를 감독하는 자의 사무집행행위에 해당하지 않음을 피해자 자신이 알았거나 또는 중대한 과실로 알지 못한 경우에는 사용자 혹은 사용자에 갈음하여 그 사무를 감독하는 자에 대하여 사용자책임을 물을 수 없다. 한편 사용자책임이 면책되는 피해자의 중대한 과실이라 함은 조금만 주의를 기울였더라면 피용자의 행위가 그 직무권한 내에서 적법하게 행하여진 것이 아니라는 사정을 알 수 있었음에도 만연히 이를 직무권한 내의 행위라고 믿음으로써 일반인에게 요구되는 주의의무에 현저히 위반하는 것으로 거의 고의에 가까운 정도의 주의를 결여하고, 공평의 관점에서 피해자를 구태여 보호할 필요가 없다고 봄이 상당하다고 인정되는 상태를 말한다'(대법원 2000.11.24. 선고 2000다1327 판결; 대법원 2014.4.10. 선고 2012다61377 판결 등).
28) 대법원 2011.11.24. 선고 2011다41529 판결 등 참조.

및 감독상의 주의의무에 대한 위반 여부를 책임의 요건으로 하고 있음에도 불구하고 입증책임의 전환과 면책사유의 인정에 대한 엄격한 제한해석은 사용자책임을 무과실책임에 가깝게 하고 있다.30)

결국 민법에 따라 강씨가 만수의 사무집행을 감독하는 데 주의의무를 다했음을 스스로 입증하는 데 성공하지 못 하는 한, 강씨는 사용자책임을 면할 수 없다.

3. 문제의 해결

철수가 만수의 과실을 입증함으로써 만수의 가해행위가 불법행위에 해당한다는 주장이 인용될 수 있고, 더욱이 사용자책임에 필요한 사무감독관계의 존재 및 가해행위의 사무집행관련성 등의 요건이 충족되었고 이를 철수가 입증하는 데 어려움이 없다고 판단되기 때문에 사용자책임에서 손해배상의 근거를 구하는 철수의 청구는 인용될 수 있다고 본다. 물론 강씨는 만수에 대한 선임 및 감독상의 주의의무를 다했다는 점을 입증함으로써 사용자책임을 면할 수 있다.

II. 전액구상청구의 인용 여부

1. 전액구상의 논거와 그 문제점

사용자책임으로 인해 제3자에게 손해배상의 의무를 다한 사용자는 피용자에 대해 구상권을 행사할 수 있다(제756조 제3항). 그렇다면 강씨가 피해자 철

---

29) 대법원 1998.5.15. 선고 97다58538 판결 참조.
30) 이 요건과 관련해서 사용자의 면책을 허용한 판례는 아직 없다. 본질적으로 피해자의 손해배상청구권의 성립 여부를 사용자의 면책입증에 의존하게 하는 입법태도가 과연 정당한 것인가 하는 의문이 제기되고 있다. 예를 들어 프랑스민법 제1384조에 의하면, '가해자가 사용자의 피용자이고, 그 손해가 사무집행중에 발생된 경우에는 피해자에 대한 사용자의 손해배상책임은 확정된다'. 즉, 사용자의 면책항변은 인정되지 않는다.

수에게 손해배상금을 완불한 경우 과연 강씨가 만수를 상대로 그에게 가해원인이 있음을 이유로 하여 손해배상금 전액의 구상을 청구할 수 있는가? 민법은 사용자의 구상권에 대한 법률적 근거를 명문으로 마련하고 있지만, 그 범위에 대해서는 침묵하고 있다. 따라서 구상청구의 정당한 범위에 관해서는 민법 제756조의 규범목적 및 불법행위법의 규범구조 및 기본원리에 비추어 판단하여야 한다.

그럼에도 불구하고 종래의 통설은 전액구상을 인용하고 있었다. 이 견해에 따르면 사용자는 피용자가 전부 부담하여야 할 배상액을 피해자와의 대외적 관계에서 부진정연대채무자로서 책임을 지는 데 불과하므로 그 배상액의 전체를 피용자에게 구상할 수 있다고 한다.[31]

2. 전액구상제한설과 판례의 태도

(1) 구상범위제한설

피용자는 근로조건·작업시설·안전장치 등 사고방지를 위한 조건을 스스로 만들 수 없지만 사용자는 위험성이 높은 노동을 피용자에게 요구 및 지시하기 때문에, 손해배상금의 전액을 피용자에게 부담시키는 해석은 결국 사업상 위험을 피용자 등 근로자에게 일방적으로 전가하는 결과가 되어 부당하다는 새로운 견해가 제시되고 있다.[32] 더욱이 사용자는 사업위험을 줄이도록 적절한 조치를 취하거나 보험가입 또는 상품가격의 조정 등을 통하여 위험을 분산시킬 수 있기 때문에 구상의 범위는 당연히 제한되어야 한다고 본다.

(2) 판례의 태도

사용자책임의 법적 성질에 대해 종래의 통설과 마찬가지로 대위책임설을 취하던 법원도 구상의 범위에 관해서는 지난 판결[33] 이래 구상범위제한설의

---

31) 곽윤직, 채권각론, 519쪽 등.
32) 김형배, 민법학강의, 1675쪽; 이은영, 채권각론, 866쪽 참고.
33) 대법원 1987.9.8. 선고 86다카1045 판결 참조.

결과와 동일한 태도를 취하고 있다. 즉, 일반적으로 사용자가 피용자의 업무수행과 관련하여 행하여진 불법행위로 인하여 직접 손해를 입었거나 그 피해자인 제3자에게 사용자로서의 손해배상책임을 부담한 결과로 손해를 입게 된 경우, 사용자는 그 사업의 성격과 규모, 시설의 현황, 피용자의 업무내용과 근로조건 및 근무태도, 가해행위의 발생원인과 성격, 가해행위의 예방이나 손실의 분산에 관한 사용자의 배려의 정도, 기타 제반 사정에 비추어 손해의 공평한 분담이라는 견지에서 신의칙상 상당하다고 인정되는 한도 내에서만 피용자에 대하여 손해배상을 청구하거나 그 구상권을 행사할 수 있다.[34]

3. 문제의 해결

철수에게 손해배상책임을 다한 사용자 강씨로서는 제756조 제3항에 의거하여 가해원인을 제공한 피용자 철수에게 손해배상금의 구상을 청구할 수 있다. 하지만 동 규정은 그 구상의 범위에 대해 침묵하고 있기 때문에 이를 해석상 해결할 수밖에 없다. 사용자책임의 본질을 사용자의 보상책임 혹은 대위책임이라고 이해하는 견해(통설)는 판례가 지적하는 것처럼 사용자가 공평의 견지에서 신의칙상 상당하다고 인정되는 한도를 넘는 부분에 대한 손해배상금의 구상을 청구하고 있기 때문에 지지될 수 없다고 본다. 결국, 철수에 대한 강씨의 손해배상금 전액을 피용자 만수에게 구상할 수 있다고 그 범위의 법리를 구성하는 것은 사업위험을 피용자에게 전가하는 결과가 되어 부당하다고 생각한다. 특히 강씨는 보험이나 공사도급의 보수를 적절하게 조정함으로써 사업위험을 분산할 수 있다고 보면 더욱 그렇다. 따라서 만수의 구상책임은 마땅히 그의 과실이 미치는 범위에 맞게 제한되어야 한다고 본다.

---

[34] 대법원 2009.11.26. 선고 2009다59350 판결 참조. 더욱이 '피용자가 업무수행과 관련한 불법행위로 사용자가 입은 손해 전부를 변제하기로 하는 각서를 작성하여 사용자에게 제출한 사실이 있다고 하더라도, 그와 같은 각서 때문에 사용자가 공평의 견지에서 신의칙상 상당하다고 인정되는 한도를 넘는 부분에 대한 손해의 배상까지 구할 수 있게 되는 것은 아니'라고 하였다(대법원 1996.4.9. 선고 95다52611 판결).

◎ 연습문제

<연습 2-1> 위 <문제>에서 만약 만수가 자신의 업무수행과 관련한 불법행위로 사용자에게 손해를 끼쳤을 때 자신이 알아서 책임을 질 테니 걱정을 하지 말라는 내용의 문자메시지를 미리 강씨에게 보낸 사실이 있었다면, 만수에게 청구한 강씨의 구상권은 제한되지 않는가?(논점: 구상권 제한에 대한 판례의 제한적 해석. 대법원 1996.4.9. 선고 95다52611 판결 참조)

<연습 2-2> K은행이 파견회사에 매월 일정액의 파견료를 지불하기로 하되 파견근로자들에 대한 지휘감독 및 관리는 K은행과 파견회사가 업무지휘·명령자와 관리책임자를 각 1명씩 선임하여 그들로 하여금 파견근로자들에 대한 지휘·명령 업무와 파견근로자의 고충처리 등의 관리업무를 분담하게 하는 내용의 근로자파견계약을 체결하였다. 한편 K은행은 그 계약에 따라 파견회사 소속의 근로자인 철수를 파견받아 K은행 김해지점에 상주하면서 업무용 자동차 X를 운행하게 했는데 철수는 외근 후 K은행 김해지점으로 돌아가지 않고 X를 개인적인 용도로 운행하다 횡단보도를 따라 도로를 건너던 영희를 발견하지 못하고 이 자동차로 들이받아 중태에 빠트렸다. 이와 관련하여 영희는 불법행위를 이유로 손해배상을 청구하고자 한다. 철수, 파견회사, 그리고 K은행에 대한 영희의 법률관계를 설명하시오.(논점: 파견근로자의 불법행위로 인한 파견사업자와 사용사업주의 사용자책임 여부. 대법원 2003.10.9. 선고 2001다24655 판결 참조).

<연습 2-3> 최씨가 운영하는 영세 포장이사업체에서 공휴일마다 일을 하는 박씨는 오늘 고객 이씨의 LCD모니터를 진공비닐 등으로 잘 포장한 후 운송전용차량으로 옮기던 중 갑자기 걸려온 핸드폰을 자신의 옷 속에서 꺼내려다 위 모니터를 바닥에 떨어뜨렸다. 이와 관련하여 고객 이씨는 최씨에게 사용자책임을 주장하면서 손해배상을 청구하자 이에 대해 최씨가 항변하기를, 박씨는 부정기적으로 도움을 주는 사람이어서 일정한 고용계약을 맺은 바가 없다고 하였다. 최씨의 항

변은 타당한가?(논점: 사무감독관계 또는 사용관계의 의미)

<연습 2-4> 국립대학교의 교수로 있는 A는 그의 실험실에서 실험을 하고 있던 조교 M에게 성희롱에 해당하는 행위를 하였다. 이에 대해 M은 K를 상대로 불법행위에 기한 손해배상을 청구하고, 동시에 대한민국 K를 상대로 사용자책임을, 그리고 위 국립대학교의 총장 P를 상대로 사용자를 대리하는 감독자로서의 사용자책임을 근거로써 손해배상을 청구하였다. A에 대한 M의 손해배상청구가 인용되었음을 전제로, K와 P에 대한 M의 청구가 인용되기 위한 요건을 검토하라.(논점: 사무집행에 관하여의 의미와 감독의무자책임의 요건)

<참고문헌>(가나다 순)

곽윤직 집필대표, 민법주해 제18권·제19권, 박영사, 2005
곽윤직, 채권각론(신정수정판), 박영사, 2000
김상용, 불법행위법, 법문사, 1997
김형배·김규완·김명숙, 민법학강의(제14판), 신조사, 2015
이은영, 채권각론(제3판), 박영사, 2000

제3장 의료과오에 대한 불법행위책임

문제

> 철수는 한국의 의료법인 M이 운영하는 병원에서 수술을 받았는데, 당시 신경외과의사 D로부터 사용기한이 훨씬 지난 약물을 투여한 척추디스크수술을 받은 직후 마취에서 깨어나자마자 척추마비증상을 보이기 시작하여 현재에 이르고 있다. 위 약물을 사용하는 데 철수에게 D가 설명한 적은 없으며, 이처럼 사용기한이 넘은 약물은 심각한 마비증상을 초래하여 결국 사망에 이르렀던 의료사고사례가 관련학회에서 발표되기도 하였다. 한편 위 수술을 할 때 필요한 보조 인력을 D가 긴급하게 병원장에게 요구하였음에도 불구하고 이를 묵살했던 점이 나중에 밝혀졌다. 이러한 상황들과 관련하여 척추마비상태에 빠진 철수는 D의 의료과오를 주장하며 M과 D에게 불법행위를 원인으로 하는 손해배상을 청구하였다. 그러나 M과 D가 주장하기를, 철수에게 발생한 척추마비상태가 D의 수술행위 때문에 생겼다는 의학적 인과관계 및 D의 수술행위에 과실이 있었다는 점 등에 대한 철수의 증명이 없다는 이유로 그의 손해배상청구는 인용될 수 없다고 주장한다. M과 D의 항변을 참고하면서, 철수의 청구가 인용될 수 있는지를 검토하시오.

 풀이

I. 논점

의료행위 중에 의사 기타 의료인의 과실에 의해 발생한 사고에 대한 손해배상책임을 흔히 의료과오책임이라고 하면서, 그 피해자는 이론상 병원 혹은 의료인을 상대로 불법행위나 채무불이행책임[35]을 물을 수 있다. 사례에서 의료법인 M과 의사 D에 대한 철수의 손해배상청구가 이른바 의료과오책임의 내용이다. 하지만 철수는 손해배상청구의 법적 기초를 불법행위에서 분명히 구하고

---

35) 피해자인 환자나 유족이 불법행위책임에 필요한 요건들을 정확하게 입증한다고 예상하는 것은 어렵기 때문에 현실적으로도 의료과오의 경우 계약책임으로 이론구성하려는 시도는 중요하다. 불법행위책임의 경우보다 피해자를 두텁게 보호할 수 있기 때문이지만 계약책임을 묻기 위해서는 의료계약의 법적 성질을 어떻게 결정할지가 중요하다.

있기 때문에,36) M과 D의 의료과오가 불법행위에 해당하는지를 검토해야 한다. 그리고 철수의 손해배상청구를 근거지우는 불법행위법상의 특별규정이 존재하지 않기 때문에, M과 D의 불법행위책임 여부는 민법 제750조 및 제756조의 적용 여부를 검토하는 데 귀착하게 된다.

무엇보다도 위 사례에 대한 이러한 검토는 통상의 불법행위와는 달리 전문가에 의해 타인의 생명 등에 대해 가해진 행위를 그 대상으로 하기 때문에, 그 책임을 인용하는 데 필요한 여러 요건의 내용 및 그 정도를 엄격하게37) 판단하여야 한다. 다시 말해서 주의의무의 정도설정, 과실판단과 그 입증, 인과관계의 입증에 관한 법리적 요청과 현실과의 괴리를 어떻게 극복하여 납득이 가능한 법적 결론을 도출할 것인가이다.

---

36) 채무불이행책임으로 만약 구성하게 되면 어떠한 법리적 차이가 존재하는가? 먼저 과실 및 급부의 불완전이행의 입증책임에 관해서 보면 이렇다. 불법행위책임에서는 피해자가 가해자의 과실을 입증해야 하지만, 채무불이행책임에서는 채무자(=의사)가 입증해야 한다. 한편 채무불이행책임 아래에서 수단채무의 성질을 가진 진료채무의 불완전성(즉, 불완전이행)을 누가 증명해야 하는지에 대해서는 견해가 나뉜다. 이보환에 의하면, 의사(채무자)의 불완전이행을 증명하려면 환자(채권자)가 의사의 부주의를 함께 증명해야 하며 따라서 불법행위법에서 환자(피해자)에게 과실의 증명책임이 있다고 하는 논리와 비교할 때 그 결과에 있어서 크게 다르지 않다고 한다(이보환, "의료사고에 관한 제문제", 재판자료, 13쪽 이하 참고). 반면에 이에 비판적인 김형배에 의하면, 진료채무의 불완전이행과 과실이 밀접히 관련되어 있는 의료과오사건에서는 무과실을 입증해야 할 의사(채무자)가 진료(이행의 내용)의 완전성(완전이행)까지도 증명하도록 이론구성해야 타당하다고 한다. 의사는 진료행위를 직접 수행한 자로서 증거사실에 보다 가까이 있으며, 보다 쉽게 증명할 수 있는 지위에 있기 때문이라고 한다(김형배, 민법학강의, 1554쪽 참고). 다음으로 사용자에 해당하는 의료법인 또는 병원장의 면책가능성에 관해 보면 이렇다. 민법 제756조의 사용자책임에 대해서는 면책가능성이 주어져 있으나 채무불이행책임에 대해서는 제391조가 적용되므로 피용자(=의사)의 과실은 곧 채무자의 과실이 된다는 점에서도 채무불이행책임구성이 환자에게 유리하다.
37) 의료과오책임의 특성은 이렇다. 첫째, 진료를 수행하는 데 의사 등 의료인이 준수해야 할 주의의무는 통상인의 그것보다 높은 전문가로서의 주의의무라고 할 수 있다. 따라서 이 주의의무를 위반한 때에는 진료행위상의 과실이 인정된다. 둘째 의사는 계약자유의 원칙에서 벗어나는데, 환자에 대한 그의 선택에 의존해서 진료하지 않고 환자의 진료청구에 언제나 응하여야 한다(의료법 제15조 제1항: 의료인은 진료나 조산 요청을 받으면 정당한 사유 없이 거부하지 못한다). 그래서 수술 등 진료행위는 완전성이 보장되기보다는 위험을 내포한 시도적 성격을 갖는 경우가 많다.

II. D의 불법행위책임에 대한 판단

1. D의 업무상 과실

(1) 업무상 과실의 내용

일반적인 불법행위유형에서 가해자의 과실은 이른바 객관적 과실설에 따라 이해되며, 추상적 경과실의 존재가 확인되어야 한다. 하지만 추상적 경과실이라는 개념의 기준으로 삼는 일반적 보통인이라 함은 추상적인 일반인 내지 평균인이 아니라 사례의 D와 동일한 의무와 직무에 종사하는 사람으로서는 보통 누구나 할 수 있는 주의의 정도를 표준으로 한 과실 개념이다.[38] 따라서 D가 수술 등을 직접 담당하는 의료인이라는 직업적 환경을 고려하여 그의 추상적 과실 여부를 검토해야 한다.

결국 의료행위에서 과실이라 함은 주로 진단·주사·투약·수술·수혈·마취 등의 과정에서 의사 기타 의료종사자 일반에게 요구되는 주의의 정도를 해태한 이른바 '업무상 과실'이라고 할 수 있다. 따라서 의료를 수행하는 의사가 의학지식 및 기술을 지닌 통상적 의사에게 요구되는 결과예견의무와 결과회피의무를 제대로 수행하지 못하는 경우에는 의사의 업무상 과실이 인정될 수 있다. 판례도 오랫동안 이러한 태도 아래에서 의사의 과실 여부를 판단하고 있다. 즉, '진단상의 과실 유무를 판단할 때 비록 완전무결한 임상진단을 실시할 수 없더라도 적어도 임상의학분야에서 실천되고 있는 진단수준의 범위 내에서, 그 의사가 전문직업인으로서 요구되는 의료상의 윤리와 의학지식 및 경험에 터 잡아 신중히 환자를 진찰하고 정확히 진단함으로써 위험한 결과발생을 예견하고 그 결과발생을 회피하는 데 필요한 최선의 주의의무를 다하였는지의 여부를 따져보아야 한다.'[39]

---

[38] 대법원 1967.7.18. 선고 66다1938 판결 참조.
[39] 대판 1998.2.27, 97다38442 등 참고. 더욱이 '의사가 진찰·치료 등의 의료행위를 함에 있어서 최선의 조치를 취하여야 할 주의의무는 의료행위를 할 당시 의료기관 등 임상의학 분야에서 실천되고 있는 의료행위의 수준을 기준으로 삼되 그 의료수준은 통상의 의사에게 의료행위 당시 일반적으로 알려져 있고 또 시인되고 있는 이른바 의학상식을

그런데 사례에서 철수의 척추마비상태는 수술과 마취에 의해 발생한 것으로 주장되고 있지만, 의사가 어떠한 처리방법을 취할 것인가는 위의 일반적 전제에도 불구하고 기본적으로 의사의 재량에 맡겨져 있음이 고려되어야 한다.40) 이는 의료행위의 특수한 성질에 기인하는 탓이다. 따라서 불완전한 결과에 대한 의사의 업무상 과실을 판정함에 있어서는 의학의 수준, 진료환경, 진료의 긴급성 허용된 위험의 법리, 환자의 특이체질, 환자의 과실 등이 고려되어야 한다.41)

(2) 완화된 입증책임

일반불법행위법리에 따라 철수에 대해 수술과 마취를 하는 D의 행위에 업무상 과실이 존재한다는 점을 철수가 입증해야 하는가? 즉, 결과예견의무 내지 결과회피의무의 위반을 철수가 입증하여야 하는가? 마취된 상태에서 일방적으로 수술 등을 받아야 하는 환자의 입장에서는 매우 어려운 일임에 틀림없다. 손해의 공평한 분담을 목적으로 하는 불법행위법의 규범목적에 비추어 볼 때 의료과오의 사례에 법리의 일반성을 적용한다면 규범의 실효성을 상실할 우려가 매우 크다고 볼 수 있다. 다시 말해서 과실책임주의의 원칙성을 이론적으로 훼손하지 않으면서 법현실에서의 설득력을 획득할 수 있는 법기술이 필요하다고 본다. 물론 이러한 원칙에 예외를 두는 것은 불법행위법의 규범을 손해의 공평한 분담에서 찾을 수 있기 때문이다.

요컨대 적법한 사용기한이 훨씬 지난 약물을 의사가 투여하여 수술하였다는 점에 대해 철수 측이 입증한다면 철수에게 생긴 척추마비상태가 의료상 과실 때문이 아니라 전혀 다른 원인에 의한 것이라는 입증을 D가 하지 아니하는

뜻하므로 진료환경 및 조건, 의료행위의 특수성 등을 고려하여 규범적인 수준으로 파악되어야 한다.'(대법원 2004.10.28. 선고 2002다45185 판결) 특히 '그 의료수준은 규범적으로 요구되는 수준으로 파악되어야 하고, 당해 의사나 의료기관의 구체적 상황에 따라 고려되어서는 안 된다.'(대법원 1997.2.11. 선고 96다5933 판결 등)
40) 대법원 1984.6.12. 선고 82도3199 판결; 대법원 2007.5.31. 선고 2005다5867 판결 등 참조.
41) 석희태, "의료과오판단기준에 관한 학설·판례의 동향", 한국민법이론의 발전, 1109쪽 이하 참고.

이상, D의 업무상 과실은 인용될 수 있다고 본다.42) 결국 철수 측이 사실적 인과관계에 대하여 완화된 입증책임을 수행하기만 하면 D의 업무상 과실 자체에 대한 입증책임 역시 사실상 전환된다고 평가할 수 있다.

2. D의 위법행위

D의 불법행위책임을 인정하기 위해서는 그가 실시한 마취 및 수술행위의 위법성을 확인하여야 한다. 전통적으로 행위의 위법성을 판단하는 이론인 결과불법론과 행위불법론이 서로 다른 내용을 제시한다.

(1) 절대적 법익침해의 결과를 중시하는 견해

가. 마취 및 수술행위의 위법성판단

결과불법론에 의하면, 환자의 생명이나 신체라는 정당한 보호법익이 침해된 결과의 상태를 위법성판단의 표지로 삼는다. 즉, 손해결과가 없으면 위법성도 없다는 법적 인식이다. 현행 독일민법학에서도 생명 내지 신체 등의 절대적 법익을 침해하는 행위를 위법행위로 보고 있으며,43) 우리 학설에서도 생명 내지 신체 등의 특수인격권이 침해된 경우에는 결과불법론에 의거하여 행위의 위법

---

42) 판례도 동일한 태도를 취한다고 본다. 즉, '손해발생의 직접적인 원인이 의료상의 과실로 말미암은 것인지 여부는 전문가인 의사가 아닌 보통인으로서는 도저히 밝혀낼 수 없는 특수성이 있어서 환자 측이 의사의 의료행위상의 주의의무위반과 손해발생과 사이의 인과관계를 의학적으로 완벽하게 입증한다는 것은 극히 어려운 일이므로, 의료사고가 발생한 경우 피해자 측에서 일련의 의료행위 과정에 있어서 저질러진 일반인의 상식에 바탕을 둔 의료상의 과실이 있는 행위를 입증하고 그 결과와 사이에 일련의 의료행위 외에 다른 원인이 개재될 수 없다는 점, 이를테면 환자에게 의료행위 이전에 그러한 결과의 원인이 될 만한 건강상의 결함이 없었다는 사정을 증명한 경우에 있어서는 의료행위를 한 측이 그 결과가 의료상의 과실로 인한 것이 아니라 전혀 다른 원인에 의한 것이라는 입증을 하지 아니하는 이상, 의료상 과실과 결과 사이의 인과관계를 추정하여 손해배상책임을 지울 수 있도록 입증책임을 완화하는 것이 손해의 공평·타당한 부담을 그 지도원리로 하는 손해배상제도의 이상에 맞는다.'(대법원 2005.9.30. 선고 2004다52576 판결 등)
43) 독일민법 제823조 제1항 참조.

성을 판단한다고44) 본다. 따라서 D의 마취 및 수술행위로 인해 철수에게 발생한 척추마비증상이라는 신체의 훼손결과 자체가 진료행위의 위법성을 인정하는 근거가 된다.

나. 위법성조각사유로서 설명의무의 이행 여부에 대한 검토

환자의 신체에 대한 의사의 침습이 포함되어 있는 수술 등 의료행위의 위법성이 조각되고, 결과적으로 불법행위가 되지 않기 위해서는 환자의 승낙이 필요하다. 더욱이 승낙이 실질적으로 가능하기 위해서는 환자가 의료행위에 대한 정보를 충분하게 얻어야 하므로, 결국 의사는 환자에게 질병의 종류와 내용 및 그 치료방법과 이에 따르는 위험 등 환자의 진료와 관계되는 중요한 사항을 설명해주어야 한다.45) 그렇지 않으면 환자로서는 승낙 여부에 관하여 적절한 판단 내지 자기결정을 할 수 없기 때문이다. 따라서 의사의 설명의무위반은 환자의 승낙을 무의미하게 만들며, 승낙이 없는 치료는 환자의 자기결정권을 침해하는 위법행위라고 평가된다. 이처럼 의료과오의 사례에서 설명의무는46) 행위의 위법 여부를 되돌릴 수 있는 중요한 키워드이다. 더욱이 의사의 설명의무는 그 예상되는 생명, 신체에 대한 위험과 부작용 등의 발생가능성이 희소하다는 사정만으로는 면제될 수 없으며, 위험과 부작용 등이 당해 치료행위에 전형적으로 발생하는 위험이거나 회복할 수 없는 중대한 경우에는 그 발생가능성의 희소성에도 불구하고 설명의 대상이 된다고 보아야 한다.47)

생각건대, 사례에서 D가 철수를 마취시키고 척추수술을 시행하는 데 사용

---

44) 예를 들어 곽윤직, 채권각론, 491쪽 참고.
45) 대법원 1994.4.15. 선고 93다60953 판결 등 참조.
46) 설명의무의 내용, 다시 말해서 의사가 설명해야 할 내용은 어떤 것들이 있는가? 의사는 응급환자의 경우나 그 밖의 특별한 사정이 없는 한, 환자에게 수술 등 인체에 위험을 가하는 의료행위를 하는 데 있어서 그에 대한 승낙을 얻기 위한 전제로서 환자에 대하여 사전에 질병의 증상, 치료방법의 내용 및 필요성, 예후 및 예상되는 생명·신체에 대한 위험과 부작용 등에 관하여 당시의 의료수준에 비추어 상당하다고 생각되는 사항을 설명하여야 한다. 그럼으로써 환자로 하여금 수술이나 투약에 응할 것인가의 여부를 스스로 결정할 기회를 가지도록 할 의무가 있다(대판 1998.2.13, 96다7854 참고).
47) 대법원 2007.5.31. 선고 2005다5867 판결 등 참조.

기한이 훨씬 넘긴 약물을 투여할 경우에는 심각한 침해가 발생할 수 있다는 점 등에 대해 환자에게 충분히 설명하지 않았다는 점이 인정된다. 따라서 결과불법론에 의해 인정된 진료행위의 위법성을 조각할만한 사유로서의 승낙은 존재하지 않는다.

다. 판단

약물사용 등에 대해 설명의무를 다했다든지 실질적인 승낙을 얻었다는 점을 D가 입증하는 데 성공하지 못하는 한,[48] D의 마취 및 수술행위는 심각한 척추마비증상이라는 신체의 훼손결과에 의해 위법성을 띤다고 볼 수 있다.

(2) 과실과 위법성개념을 동일하게 이해하는 견해

한편 행위불법론에 의하면 보호법익의 침해라는 결과보다 더 중요한 것은 그 결과가 주의의무위반으로 인하여 야기되었다는 점이며 위법성의 본질을 가해행위에서 찾는다. 그리고 주의의무란 법질서에 의해 가해자에게 부과되었던 행위규범이라고 한다. 따라서 행위불법론 아래에서는 과실개념과 위법성개념이 주의의무위반이라는 요건으로 통합된다고 하므로[49] D에게서 위에서 파악한 바처럼 업무상 과실이 인정되는 이상, D의 마취 및 수술행위에 대해 위법성을 인정하는 것은 어렵지 않다.

---

[48] 판례도 같은 태도를 취한다. 즉, '설명의무는 침습적인 의료행위로 나아가는 과정에서 의사에게 필수적으로 요구되는 절차상의 조치로서, 그 의무의 중대성에 비추어 의사로서는 적어도 환자에게 설명한 내용을 문서화하여 이를 보존할 직무수행상의 필요가 있다고 보일 뿐 아니라, 응급의료에 관한 법률 제9조와 그 시행규칙 제3조에 의하면, 통상적인 의료행위에 비해 오히려 긴급을 요하는 응급의료의 경우에도 의료행위의 필요성, 의료행위의 내용, 의료행위의 위험성 등을 설명하고 이를 문서화한 서면에 동의를 받을 법적 의무가 의료종사자에게 부과되어 있는 점, 의사가 그러한 문서에 의해 설명의무의 이행을 입증하기는 매우 용이한 반면 환자 측에서 설명의무가 이행되지 않았음을 입증하기는 성질상 극히 어려운 점 등에 비추어 특별한 사정이 없는 한 의사 측에 설명의무를 이행한 데 대한 증명책임이 있다고 해석하는 것이 손해의 공평·타당한 부담을 그 지도원리로 하는 손해배상제도의 이상 및 법체계의 통일적 해석의 요구에 부합한다.'(대법원 2007.5.31. 선고 2005다5867 판결)
[49] 이은영, 채권각론, 802쪽 이하 참고.

행위불법론에 의하면 환자의 승낙은 위법성조각사유가 아니라 불법행위책임을 조각하는 사유라고 이해되기 때문에 D의 설명의무이행이 인정된다면 이제 D를 비난할 수 없게 되므로 그의 불법행위책임 자체가 저지된다(즉, 책임조각사유). 그러므로 사례에서는 D가 자신의 설명의무를 다했는지 여부와 관계없이 그의 업무상 과실이 인정되는 한, 마취 및 수술행위의 위법성은 인용될 수밖에 없다.

3. 인과관계의 판단

(1) 사실적 인과관계의 문제

업무상 과실이 인정되는 의료행위와 법익침해라는 손해 사이에 사실적 인과관계가 증명되어야 하며, 특히 철수 측이 이를 입증해야 한다. 그런데 의료과오책임의 특성상 의료전문가가 아닌 보통 사람으로서는 의사의 의료행위상 주의의무위반과 손해발생 사이의 인과관계를 입증한다는 것은 매우 어려운 일이다. 그래서 학설과 판례는 사실적 인과관계의 입증을 완화하여 사실상 그 전환을 꾀하는 경우가 많다. 위 사례에서도 마찬가지로 피해자 측에서 환자에게 의료행위 이전에 그러한 결과의 원인이 될 만한 건강상의 결함이 없었다는 점 정도만 증명하더라도 의료행위를 한 측이 손해결과가 의료행위 때문에 생긴 것이 아니라는 점을 입증하지 않는 이상, 의료상 과실과 손해결과 사이의 인과관계는 추정된다고 볼 수 있다. 특히 판례는 이러한 입증책임의 완화를 손해의 공평한 분담을 그 원리로 하는 불법행위법에 기초한 것이라고 한다.[50]

요컨대 마취 및 수술행위과정에서 D의 업무상 과실이 인용되는 한, 사용기한을 훨씬 넘긴 약물을 사용하여 시술한 D의 행위와 척추마비상태라는 결과와 사이에 일련의 의료행위 외에 다른 원인이 개재될 수 없다는 점만 입증된다면 사실적 인과관계의 존재는 적법하게 추정된다. 결국 D가 불법행위책임을 면하기 위해서는 적극적으로 철수의 사망은 진료과정상의 과실과 관련이 없다는

---

[50] 대법원 1995.2.10. 선고 93다52402 판결; 대법원 2005.9.30. 선고 2004다52576 판결 등 참조.

점을 입증해야 할 것이며, 이로써 불법행위법상 일반원리라고 할 수 있는 입증책임이 사실상 전환되었다고 볼 수 있다.

(2) 법률적 인과관계의 판단

법률적 인과관계의 의미를 지닌 책임설정적 인과관계의 존재를 판단하는 데 통설과 판례는 상당인과관계설에 의존하고 있음은 분명하다. 사실적 인과관계의 입증을 통해 드러난 원인행위로부터 일반적으로 초래되는 결과가 있으면 법률적 인과관계를 인정할 수 있다는 견해이다. 이에 따르면 비록 그 책임이 완화되긴 하였으나 철수에 의해 입증에 성공한 사실적 인과관계를 기초로, 사용기한을 훨씬 넘긴 약물을 사용하여 마취 및 수술행위를 한 경우에 일반적으로 사망으로 이른 사례가 많았다는 점을 고려하면 사례에서 철수가 척추마비 상태에 빠졌다는 점은 잘못된 약물사용의 일반적 결과에 포함된다고 판단할 수 있다.

4. 결론

의사 D가 자신의 의료행위에 대해 철수에게 불법행위책임을 지기 위해서는 D에게 업무상 과실이 인정되어야 하고, D의 의료행위가 불법행위법상 위법행위로 판단되고 더욱이 손해결과에 대한 원인행위라는 입증 및 법률적 판단이 뒤따라야 한다.

사용기한이 훨씬 넘긴 약물을 사용하여 수술행위를 하였을 경우 사망 혹은 이에 버금가는 의료사고가 발생할 수 있다고 충분히 예견할 수 있음에도 불구하고 이를 무시하여 D가 마취 및 수술행위를 하였다는 점을 본다면, 의료인으로서 D의 업무상 과실을 인정하는 데 어려움이 없다. 뿐만 아니라 이에 대한 철수의 입증책임 역시 매우 완화된다고 볼 수 있기 때문에 사실적 인과관계를 입증하는 부담과 마찬가지로 적법한 사용기한이 훨씬 지난 약물을 의사가 투여하여 수술하였다는 점에 대해서만 철수가 입증한다면 철수에게 생긴 척추마비상태가 의료상 과실 때문이 아니라 전혀 다른 원인에 의한 것이라는 입증을

D가 하지 아니하는 이상, D의 업무상 과실은 인용되며 사실적 인과관계의 존재 역시 적법하게 추정된다.

또한 의료행위의 위법성요건이 충족되어야 하는데, 약물사용 등에 대해 설명의무를 다했다든지 실질적인 승낙을 얻었다는 점을 D가 입증하는 데 성공하지 못하는 한 D의 마취 및 수술행위는 심각한 척추마비증상이라는 신체의 훼손결과에 의해 위법성을 띤다고 볼 수 있다(결과불법론의 태도). 물론 D가 자신의 설명의무를 다했는지 여부와 관계없이 그의 업무상 과실이 인정되는 한, 마취 및 수술행위의 위법성이 인용되어야 한다는 견해도 가능하다(행위불법론의 태도).

다음으로 인과관계의 문제가 해결되어야 한다. 마취 및 수술행위과정에서 D의 업무상 과실이 인용되는 한, D가 불법행위책임을 면하기 위해서는 적극적으로 철수의 사망은 진료과정상의 과실과 관련이 없다는 점을 입증해야 한다. 더욱이 상당인과관계설에 의해 D의 업무상 과실행위는 철수에게 생긴 손해결과의 적법한 원인행위가 된다고 판단된다.

결국 민법 제750조에 의해 의사 D를 상대로 손해배상을 주장한 철수의 청구는 인용되어야 한다고 본다.

III. M의 불법행위책임에 대한 검토

의료법인 M이 운영하는 병원의 담당의사 D가 철수에 대해 가해한 불법행위와 관련하여 M이 철수에게 사용자책임을 부담하는지를 검토한다. 사용자책임의 법적 근거는 민법 제756조에 있으므로 그 요건을 검토하면 된다.

1. 민법 제756조 1항 본문의 적용 여부

사용자책임이 성립하기 위해서는 먼저 M이 자신의 사무를 집행하는 데 타인, 즉 의사 D를 사용할 것, 둘째 의사 D가 사무집행과 관련하여 환자에게 위법한 침습행위를 할 것, 그리고 의사 D의 침습행위 자체가 불법행위에 해당하여야 한다. 물론 M에게 민법 제756조 제1항 단서의 면책사유가 존재하지 않아야 한다.

사례를 보건대, M은 병원을 운영하기 위해 의사 D를 고용 내지 임용하였다는 점, 해당 병원에 입원한 환자 철수에 대해 마취 및 수술행위를 한 것과 관련하여 철수에게 척추마비증상이라는 손해결과가 생겼다는 점, 그리고 위에서 살핀 것처럼 D의 불법행위책임을 인용할 수 있었다는 점을 고려한다면 민법 제756조 제1항 본문의 요건은 충족되었다고 볼 수 있다.

2. 민법 제756조 제1항 단서의 적용 여부

M 내지 그의 대리감독자인 병원장이 의사 D를 선임하거나 직무를 감독하는 데 주의의무를 다했는지, 혹은 다하였더라도 그런 손해가 생길 수밖에 없었는지를 검토해야 한다. 물론 철수는 사용자책임의 상대방으로 M을 지목하고 있기 때문에 대리감독자인 병원장의 의무이행 여부를 배제하여 검토하여도 된다.

한국에서 의사는 의료법과 의료법시행령이 정하는 과정을 이수하고 국가시험에 합격하여 보건복지부장관에 의해 면허를 획득함으로써 의료법상 적법한 의료행위 및 보건지도를 할 수 있다.[51] 따라서 의사의 자격을 적법하게 획득한 사람을 M이 해당 병원의 담당의사로 선임하였다면 M으로서는 민법 제756조 제1항 단서상 선임상 주의의무를 다했다고 볼 수 있다. 물론 의무이행 여부는 사용자책임을 면하려는 M이 입증해야 한다.

한편 의사의 의료행위는 전문적인 의료지식 및 임상기술을 전제하며 무엇보다도 의사 자신의 광범위한 자유재량에 의해 독립적으로 이루어진다. 따라서 M은 의사의 의료행위에 대한 구체적인 감독을 하는 데 본질적인 한계가 있다. 그럼에도 불구하고 M의 일반적 감독의무가 의료행위라는 특수성 때문에 당연히 면제되지는 않는다.[52] 사용자의 면책사유를 사실상 외면하는 판례의 일관된

---

51) 의료법 제5조 등 참조.
52) 대법원 1964.6.2. 선고 63다804 판결; 대법원 1998.2.27. 선고 97도2812 판결 참조.

태도를 고려한다면 더욱 그렇다. 사례에서 M에 갈음하여 사무를 감독하는 병원장에게 의사 D가 긴급하게 수술에 필요한 보조 인력의 배치를 요청하였음에도 불구하고 이를 묵살하였다는 점을 중시한다면, M이 D의 의료행위에 대해 감독의무를 다했거나 다하였더라도 의료사고가 발생할 수밖에 없었다고 판단할 수는 없다. 따라서 M이 스스로 감독의무를 다했다는 점을 입증하는 데 성공하지 못하는 한, 사용자책임을 면할 수 없다고 본다.

◎ 연습문제

<연습 3-1> 23세의 여성 강씨는 이번 연휴기간에 자신의 콤플렉스였던 '코'를 세우는 수술을 하려고 의료법인 M이 운영하는 병원에 입원하여 성형외과전문의 D로부터 수술을 받았다. 성형수술을 하기 전 D는 입원중인 강씨에게 코세우기 수술을 할 때 연골을 삽입할 것이라는 점 외에는 특별한 언급을 하지 않았고, 곧장 성형수술을 하였다. 그런데 코의 절개과정, 연골삽입과정 및 봉합과정에서 치명적인 세균이 침투하여 안면이 붓고 열이 과다하게 나는 등 후유증이 발생하였고 콧물이 멈추지 않는 현상이 나타났다. 이 수술을 하는 과정에서 D는 연휴동안 성형수술일정을 매우 빠듯하게 잡은 병원의 계획 때문에 평소 수술시간의 절반이 소요된 상태에서 수술을 마쳤다고 한다. 이와 관련하여 강씨는 의사 D와 의료법인 M에 대한 채무불이행 및 불법행위를 이유로 손해배상을 청구하였다. 강씨의 청구가 인용될 수 있는 요건을 모두 검토하라.(논점: 의료과오에 대한 채무불이행책임과 불법행위책임의 검토 및 비교)

<연습 3-2> 태아의 머리가 매우 커서 자연분만이 어려운 경우이어서 흡입분만방식이 불가능한 '아두골반불균형'의 상황에서 산부인과 전공의(2년차) R이 무리하게 6회에 걸쳐 흡입분만을 시도한데다 흡인분만기를 서툴게 다루면서 이로 인한 부작용으로 영아 C가 출산 후 6시간 만에 사망하였다. 이와 관련하여 사망한 영아의 생모 M이 R을 상대로 불법행위에 기초한 위자료청구소송에서 승소하였다. 만약 당신이 M이 의뢰한 변호사라고 한다면, R의 과실에 대한 청구원인을 어떻게 구성하였겠는가?(논점: 의료인의 업무상 과실)

<연습 3-3> 박씨에게 맹장수술을 실시한 의사 D가 절개된 복부를 서툴게 봉합하는 바람에 박씨가 세균에 감염되어 여태 그 후유증에 시달리고 있다. 이와 관련하여 박씨는 D를 상대로 불법행위에 기초해 특히 후유증에 대한 손해배상을 청구하였다. 한편 수술 전에 박씨는 의사 D에게 '수술로 인하여 어떤 결과가 초

래할지라도 의사 및 의료인에 대해 민사 및 형사상의 책임을 묻지 않는다'는 서약서를 작성하였다고 한다. 박씨의 청구는 인용되는가?(논점: 불법행위책임에서 서약서의 효력. 대법원 1979.8.14. 선고 78다488 판결 참조)

<연습 3-4> 의사 D는 에이즈바이러스에 감염된 혈액을 국가 K로부터 공급받아 심장수술을 하는 과정에서 감염사실을 모르고 수술환자 김씨에게 공급하였다. 수혈과 관련하여 아무런 설명을 들은 적이 없는 환자 김씨는 의사 D가 설명의무를 다하지 않았음을 이유로 불법행위에 기한 손해배상을 청구하였다. 인용되겠는가?(논점: 설명의무의 내용)

<연습 3-5> 위 <연습 3-4>에서, 김씨는 자신이 에이즈바이러스에 감염된 데에 대해 그 혈액을 처음에 공급한 국가 K와 이를 수술과정에서 사용한 D에게 공동불법행위를 이유로 손해배상을 청구하였다. 인용되겠는가?(논점: 공동불법행위의 요건으로서 행위의 공동성. 대법원 1998.2.13. 선고 96다7854 참조)

<참고문헌>(가나다 순)

곽윤직 집필대표, 민법주해 제18권·제19권, 박영사, 2005
곽윤직, 채권각론(신정수정판), 박영사, 2000
김상용, 불법행위법, 법문사, 1997
김형배·김규완·김명숙, 민법학강의(제14판), 신조사, 2015
이은영, 채권각론(제3판), 박영사, 2000
이보환, "의료사고에 관한 제문제", 재판자료, 1985
석희태, "의료과오판단기준에 관한 학설·판례의 동향", 무엄이영준박사화
    갑기념논문집, 박영사, 1999

제4장 손해배상의 범위

문제

며칠 전에 거래처 박 사장과의 골프약속을 지키기 위해 시간에 쫓기며 골프장을 향하여 운전하던 김 사장이 내리막 비탈길에서 앞차를 추월하다가 핸들을 놓치는 바람에 내리막길 아래 부분에 있던 철수의 한정식당을 덮쳤다. 이 사고 때문에 철수는 시가 1억원 상당의 건물이 전파되었고, 시가 2,000만원 상당하는 업소용 대형냉장고가 전파되면서 마침 냉장보관 중이던 철수의 보약 500만원어치가 전혀 못쓰게 되었다. 더욱이 그날 저녁 영업시간 이후에 대학생 100명의 회식주문을 받아놓은 상태였는데, 사고로 말미암아 학생들은 다른 식당을 이용하게 되었다. 특히 철수는 20년에 걸쳤던 직장생활을 마치고 그 퇴직금으로 마련한 위 식당이 전파된 데 충격을 받고 현재 요양하고 있다. 이 사고와 관련하여 철수가 김 사장에게 불법행위를 이유로써 손해배상을 청구했는데, 전파된 건물해체 및 관련비용 1,000만원, 건물신축비용 1억 원 및 관련비용 1,000만원, 냉장고구입비 2,000만원, 보약구매비용 500만원, 회식이익 100만원 및 위자료 2,000만원을 청구하였다. 또한 철수는 건물을 신축하여 영업을 재개할 때까지 12개월분의 영업이익금 2,400만원을 청구하였다. 철수는 이를 모두 통상손해로서 청구하였는데, 위 손해배상금은 모두 인용될 수 있겠는가? 통설과 판례의 태도를 중심으로 설명하시오.

 풀이

I. 논점

위에서는 원고가 청구한 손해항목 가운데 인용될 수 있는 범위를 묻고 있기 때문에 김 사장의 행위가 불법행위에 해당되는 이유 등을 검토할 필요는 없다. 그리고 손해배상의 범위는 결국 원인행위와의 인과관계가 인정될 수 있는 거리를 말하며, 특히 사례에서는 통설 및 판례가 지지하는 (절충적)상당인과관계설에 의할 것을 요구한다. 그럼에도 불구하고 범위획정의 근거는 민법 제393조 제1항 및 제2항에 의할 것이며, 다만 통상손해의 기준을 상당인과관계설에 의존할 뿐이다. 각 손해항목에 대해 민법 제393조의 배상범위에 포섭되는지를 검토하면 된다.

II. 배상범위의 규범으로서 민법 제393조

1. 책임충족적 인과관계의 필요성

불법행위가 성립하면 가해자는 가해행위 '때문에 생긴' 손해의 결과에 대하여 배상책임을 부담한다(민법 제750조). 가해행위 때문에 발생한 손해의 결과는 피해자에 의해 그 입증이 성공된 사실적 인과관계의 관점에서 고찰하면 무한히 연결·확장될 수 있다. 그러나 사실적 인과관계에 있는 모든 후속손해에 대하여 가해자에게 배상책임을 귀속시키는 것은, 다시 말해서 사실적 인과관계가 인용되는 모든 후속손해에 대해 가해자가 배상하여야 한다고 하면 이는 공평한 손해의 분담을 목적으로 하는 불법행위법의 규범목적에 반한다. 불법행위법의 이상에 비추어 볼 때, 사실적 인과관계에 의한 범위를 그대로 규범화하는 책임설정적 인과관계에는 한계가 있다는 점이다. 따라서 일정한 규범적 판단기준에 의하여 이를 한정하고 그 배상범위를 획정할 필요가 있다. 이는 곧 책임충족적 인과관계의 필요성을 정당화한다.

독일의 입법례[53]와는 달리, 우리 불법행위법은 민법 제763조를 통해 제393조를 준용하고 있다. 즉, 책임충족적 인과관계의 문제를 입법을 통해서 해결하는 셈이다. 이에 의하면 불법행위로 인한 손해배상의 범위도 채무불이행의 경우와 마찬가지로 통상손해를 한도로 하고, 특별한 사정으로 인한 손해는 가해자의 예견가능성을 전제로 결정된다.

---

[53] 독일민법은 완전배상주의(독일민법 제249조)를 기본으로 하고 있기 때문에 이를 제한하기 위한 이론으로서 상당인과관계설이 주장되었다(김형배·김규완·김명숙, 민법학강의, 1700쪽 참고).

2. 민법 제393조에 관한 상당인과관계설의 해석

민법 제763조는 채무불이행에 의한 손해배상의 범위를 규정하고 있는 제393조 제1항과 제2항을 준용한다. 즉, 입법을 통해 책임충족적 인과관계의 필요성을 해결하고 있는 대표적 입법례에 속한다. 그럼에도 불구하고 통설과 판례는 민법 제393조는 상당인과관계의 내용을 정확하게 규정한 것이며,[54] 따라서 제393조를 해석하는 기준은 다름 아닌 상당인과관계설이라고 주장한다.[55]

이를 구체적으로 보면, 통상의 손해를 손해배상의 한도(범위)로 규정하고 있는 제1항은 상당인과관계의 원칙을 규정한 것이라고 한다. 그리고 제2항의 특별한 사정으로 인한 손해에 대해서는 가해자가 그 사정을 예견할 수 있었던 경우에 한하여 그 손해를 배상하여야 한다고 규정한 것이라고 본다. 따라서 가해자는 자신이 야기한 손해 중에서 그러한 가해행위에 의해서 통상 발생할 수 있는 손해와 특별한 사정에 의한 손해라도 가해자가 그 특별한 사정을 예견할 수 있었던 손해라면 이를 배상하여야 한다. 즉, 그러한 손해(결과)는 가해자의 침해행위(원인)와 상당인과관계에 있기 때문이라고 한다.

---

[54] '불법행위로 인하여 노동능력을 상실한 급여소득자의 일실이득은 원칙적으로 노동능력 상실 당시의 임금수익을 기준으로 산정할 것이지만, 장차 그 임금수익이 증가될 것을 상당한 정도로 확실하게 예측할 수 있는 객관적인 자료가 있을 때에는 장차 증가될 임금수익도 일실이득을 산정함에 고려되어야 할 것이고, 이와 같이 장차 증가될 임금수익을 기준으로 산정된 일실이득 상당의 손해는 당해 불법행위에 의하여 사회관념상 통상 생기는 것으로 인정되는 통상손해에 해당하는 것이라고 볼 것이므로 당연히 배상 범위에 포함시켜야 하는 것이고, 피해자의 임금수익이 장차 증가될 것이라는 사정을 가해자가 알았거나 알 수 있었는지의 여부에 따라 그 배상범위가 달라지는 것은 아니다.'(대법원 2004.2.27. 선고 2003다6873 판결)

[55] 상당인과관계설은 일단 손해배상청구권의 요건(=불법행위)이 갖추어지면 가해자에게 모든 손해를 배상하도록 하는 독일민법의 완전배상제도에서 유래하며 그 제도에 적합한 학설이라는 점에서 문제가 있다. 무엇보다도 손해배상책임의 범위를 결정하는 데 유책성, 불법내용, 행위의 위험성, 침해된 법규범의 취지 등을 전혀 고려하지 않는다. 그리고 상당인과관계설은 책임성립요건과 배상범위의 획정기준으로 혼용되고 있을 뿐만 아니라 손해산정의 기준으로서도 겸용되는데, 이는 상당인과관계의 법적 근거를 모호하게 하는 원인이 된다(김형배·김규완·김명숙, 민법학강의, 1702쪽 참고).

III. 통상손해와 그 산정

우리 민법은 손해배상의 방법으로 금전배상주의를 택하고 있기 때문에(제763조 및 제394조), 통상손해에 포섭되더라도 이를 금전으로 산정한 후 그 금액의 지급을 청구해야 한다. 이하에서는 사례에서 철수가 청구한 손해항목을 중심으로 통상손해에 포섭되는지를 검토한 후, 이를 적법하게 산정하도록 한다.

1. 건물관련 비용

(1) 통상손해로의 포섭

김 사장의 불법행위로 인하여 철수가 영업을 하기 위해 운영하던 자신의 소유건물이 전파됨으로써, 건물에 대한 소유권이 상실되었다. 김 사장의 불법행위와 건물소유권의 상실 사이에는 상당인과관계가 인정되므로 소유권의 상실은 통상손해에 해당한다. 따라서 전파된 건물에 대한 해체 내지 소거비용과 새 건물을 신축하는 데 불가피하게 소요되는 비용도 역시 통상손해에 포함된다. 철수 소유의 건물에 대한 위법한 자동차운행이라는 전행사실이 있으면 건물소유권이 상실될 수 있고 더욱이 이와 관련된 여러 비용의 지출이라는 후행사실이 일반적으로 발생한다고 볼 수 있기 때문에 모두 통상손해에 해당한다고 본다.

(2) 산정

먼저, 소유물이 멸실한 경우에는 원칙적으로 멸실한 당시의[56] 교환가격으

---

[56] 곽윤직, 채권각론, 560쪽 참고. 판례도 같은 태도를 보인다. 즉, '불법행위로 인한 재산상 손해는 위법한 가해행위로 인하여 발생한 재산상 불이익, 즉 그 위법행위가 없었더라면 존재하였을 재산상태와 그 위법행위가 가해진 현재의 재산상태의 차이를 말하는 것이며, 그 손해액은 원칙적으로 불법행위시를 기준으로 산정하여야 한다. 즉, 여기에서 '현재'는 '기준으로 삼은 그 시점'이란 의미에서 '불법행위시'를 뜻하는 것이지 '지금의 시간'이란 의미로부터 '사실심 변론종결시'를 뜻하는 것은 아니다.'(대법원 2010.4.29. 선

로 산정된다. 사례에서 해당 건물의 교환가격을 밝히고 있지는 않지만, 동일한 내용의 건물을 다시 신축하는 데 소요된 비용이 1억 원이었으므로 건물의 멸실에 따른 소유권상실이라는 손해의 산정액은 1억 원이라고 보면 된다. 반면에 멸실 당시의 건물의 감가상각를 고려한 금액이 공제되어야 함은 상당인과관계설의 입장에서도 타당하며,57) 이에 대해서는 피고가 항변하여야 할 것이다. 또한 신축건물에 대한 소유권취득에 필요한 제비용 역시 실제 소요된 비용으로 산정될 수 있다.

마찬가지로 전파된 건물에 대한 해제 및 소거비용에 대한 산정은 실제 소요된 비용으로 산정될 수 있다고 본다.

2. 냉장고의 멸실

한정식당을 하는 건물을 전파할 정도로 큰 사고를 낸 경우에 업소용 냉장고 등 식당운영에 필수적인 기계장치의 파손이라는 후행사실이 발생하는 것은 일반적이라고 판단되므로, 냉장고 소유권의 상실이라는 손해는 통상손해에 포섭된다고 본다.

건물의 예와 마찬가지로, 냉장고라는 소유물이 멸실되었기 때문에 통설 및 판례의 태도에 따라 불법행위 당시를 기준으로 그 교환가격에 의해 손해액을 산정하면 된다. 하지만 당시의 교환가격을 위 사례에서 확인할 수 없기 때문에, 새롭게 구입한 동일한 조건의 업소용 냉장고가격을 기준으로 삼을 수밖에 없고, 더욱이 파손 당시 냉장고에 대한 감가상각를 고려하면 충분하다.

고 2009다91828 판결) 반면에 손해를 입은 피해자에게 충분한 경제적 배상이 되어야 한다는 의미로 '사실심 구두변론종결시'를 제시하는 견해도 있다(김증한, 채권총론, 82쪽).
57) 판례도 동일한 태도를 취한다고 본다. 예를 들어, '불법행위로 인하여 물건이 훼손되었을 때의 손해액은 수리가 가능한 경우에는 그 수리비가 되고, 만일 수리가 불가능한 경우에는 교환가치의 감소액이 그 통상의 손해액이 되는 것인바, 수리를 한 후에도 일부 수리가 불가능한 부분이 남아있는 경우에는 수리비 외에 수리불능으로 인한 교환가치의 감소액도 통상의 손해에 해당한다.'(대법원 2001.11.13. 선고 2001다52889 판결)

3. 영업이익의 손실

자동차에 의한 충돌로 말미암아 철수로서는 이윤을 목적으로 하는 식당영업을 12개월 동안 할 수 없게 되었는데, 이윤을 목적으로 하는 철수에게 영업이익의 손실은 일반적으로 발생할 수 있는 통상손해에 해당한다고 보아야 한다. 김 사장의 불법행위가 만약 없었더라면 철수로서는 정상적인 식당영업을 통해 일반적으로 획득하였을 영업이익을 상실하게 된 손해이기 때문이다.[58] 물론 이 손해를 어느 정도의 금액으로 산정되는가? 그 기준은 별개의 문제이다.

원고가 청구한 2,400만원은 월평균 200만원의 영업이익이 상실된 데에 대한 산정액이라고 판단된다. 원고가 이미 영업매출금이 아니라 영업의 순이익에 대한 배상을 청구하고 있기 때문에, 통상손해에 포섭된 위 영업이익에 대한 산정은 사고 당시의 영업상태 및 객관적인 시장전망 등을 고려하여야 한다. 물론 산정에 필요한 세부기준에 대해서는 규범적 판단이 필요하다고 본다.

IV. 특별손해

1. 특별손해의 요건으로서 예견가능성의 문제

특별손해라 함은 가해자의 위법행위로 말미암아 연쇄적으로 발생한 여러 손해항목 가운데 원고에 의해 그 사실적 인과관계가 입증이 되고 더욱이 가해자가 그러한 손해가 발생하리라는 특별한 사정을 알았거나 알 수 있었을 경우에 인용되는 손해범위개념이다. 따라서 특별손해는 가해자와 피해자 사이에서 개별적·구체적 사정에 의하여 그 범위에 포섭되는 손해를 말한다. 특히 제393조 제2항이 요구하는 예견가능성의 내용은 연쇄적으로 발생하는 손해의 원인이라고 할 수 있는 특별한 사정에 대한 가해자의 예견이므로 그 결과인 손해

---

[58] '부당한 경매절차의 정지로 인하여 경매채권자가 입게 된 손해는, 그 정지된 기간 동안 경매목적물의 가격에 현저한 등락이 있었다는 등의 특별한 사정이 없는 한, 경매절차가 정지되지 않았더라면 일찍 받았을 배당금의 수령이 지연됨에 따른 손해이다.'(대법원 2001.2.23. 선고 98다26484 판결)

에 대한 예견까지 포함하는 것은 아니다.[59]

그렇다면 예견가능성의 존부를 판단하는 시기는 언제인가? 채무불이행책임으로서 손해배상의 범위를 검토하는 경우에 통설과 판례가 명확하게 이행기설을 취하고 있지만, 불법행위의 사례에서 이를 다루고 있지는 않다.[60]

다음으로 가해자가 특별한 사정을 예견하였거나 예견할 수 있었다는 사실에 대한 입증책임은 누구에게 있는가? 사실적 인과관계의 입증에 성공한 모든 손해항목에 대해 피해자가 손해배상을 청구하면 책임범위에 해당하지 않는 손해항목에 대해 가해자가 이를 면하기 위해서 적극적으로 통상손해에 해당하지 않는다는 항변을 함으로써 손해배상의 범위를 축소할 수 있다.[61] 따라서 원고로서는 가해자에게 특별한 사정에 대한 예견가능성이 있었음을 적극적으로 입증함으로써 통상손해에 한정되었던 손해배상의 범위를 특별손해에까지 확대할 수 있다고 생각한다.

물론 통상손해와 마찬가지로 민법 제393조 제2항 소정의 특별한 사정으로 인한 손해에 포섭되더라도 금전배상원칙 때문에 이를 금전으로 산정하여야 한다.

---

59) 판례도 같은 태도이다. 즉 '불법행위자는 특별한 사정의 존재를 알았거나 알 수 있었으면 그러한 특별사정으로 인한 손해를 배상하여야 할 의무가 있는 것이고, 그러한 특별한 사정에 의하여 발생한 손해의 액수까지 알았거나 알 수 있었어야 하는 것은 아니다.'(대법원 2007.06.28. 선고 2007다12173 판결 등 참조).
60) 곽윤직, 채권총론, 218쪽 참고. 판례는 채무불이행의 사례임에도 민법 제393조 제2항을 전제로 이와 같은 견해를 밝히고 있다. 즉, '민법 제393조 제2항 소정의 특별사정으로 인한 손해배상에 있어서 채무자가 그 사정을 알았거나 알 수 있었는지의 여부를 가리는 시기는 원심판시와 같이 계약체결당시가 아니라 채무의 이행기까지를 기준으로 판단하여야 한다.'(대법원 1985.9.10. 선고 84다카1532 판결)
61) '교통사고 피해자의 기왕증이 그 사고와 경합하여 악화됨으로써 피해자에게 특정 상해의 발현 또는 치료기간의 장기화, 나아가 치료종결 후 후유장해 정도의 확대라는 결과 발생에 기여한 경우에는, 기왕증이 그 특정 상해를 포함한 상해 전체의 결과 발생에 대하여 기여하였다고 인정되는 정도에 따라 피해자의 전 손해 중 그에 상응한 배상액을 부담하게 하는 것이 손해의 공평한 부담을 위하여 타당하다.'(대법원 2015.4.9. 선고 2014다88383 판결 참조)

2. 각 손해항목에 대한 검토

(1) 철수의 보약구매비용

철수의 보약에 대한 훼손은 김 사장이 한정식당을 자신의 자동차로 가해하면서 후속적으로 생긴 손해이다. 김 사장의 가해행위가 없었더라면 보약의 훼손이라는 손해결과는 생기지 않았을 것이므로 철수로서는 이에 대한 손해를 통상손해로 평가하여 그 배상을 청구하였다. 물론 전행사실이 없었으면 후행사실이 없었으리라는 논리적 추론은 가능하다. 즉, 책임충족적 인과관계를 조건설의 내용으로 이해한다면 보약의 훼손은 당연히 통상손해에 해당한다고 볼 수 있을지 모른다. 그렇지만 통설과 판례는 책임충족적 인과관계의 핵심을 원인행위로부터 일반적으로 발생할 수 있는 '상당한 결과'라고 이해하므로 업소용 냉장고에 들어있던 한정식의 원재료 등은 통상손해에 포함될 수 있어도, 한정식당 및 업소용 냉장고의 파손으로부터 통상적으로 상실될 수 있는 후속손해라고 볼 수는 없다. 따라서 통상손해로서 청구된 보약의 훼손이라는 손해항목에 대해서는 김 사장이 가해행위와의 상당성이 없는 손해라는 점을 항변함으로써 손해배상의 범위에서 제거할 수 있다. 물론 철수가 손해배상을 청구하면서 보약의 훼손에 대해 보충적 청구의 원인으로서 특별손해를 제시한다면 김 사장에게 특별한 사정에 대한 예견가능성의 존재를 스스로 입증해야 한다.

보약이라는 소유물이 멸실하였기 때문에 당시의 교환가격이 재산적 손해에 대한 산정액이 된다. 따라서 보약의 훼손이 통상손해 또는 특별손해로서 그 배상청구가 인용된다면 그 산정금액은 당시의 보약구매비용으로 한다.

(2) 회식이익

영업시간 이후에 얻을 수 있었던 회식이익의 상실 역시 가해행위에 의한 후속손해이긴 하나, 상당인과관계설에 비추어 볼 때 전행사실로부터 통상적으로 발생할 수 있는 후행사실이라고 볼 수 없기 때문에 회식이익에 대한 철수의 청구는 기각되어야 한다. 마찬가지로 철수가 회식이익의 상실에 대해 손해배상범위의 보충적 규범으로 제시하였다면 김 사장에게 이러한 특별한 사정에 대한 예견가능성이 있었음을 스스로 입증하는 데 성공하는 경우에 한하여 손해배상의 범위로 포함될 수 있다.

만약 회식이익의 상실이라는 손해가 배상범위에 포함된다면, 이 역시 금전으로 산정되어야 한다. 임차물의 불법점유로 인해 임대인이 입은 손해액은 종전의 임료를 기준으로 산정하듯이,[62] 종전의 유사한 회식의 경우에 얻을 수 있는 순이익을 산정의 기준으로 삼을 수 있다고 본다. 물론 산정에 필요한 세부기준에 대해서는 규범적 판단이 필요하다고 본다.

(3) 위자료

민법 제751조 및 제752조는 인격적 이익이 침해되거나 생명권이 침해되었을 때 발생하는 정신적 손해에 대해 그 배상청구의 근거를 마련하고 있고, 특히 정신적 손해를 금전으로 산정한 금액을 위자료라고 한다. 문제는 위 법률에서 재산권이 침해된 경우에도 위자료배상이 가능한지 여부에 관해 침묵하고 있다는 점이다. 그러나 재산권침해에 따른 정신적 손해도 민법 제750조에 의해 배상되어야 한다는 통설 및 판례의 태도는 정당하다.[63] 그러나 재산권이 침해된 경우에 가해자로 하여금 그 손해를 배상하도록 하면 일반적으로 정신적 손해 역시 전보된다고 본다. 따라서 재산권침해에 대한 손해배상이 인용되었음에도 불구하고 아직 전보되지 않은 정신적 손해에 대해 그 배상을 주장한다면 이는 특별한 사정에 따른 손해라고 보아야 한다.[64]

---

62) '타인 소유의 토지를 법률상 권원 없이 점유함으로 인하여 그 토지소유자가 입은 통상의 손해는 특별한 사정이 없는 한 그 점유토지의 임료 상당액이다.'(대법원 1994.6.28. 선고 93다51539 판결 등 참조)
63) 곽윤직, 채권각론, 575쪽 및 대법원 2007.5.31. 선고 2006다85662 판결 등 참조.
64) 통설과 판례이다. 즉, '일반적으로 타인의 불법행위 등에 의하여 재산권이 침해된 경우에는 그 재산적 손해의 배상에 의하여 정신적 고통도 회복된다고 보아야 할 것이므로 재산적 손해의 배상에 의하여 회복할 수 없는 정신적 손해가 발생하였다면, 이는 특별한 사정으로 인한 손해로서 가해자가 그러한 사정을 알았거나 알 수 있었을 경우에 한하여 그 손해에 대한 위자료를 청구할 수 있다.'(대법원 2004.3.18. 선고 2001다82507 전원합의체 판결) 마찬가지로 '영업비밀 침해행위로 인하여 영업매출액이 감소한 결과 입게 된 정신적 고통을 위자할 의무가 있다고 하기 위해서는 재산적 손해의 배상에 의하

생각건대 사례에서 철수가 입은 정신적 손해도 식당건물의 전파 및 기타 관련비용의 증가 등으로 발생하였기 때문에, 이러한 재산권침해에 따른 재산상 손해를 적법하게 전보한 경우에는 철수의 정신적 손해도 일반적으로 전보되었다고 볼 수 있다. 따라서 재산상 손해를 모두 전보하였다는 점을 김 사장이 항변하는 한, 통상손해로서의 정신적 손해는 존재하지 않는다고 볼 것이다. 물론 통상손해로서의 재산상 손해가 적법하게 전보되었을 경우에 철수가 추가로 요구하는 위자료청구는 무릇 특별손해에 대한 배상청구이기 때문에, 위의 재산상 손해에 대한 전보로는 회복할 수 없는 특별한 사정을 김 사장이 알 수 있었음을 철수가 스스로 입증해야 한다. 김 사장의 가해행위가 고의에 의한 행위가 아닌 한, 이러한 예견가능성에 따른 위자료청구는 인용되기 어려울 것이다.

여 회복할 수 없는 정신적 손해가 발생하였다는 특별한 사정이 있고 영업비밀 침해자가 그러한 사정을 알았거나 알 수 있었어야 한다.'(대법원 1996.11.26. 선고 96다31574 판결)

◎ 연습문제

<연습 4-1> 국가산업단지 안의 중앙도로에서 화물차를 운전하던 철수가 급히 좌회전을 하다가 운전미숙으로 말미암아 도로 옆 전신주와 정면으로 충돌하는 사고를 내었다. 이 사고로 산업단지 안의 공장들에 전력을 공급하는 주장치가 모두 부서지면서 인근 공장으로 가던 전력공급이 모두 중단되었다. 한편 만수가 운영하던 화학공장은 위 사고로 인한 전력공급중단으로 12시간가량 공장 안 모든 작업이 정지됨으로써 원재료 1톤이 상하게 되었을 뿐만 아니라, 전력 모터 등 기계손상비용 1억 원, 유휴인건비 500만원, 영업이익의 손실 1억 원 등의 손해를 입게 되었다. 만수는 철수와 그의 사용자 영희에게 이 모든 손해의 배상을 청구하였다. 영업이익의 손실에 대한 손해배상청구가 인용될 수 있는지 검토하시오. (논점: '간접적 손해'에 대한 배상의 법리. 대법원 1996.1.26. 선고 94다5472 판결; 대법원 2006.3.10. 선고 2005다31361 판결 참조)

<연습 4-2> 철수가 만취한 상태에서 자신의 승용차를 운전하다 정지신호에서 대기하던 영희의 자동차를 추돌하였다. 영희의 자동차는 반파되었으나 다행히 영희는 경상을 입는 데 그쳤다. 영희는 자신의 치료비에 대해서 책임보험금을 청구하여 전보한 후, 자동차의 파손에 따른 수선비용 500만원의 배상을 청구하였다. 그러나 당시 영희의 자동차는 2001년식 국산자동차로서 폐차 직전의 차량이었고, 동종 차량의 중고차시세는 100만원이었다. 영희의 배상청구는 인용되겠는가? (논점: 소유물훼손에 따른 손해의 산정. 대법원 1999.1.26. 선고 97다39520 판결 참조)

<연습 4-3> 매년 연봉기준 5%의 승급이 자동적으로 결정되는 직장에서 월평균 급여 200만원을 받던 근로자(사고당시 만 31세 7월) 영희가 교통사고로 당해 며칠 중환자실에 입원하였으나 곧 사망하였다(정년 60세). 정신적 손해를 제외한 영희의 재산상 손해에 대하여 가해자가 종국적으로 부담하는 손해배상액은 얼마인가? 피해자의 과실이 30%정도 고려될 수 있으며, 그 가족으로는 배우자 및 딸(4

세)이 있다. 치료비와 장례비용으로 각 1천만 원이 소요되었다. 또한 조의금 1천만 원과 교통사고 가해자와 사이의 합의금 500만원이 있다고 한다. 그리고 보험회사가 향후 유족들에 대한 생활비로서 10년 동안 매월 100만원을 지급한다고 한다. (논점: 재산상 손해에 대한 산정의 기준과 손해배상액의 조정. 대법원 1989.12.26. 선고 88다카6761 전원합의체 판결 등 참조)

<참고문헌>(가나다 순)

곽윤직 집필대표, 민법주해 제18권·제19권, 박영사, 2005
곽윤직, 채권각론(신정수정판), 박영사, 2000
곽윤직, 채권총론(전정판), 박영사, 1994
김상용, 불법행위법, 법문사, 1997
김형배, 채권총론(제2판), 박영사, 1998
김형배·김규완·김명숙, 민법학강의(제14판), 신조사, 2015
이은영, 채권각론(제3판), 박영사, 2000

제2편 계약법

제5장 불법행위법과 계약법의 착종
제6장 계약의 무효
제7장 계약의 취소
제8장 대리인에 의한 계약의 효력
제9장 동시이행의 항변권
제10장 위험부담
제11장 변제의 제공과 수령지체
제12장 제3자변제와 변제자대위제도
제13장 불완전이행과 담보책임
제14장 이행지체와 계약의 해제
제15장 채무불이행과 손해배상

제5장 불법행위법과 계약법의 착종 : 계약체결상의 과실

문제

> 만수는 자신이 운영하는 커피전문점의 운영권을 넘기면서 이 커피전문점이 들어 있는 2층짜리 상가건물을 철수에게 매각하는 교섭을 하던 중 커피전문점의 권리금을 두 배 인상하겠다는 제안을 일방적으로 하면서 계약교섭이 깨져버렸다. 계약이 거의 성립되기 직전이라서 철수는 대금을 급히 준비하느라 보름 전에 이미 연 20%에 상당하는 이자를 물면서 금원 6억 원을 사채업자로부터 빌린 상태이었다. 이와 관련하여 철수는 위 계약의 성립을 기대하고 지출한 이자비용 1,000만원의 배상을 만수에게 청구하려고 하는데, 강 변호사는 불법행위에 기한 손해배상이 적절하다고 하고 김 변호사는 계약책임으로 구성하는 게 옳다고 한다. 강 변호사와 김 변호사의 주장을 우리 민법규정에 기초를 두고 모두 비판하시오.

 풀이

I. 논점

철수의 손해배상청구에 대한 법적 근거를 마련하는 데 학설이 대립하고 있음을 전제하여 두 변호사의 논거를 설명한 후 우리 민법 규정, 즉 제535조의 해석을 통해 두 변호사의 입장을 비판하면 된다.

김 변호사는 우리의 불법행위법에서 일반조항이 존재함에도 불구하고 이른바 '계약체결상의 과실책임'을 수용하여 여기에서 위 손해배상책임의 근거를 찾으려는 견해로 이해된다. 이 견해는 그 책임의 성질을 계약책임에서 구하며 따라서 손해배상청구의 법적 근거도 제390조에서 찾는다. 문제는 채무불이행으로 보기 위해서는 계약관계, 즉 일정한 계약상 의무에 대한 만수의 위반행위가 있어야 된다는 점이다.

반면에 강 변호사에 의하면 위의 '계약체결상의 과실책임'은 불법행위를 구성하는 일반조항을 갖추지 않은 독일민법학에서 고안된 계약책임의 확대이론에 불과하기 때문에 국내에서 이를 수용하여 별도의 책임론으로 설정할 수는 없다고 비판한다. 따라서 그 책임의 성립 여부는 언제나 불법행위에서 구하면 된다고 주장한다.

이러한 두 견해와는 달리, 새로운 책임유형이라는 주장이 제기되고 있다. 이 주장의 내용을 살펴보고 여기에 기초를 둬서 앞의 두 견해를 비판한다.

II. '계약체결상의 과실책임'의 고민과 그 이론의 발전

계약체결상의 과실책임이란 계약이 아직 체결되지 않았거나, 계약의 무효·취소 등으로 그 효력이 부정된 된 경우 또는 장래에 계약이 체결될 것이라는 두터운 신뢰를 야기한 단계에서 당사자 일방의 과실에 의하여 상대방에게 입힌 손해를 배상하는 책임이론이다. 한국의 불법행위법은 일반조항을 갖고 있기 때문에 새삼스럽게 새로운 책임제도의 필요성을 어떻게 설명할지에 대해 명확한 입장을 가질 필요가 있다고 본다.

로마법에서는 계약체결상의 악의(dolus in contrahendo)가 신의칙에 위반된다는 이유로써 손해배상책임의 기초로 인정되었던 반면에, 가해자의 과실에서 책임의 근거를 도출하는 일반적 법리 자체가 존재하는 것은 아니었다. 계약체결상의 과실책임은 1794년의 프로이센일반란트법이 계약을 체결하거나 이행하는 중에 고의 혹은 과실로 자신의 의무를 다하지 않은 당사자가 그 상대방에게 그의 모든 이익을 배상해야 한다는 명문규정을 두면서 근대적 입법의 기원을 마련하였다.[1] 그 후 독일민법, 오스트리아민법[2] 및 스위스민법[3]에 이르러서는

---

1) 프랑스민법은 독일민법과 달리 불법행위에 관한 일반조항(제1382조 : 타인에게 손해를 주는 인간의 행위가 있을 때 그 과실로 인하여 손해를 생기게 한 자는 그 손해를 배상할 의무를 부담한다.)을 마련하고 있으며 집행보조자의 불법행위에 대한 사용자의 면책가능성이 전혀 없기 때문에 법기술적으로 계약체결상의 과실책임을 인정할 필요가 없을 뿐만 아니라 실제로도 인정되지 않고 있다. 하지만 학설에서는 사안에 따라 계약체결상의 과실책임을 인정하면서 그 성질을 계약책임으로 구성하기도 한다(자세한 것은 김형배, 채권각론, 120쪽 이하 참고).
2) 오스트리아민법은 손해배상청구의 법적 원인으로서 계약침해와 불법행위를 함께 규율하

각각 계약체결상의 과실책임을 관습법 또는 법의 유추를 통해 인정하였다. 마침내 이 책임의 모색은 독일민법학에 의해 이론적 완성을 보게 된다. 특히 예링(Rudolf von Jhering) 이래 활발히 논의되어 왔으며, 피해자의 구제를 위해 계약적 성질을 가진 청구권으로서 인정하는 것이 마땅하다고 하면서 계약체결상의 과실책임의 적용범위를 부단히 확대하다가,[4] 개정민법에서 '계약체결상의 과실'에 의한 손해배상청구의 규범을 명문으로 마련하였고[5] 이러한 태도는 경제공동체 단위의 최근 계약법 통합과정에서도[6] 확인된다.

고 있다(제1295조 제1항). 따라서 통설은 계약체결단계에서 계약체결상의 과실책임을 인정함으로써 이행보조자의 과책에 대한 채무자의 책임을 널리 인정하고 있다. 특히 목적이 불능이거나 다른 무효 및 취소사유에 기한 배상책임규정을 기초로 계약체결상의 과실책임의 일반에 관한 법의 유추가 이루어지고 있으며 그 요건이 충족되면 피해자는 제1295조에 의해 손해배상을 청구할 수 있다고 한다.
[3] 스위스민법은 독일민법과 달리 불법행위에 대한 일반조항을 두고 있다. 또한 사용자책임에서도 사용자의 면책규정이 존재하나 실제에서는 그 면책입증이 곤란하다고 한다. 현재 스위스의 판례를 보면 계약체결상의 과실책임은 계약책임이라는 견해, 계약과 유사한 책임이라는 견해 및 계약과 불법행위의 중간에 위치한 책임이라는 견해가 지배적이라고 한다. 특히 스위스민법(학)은 우리 민법(학)의 입법 및 해석과 거의 동일함에도 불구하고, 계약체결상의 과실책임을 고유한 유형의 책임이라고 보고 이를 매우 넓게 인정하고 있음에 주목할 필요가 있다.
[4] 그 근거는 첫째로 독일민법 제823조의 규정에 의한 불법행위의 성립이 생명·신체·건강·자유·소유권 등에 대한 침해의 경우에 한정되므로 이른바 재산상의 침해에 대해서는 불법행위의 성립이 인정되지 않는다는 점, 둘째 사용자책임을 규정한 독일민법 제831조를 적용할 경우 사용자의 면책가능성이 적지 않게 인정된다는 점, 끝으로 불법행위법에 있어서는 청구권의 소멸시효가 그 손해와 가해자를 피해자가 안 날로부터 3년인데 반하여, 계약상 청구권의 소멸시효는 30년이라는 점 등이다.
[5] 독일민법 제241조 제2항(각 당사자는 채권관계의 내용에 좇아 상대방의 권리, 법익 및 이익을 배려하여야 한다.) 및 제311조 제2항(제241조 제2항에서 정하는 의무를 내용으로 하는 채권관계는 첫째 계약교섭을 개시할 때, 둘째 당사자 일방이 발생 가능한 법률행위로 인한 관계를 고려하여 상대방에게 자신의 권리, 법익과 이익에 대하여 영향을 줄 수 있는 가능성을 부여하거나 이를 위탁하는 계약교섭을 준비할 때, 끝으로 이와 유사한 거래접촉을 할 때에도 성립한다.) 참조.
[6] 유럽계약법원칙 제2:301조 제2항 및 유럽민사법 공통기준안(DCFR) 제7:204조 및 제7:304조 등 참조.

III. 김 변호사의 견해 : '계약체결상의 과실책임' 수용론

1. 종래의 통설

독일민법학에서 발전한 계약체결상의 과실책임을 우리 민법에 그대로 수용할 수 있다고 보는 견해이며, 그 책임의 성질을 계약책임이라고 본다. 종래의 통설이라고 볼 수 있다. 계약상의 의무에는 주된 급부의무뿐만 아니라 신의칙상 인정되는 여러 부수적 의무가 인정되는데, 계약체결상의 과실책임제도는 바로 이러한 신의칙상 인정되는 부수적 주의의무위반에 대한 책임이라는 견해이다.7) 계약체결상의 과실책임의 성질을 계약책임으로 구성할 때 생기는 실익은 무엇인가? 수용론의 견해에 따르면, 우선 본인이 계약체결과정에서 보조자를 사용하는 경우에 이행보조자의 과실에 대한 규정(민법 제391조)을 적용하는 것이 사용자책임에 관한 규정(제756조)을 적용하는 것보다 피해자 구제에 유리하다고 한다. 다음으로 계약책임으로 구성할 경우에는 채무불이행에 빠진 채무자가 자신의 과실 없음을 적극적으로 입증하여야 하므로 채권자인 피해자를 구제하는 데 유리하다고 한다. 또한 계약책임상의 소멸시효기간은 보통 10년이나(제162조), 불법행위책임의 경우에는 3년이란 점에서(제766조) 계약책임을 적용하는 편이 피해자에게 유리하다고 주장한다.

2. 사례에서의 문제점

사례에서 철수가 만수에 의한 일방적 계약파기에 따른 책임을 계약체결상의 과실책임이라고 주장하고 그 배상책임의 근거를 계약책임에서 구하기 위해서는 만수에게 신의칙상 인정된 부수적 의무에 위반하는 작위 내지 부작위가 있어야 한다. 그런데 부수적 의무에 대해 신의칙이 그 근거로 제시되지만, 이는 계약이 성립되었음을 전제한 의무체계의 귀결이라는 점에 유의해야 한다. 따라서 계약상 의무가 존재하지 않음에도 불구하고 계약파기에 따른 책임을

---

7) 곽윤직, 채권각론, 63쪽; 김증한, 채권각론, 49쪽 등.

계약책임으로 구성하는 데에는 이론적으로 난점이 있다고 봐야 한다. 그 책임의 특징을 계약체결상의 과실책임이라고 유별나게 부르며 그 책임의 법적 성질을 계약책임으로 구성하였을 때 피해자의 구제가 원활하다는 실익 내지 필요성이 존재한다고 하더라도, 계약책임으로 구성할 수 있는 논리적 정당성이 미약하다면 그간의 논의에 대해서 재고할 필요가 있다고 본다.

IV. 강 변호사의 견해 : 이른바 '무용론'

1. '무용론'의 내용

계약체결상의 과실책임제도는 독일민법상의 특수한 제도에 불과하기 때문에 이를 우리 민법에 수용할 필요는 없으며, 다만 제535조상 규정된 원시적 불능의 경우에 한해 인정하면 족하다고 한다.[8] 무엇보다도 '무용론'의 핵심은 독일민법과 달리 우리 민법 제750조는 불법행위의 일반조항이므로 재산상의 침해에 대해서도 불법행위책임의 성립을 인정하는 데 전혀 문제가 없다고 한다. 또한 사용자책임에 대한 규정을 실제로 적용하는 데에서도 우리 법원은 사용자의 면책가능성을 사실상 인정하지 않고 있다. 더욱이 가해자의 과실을 피해자가 입증해야 한다는 원칙에 대해서도 표현증명이나 간접증명을 통해 그 입증책임의 정도가 완화되거나 입증책임이 전환되어 도리어 가해자가 자신에게 과실이 없었음을 입증해야 하는 경우도 많다고 주장한다. 그리고 불법행위에 의한 손해배상청구권을 피해자가 행사하는 경우더라도 그 소멸시효기간이 독일민법과 달리 큰 차이가 없음을 지적하고 있다.

---

[8] 무용론의 대표적 문헌으로서 양창수, "계약체결상의 과실", 민법연구, 제1권, 1991, 381쪽 이하; 최홍섭, "계약교섭단계에서의 책임과 민법 제535조의 의미", 배경숙교수화갑기념논문집, 1991, 555쪽 이하 참고.

2. 사례에서의 문제점

'무용론'에 의하면 계약파기에 따른 손해의 배상을 청구하기 위해서 그 근거를 불법행위에서 구해야 한다. 따라서 민법 제750조가 요구하는 요건을 두루 갖춰야 한다. 만수의 과실을 입증해야 하며 만수의 계약파기가 왜 위법성을 띠는지를 설명해야 한다. 특히 행위불법론에 의하면 가해자의 행위가 법규범이 정하고 있는 주의의무에 위반된 경우에 위법성이 인정된다고 보기 때문에, 만수의 계약파기행위가 위법하다고 하려면 계약당사자로서의 철수에게 존재하는 일정한 법익에 대하여 무가치의 판단을 받아야 한다. 따라서 만수에게는 계약교섭의무 내지 손해방지의무 등이 존재한다는 논리가 정당화되어야 할 것이다.

3. '무용론'에 대한 비판

계약체결상의 과실책임론은 계약이 체결된 바가 없더라도 교섭 내지 접촉하는 당사자 사이에 특별한 결합관계가 인정되는 경우에 계약과 유사한 성질을 갖는 법률관계의 존재를 긍정하여야 한다는 주장이다. 물론 독일민법학에서 불법행위법의 체계에 대응하여 개발된 이론이라는 점을 무시할 수는 없지만, 계약체결상의 과실책임론의 문제를 이분법 아래에서 그저 불법행위법 속으로 몰아넣는 것은 정당하지 않다고 본다.[9] 다시 말해서 우리 불법행위법에서 위 <문제>의 사례를 풀 수 있는 법적 기술의 가능성을 가지고 있다고 해서 그 자체가 계약체결상의 과실책임론이 제기하고자 하는 문제의식은 아니라는 점이다.[10]

더욱이 초기에 제기되었던 상대방에 대한 안전의무를 문제 삼은 사례에서는 불법행위법에 의해 충분히 그 손해배상청구권을 정당화할 수 있었지만, 위 <문제>와 같은 경우에는 불법행위법으로 해결하기엔 적절하지 않다. 계약교섭의 개시와 함께 교섭당사자들은 계약이 원만하게 체결되도록 노력해야 하며 상대방의 이해관계에 중대한 영향을 미치는 사항이나 사정에 대해서는 고지

---

9) 김형배, 채권각론, 123쪽 참고.
10) 김형배, 채권각론, 120쪽 참고.

내지 설명해 주어야 한다. 특히 교섭당사자는 상대방에게 야기한 계약체결의 신뢰 내지 기대에 반하는 행위를 해서는 안 되며 교섭에 성실하게 응할 의무를 부담한다. 따라서 상대방의 안전성보호를 문제 삼는 사례가 아닌 한, 계약적 성질이 존재하는 사례에 대해서는 계약법의 법리가 고민되어야 할 것이다.

V. 새로운 법정책임이라는 견해

1. '고유한 책임'의 내용

계약체결상의 과실책임은 계약에 유사한 성질을 가지는 법정책임으로서 종래의 불법행위책임 내지 계약책임과는 전혀 다른 고유한 책임이라는 견해가 주장된다.11) 계약체결상의 과실책임의 근거는 계약을 체결하지 않은 단계에서도 계약교섭당사자 사이에는 특별한 결합관계 내지 신뢰관계가 형성되고, 이러한 신뢰관계에 반하는 행위를 하는 것은 신의칙에 반한다는 데 있다고 한다. 계약을 체결하고자 하는 당사자 사이에 특별한 결합관계가 인정되는 이유는 먼저 계약교섭중인 계약당사자 사이에는 이미 거래의 원활한 진전을 위해 방만한 행위가 허용되지 않으며, 더욱이 계약을 위한 접촉의 개시와 함께 상대방을 교섭에 응하게 할 이해관계가 상호간에 형성되기 때문이다.

계약체결상의 과실책임을 법정책임이라고 할 수 있는 한, 계약체결상의 과실책임이 인정되는 법적 근거는 계약이 아니라 법률의 규정이라고 할 수 있다. 하지만 그 규율의 대상이 되는 법적 관계는 당사자 사이에서 형성된 신뢰관계로서 계약의 성질을 갖는다고 할 수 있다. 따라서 계약체결상의 과실책임은 계약의 성질을 가진 신뢰관계를 그 대상으로 한다는 면에서 불법행위법의 규정에 의한 규율은 적절하지 않다. 결국 계약체결상의 과실책임은 법률의 규정을 기초로 형성된 고유한 책임이라고 정리할 수 있다고 한다. 다시 말해서 계약의 성립은 없으나 계약의 성질을 갖춘 법정책임으로서 신의칙에 그 기초를 둔 고

---

11) 김형배, 채권각론(계약법), 123쪽 이하; 이은영, 채권각론, 121쪽 이하 참고. 이 견해는 독일의 개정민법이나 최근 유럽계약법원칙의 태도와 같다고 볼 수 있다.

유한 책임이라고 할 수 있다.[12]

2. 계약체결상의 과실책임의 법률근거

계약체결상의 과실책임은 계약의 체결과 관계없이 법률의 규정에 의한 책임이라고 볼 수 있지만 그 법률적 근거에 관해서는 견해가 나뉠 수 있다. 민법 제535조의 규정을 유추하여 계약체결상의 과실책임의 일반을 인정하는 견해[13]와 민법 제535조뿐만 아니라 제135조 1항, 제559조, 제602조, 제612조 및 제697조 등 계약의 유효한 성립과 관계없이 또는 계약교섭중의 부수적 의무의 위반에 대하여 당사자에게 일정한 책임을 부담시키는 법률상의 보상규정들을 모두 그 근거로 삼는 견해가 있을 수 있다.

3. 사례해결

(1) 책임의 성질

계약을 체결하고자 교섭을 시작하였다고 하더라도 그가 반드시 계약을 체결해야 할 의무를 부담하지는 않는다. 따라서 교섭 중에 일방이 계약체결의 가능성을 주관적으로 신뢰하고 이에 따라 비용을 지출했다든지 다른 기회를 상실하였다 하더라도 상대방이 당연히 손해배상의무 등 책임을 지지는 않는다.[14]

---

12) 이 견해에 의하면 그 규율의 대상이 되는 사례들은 계약체결을 목적으로 사회적 접촉을 진행하고 있는 특정인 사이의 관계에서 발생된다는 점에서 계약체결상의 과실책임이 계약에 유사한 책임이라고 할 수 있지만 당사자 사이에 계약이 체결된 적이 없다는 점에서 '계약외적 책임'이라고 할 수 있지만, 나는 이 역시 다양한 계약책임 가운데 하나에 지나지 않는다고 비판할 수 있다고 본다. 즉, 계약체결상의 과실이 불러온 책임의 성질은 계약규범인데, 그 규범의 정당화를 당사자의 신뢰에서 찾을 뿐이다(고영남, "계약규범 재구조화를 위한 가치다양성 - 민주주의와 인권의 관점에서", 저스티스, 통권 제146-3호, 2015, 319쪽 이하 참고).
13) 김형배, 채권각론, 124쪽 참고.
14) '계약교섭당사자의 일방이 상대방에 대하여 계약이 확실하게 성립하리라는 점에 대한 정당한 기대 또는 신뢰를 유발 또는 조장하고도, 타당한 근거 없이 계약교섭을 중단하는 경우가 아닌 한 계약당사자일방이 계약의 교섭을 파기하더라도 계약체결자유의 원칙상 상대방이 그 계약의 성립을 기대하고 지출한 비용을 배상할 책임은 없다. 계약체

그러나 만수가 계약체결을 위한 교섭 중에 계약이 틀림없이 성립할 것이라는 신뢰를 철수에게 일으켜놓고 적절한 이유 없이 교섭을 파기함으로써 철수에게 손해를 야기했다면 문제가 될 수 있다. 당사자 사이에 계약체결에 대한 확실한 기대를 바탕으로 하여 형성된 특별한 신뢰관계가 당사자 중의 일방에 의하여 아무런 이유 없이 파괴된다면 이는 중대한 신의칙위반이 되기 때문이다.

종래의 통설은 이 경우에 계약체결상의 과실책임을 수용하여 인정하며 그 성질을 계약책임에서 구하고 있다. 반면에 무용론과 판례는[15] 불법행위에 의해 손해배상 여부를 검토하면 충분하다고 한다. 만약 사례에서 만수의 파기행위가 불법행위의 요건을 충족할 정도로 중대한 신의칙위반이 된다면, 이러한 사례는 당사자 사이의 특별한 결합관계를 중심으로 이루어진 것이므로 그로부터 발생된 책임은 계약책임 그 자체가 될 수는 없어도 계약과 유사한 책임으로 이해하는 게 옳다고 본다. 또한 우리 법에서 불법행위의 일반조항을 구비한다고 해서 위 사례에 대해 계약체결상의 과실책임의 적용을 부정하는 무용론은 계약체결상의 과실책임의 문제의식을 왜곡하였다고 지적할 수 있겠다.

(2) 손해배상의 적절한 범위

학설은 '그 계약의 유효를 믿었음으로 인하여 받은 손해를 배상하여야 한다. 그러나 그 배상액은 계약이 유효함으로 인하여 생길 이익액을 넘지 못한다.'는 제535조의 취지에 따라 배상범위를 신뢰이익에 한정짓는다.[16] 신뢰이익의 내용은 피해자인 철수가 계약의 교섭이 차라리 없었더라면 지출하지 않았을 비용 기타 손해를 말한다.[17] 계약이 성립되지 않은 것을 전제한다면 손해배

결 이전에 가볍게 그 성립을 믿은 자는 자기의 위험과 책임 하에 비용을 부담하여야 한다.'(서울민사지법 1990.8.23. 선고 89가합20656 판결 참조)
[15] '어느 일방이 교섭단계에서 계약이 확실하게 체결되리라는 정당한 기대 내지 신뢰를 부여하여 상대방이 그 신뢰에 따라 행동하였음에도 상당한 이유 없이 계약의 체결을 거부하여 손해를 입혔다면 이는 신의성실의 원칙에 비추어 볼 때 계약자유원칙의 한계를 넘는 위법한 행위로서 불법행위를 구성한다.'(대법원 2003.4.11. 선고 2001다53059 판결; 대법원 2001.6.15. 선고 99다40418 판결: 대법원 2013.6.13. 선고 2010다65757 판결 등 참조)
[16] 곽윤직, 채권각론, 96쪽 등 참고.

상책임은 계약이 체결되기 전에 발생된 것이며, 따라서 이행되어야 할 계약상 이익은 존재하지 않으므로 이행이익 내지 이를 넘은 이익은 배상청구의 대상에서 제외된다.

---

17) 판례도 같은 태도이다. 즉, '계약교섭의 부당한 중도파기가 불법행위를 구성하는 경우 그러한 불법행위로 인한 손해는 일방이 신의에 반하여 상당한 이유 없이 계약교섭을 파기함으로써 계약체결을 신뢰한 상대방이 입게 된 상당인과관계 있는 손해로서 계약이 유효하게 체결된다고 믿었던 것에 의하여 입었던 손해 즉 신뢰손해에 한정된다고 할 것이고, 이러한 신뢰손해란 예컨대, 그 계약의 성립을 기대하고 지출한 계약준비비용과 같이 그러한 신뢰가 없었더라면 통상 지출하지 아니하였을 비용 상당의 손해라고 할 것이며, 아직 계약체결에 관한 확고한 신뢰가 부여되기 이전 상태에서 계약교섭의 당사자가 계약체결이 좌절되더라도 어쩔 수 없다고 생각하고 지출한 비용, 예컨대 경쟁입찰에 참가하기 위하여 지출한 제안서, 견적서 작성비용 등은 여기에 포함되지 아니한다.'(대법원 2003.4.11. 선고 2001다53059 판결)

◎ 연습문제

<연습 5-1> 위 <문제>에서 철수는 계약파기로 인한 정신적 손해의 배상을 만수에게 청구할 수 있겠는가? (논점: 계약파기책임의 성질과 정신적 손해. 대법원 2003.4.11. 선고 2001다53059 판결 참조)

<연습 5-2> 영희는 기술공동개발협약의 체결을 포함한 일련의 행태를 통하여 철수에게 이와는 별도의 시설공사계약이 체결되리라는 정당한 기대 내지 신뢰를 부여하였고, 철수가 그러한 기대 내지 신뢰를 바탕으로 영희의 요구에 따라 고가의 기계장비를 수입하는 등 시설공사계약의 이행을 위한 준비를 하였음에도 시설공사계약 자체에 내재한 문제와 직접 관련이 없고 철수에게 그 책임을 물을 수도 없는 사유를 들어 시설공사계약의 체결을 위한 교섭을 일방적으로 중단함으로써 철수에게 기계장비 수입 등으로 인한 손해를 입혔다. 이와 관련하여 영희는 철수에게 손해배상책임을 져야 한다는 판결이 확정되었는데, 그 책임의 근거는 무엇인지 검토하시오. (논점: 계약파기책임의 근거. 대법원 2013.6.13. 선고 2010다65757 판결 참조)

<사례 5-3> 만수가 운영하는 서점 안에서 친구를 만나기로 약속한 철수가 서점에 들어서는 순간 빗물이 조금 고여 있던 서점입구에서 미끄러지면서 넘어져 크게 다쳤다. 이와 관련하여 철수가 치료비 상당의 손해배상을 만수에게 청구하려고 하는데, 최 변호사는 불법행위에 기한 손해배상이 적절하다고 하고 박 변호사는 계약책임으로 구성하는 게 유리하다고 한다. 박 변호사의 주장을 최 변호사의 입장에서 비판하시오. (논점: 상대방보호에 관한 의무위반과 '계약체결상의 과실책임' 여부)

<참고문헌>(가나다 순)

곽윤직, 채권각론(신정수정판), 박영사, 2000

권영준, 계약법의 사상적 기초와 그 시사점 : 자율과 후견의 관점에서, 저스티스, 통권 제124호, 2011

김형배, 채권각론(계약법), 신정판, 박영사, 2001

양창수, 계약체결상의 과실, 민법연구, 제1권, 1991

이병준, 한국계약법의 현대화 동향과 전망, 법학연구(부산대), 제52권 제2호, 2011

이은영, 채권각론(제3판), 박영사, 2000

고영남, "계약규범 재구조화를 위한 가치다양성 – 민주주의와 인권의 관점에서", 저스티스, 통권 제146-3호, 2015

최흥섭, "계약교섭단계에서의 책임과 민법 제535조의 의미", 배경숙교수화갑기념논문집, 1991

제6장 계약의 무효

문제

철수는 어젯밤 가족들을 인질로 잡고 자신의 목에 칼을 들이대면서 생명을 위협한 만수의 토지매도요구에 굴복하여, 시가 5억 원에 상당하는 자신 소유의 토지를 만수에게 1억 원에 매도하는 계약을 체결하였다. 며칠 뒤 변제기에 이르러 만수가 대금 가운데 5,000만원만 우선 지급하겠다고 하면서 토지의 명도 및 소유권이전등기를 청구하자, 철수는 이를 거절하였다. 철수의 적법한 항변사유들을 열거하고 이들을 설명하라.

 풀이

I. 쟁점

매도인 철수와 매수인 만수 사이에 형식적인 계약이 존재하고 이를 기초로 만수가 이전등기의 이행을 청구하는 사례에서, 만수의 청구를 거절할 수 있는 적법한 항변사유를 제시하여야 하므로 위 계약의 효력이 인정되는 경우와 그렇지 않은 경우로 나누어 항변사유를 살펴보기로 한다.

II. 계약의 무효와 철수의 항변사유

철수와 만수 사이에 체결된 계약의 효력이 부정된다면, 즉 계약의 무효가 정당화된다면 철수로서는 계약의 이행을 저지하고 결국에는 계약의 체결이 없었던 상태도 되돌릴 수가 있다. 계약의 무효에 이르기 위해서는 계약의 효력요건 내지 유효요건이 존재하지 않음을 철수가 주장 및 입증하거나, 일정한 요건 아래에서 인정된 취소권을 행사하여 그 효과로서 계약의 소급적 무효를 주장하여야 한다.

1. 의사능력의 결여와 계약의 무효

(1) 계약무효의 근거로서 의사무능력

독일민법의 태도[18]와는 달리, 우리 민법은 의사능력이 없는 당사자의 계약을 무효로 보는 명문규정을 갖고 있지 않다. 그럼에도 불구하고 학설에서는 제한능력자제도 이외에 별도의 의사무능력자의 개념을 규범적으로 인정하고 있으며, 의사무능력자의 법률행위에는 효력이 인정되지 않는다고 본다. 통설에 의하면[19] 자기 행위의 결과를 인식하여 정상적인 의사결정을 할 수 있는 인식능력을 의사능력이라고 하는데, 이러한 의사능력이 결여된 사람으로서는 유아, 만취자, 또는 백치(白癡) 등을 그 예로 든다. 대표적 견해에 의하면,[20] 당사자의 행위가 법률효과를 발생시키는 이유는 자신의 의사에 의해서만 권리 및 의무를 획득한다는 사적자치의 원칙에 기초한 것이므로 의사능력이 없는 자의 행위는 자신의 의사에 기초한 것이라고 할 수 없기 때문이라고 한다.

의사무능력을 근거로 계약의 효력을 부정한 사례를 본격적으로 다룬 판례는 없지만, 강박에 의한 의사표시의 개념을 구성하면서 무효사유로서의 의사무능력 개념을 다루고 있다.[21] 예를 들어, '상대방 또는 제3자의 강박에 의해 의사결정의 자유가 완전히 박탈된 상태에서 한 의사표시는 효과의사에 대응하는

---

18) 독일민법을 행위능력제도의 틀 안에서 의사무능력자를 구성하고 있다. 즉, 독일민법에서의 행위능력개념은 절대적 행위무능력자, 제한적 행위능력자, 제한이 없는 행위능력자로 이루어진다. 절대적 행위무능력자는 만 7세 미만의 사람 또는 정신적 장애로 말미암아 자유로운 의사결정을 할 수 없는 사람으로서 그 상태가 일시적이지 않은 경우인데(독일민법 제104조), 이들의 의사표시는 무효이며 의식을 잃은 상태이거나 정신적 활동이 일시적으로 장애를 받은 상태에서 이루어진 의사표시도 무효이다(독일민법 제105조).
19) 곽윤직, 민법총칙, 125쪽; 이영준, 민법총칙, 792쪽; 김상용, 민법총칙, 154쪽 등.
20) 곽윤직, 민법총칙, 125쪽 참고.
21) 판례태도와 가까운 어느 학설에 의하면, 표의자의 정상적 의식과 판단력이 의사표시의 요건으로서 필요하다고 하며, 따라서 무의식 및 판단력의 결핍은 행위시의 상태로서 이해되어야 한다고 주장한다. 결국 우리 민법은 행위능력과 같은 별도의 제도를 의사능력에 관해 두고 있지 않으므로 의식이나 판단력 없이 한 행위가 의사표시라고 인정될 것인지는 거래당사자의 능력, 거래의 종류 등을 기초로 개별적으로 판단하여야 한다고 지적한다(이은영, 민법총칙, 156쪽 이하 참고).

내심의 의사가 없으므로 무효이나, 그 강박이 의사결정의 자유를 완전히 박탈하는 정도가 아니라 이를 제한하는 정도에 그친 경우에는 단지 취소할 수 있을 뿐'이라고 하였다.[22] 마찬가지로, '강박에 의한 법률행위가 하자 있는 의사표시로서 취소되는 것에 그치지 않고 나아가 무효로 되기 위해서는 강박의 정도가 단순한 불법적 해악의 고지로 상대방으로 하여금 공포를 느끼도록 하는 정도가 아니라, 표의자로 하여금 의사결정을 스스로 할 수 있는 여지를 완전히 박탈한 상태에서 의사표시가 이루어져 단지 법률행위의 외형만이 만들어진 것에 불과한 정도이어야 한다'고 하였다.[23]

(2) 사례에서의 문제검토

의사능력이 결여된 당사자가 체결한 계약의 효력은 인정되지 않는다는 통설에 의할 때, 사례에서 철수가 체결한 계약이 과연 무효인지를 검토해 보아야 한다. 통설의 견해에 더하여 저자의 설명을 붙인다면 의사능력은 자신의 행위의 결과, 즉 계약체결에 의한 법률효과가 규범적으로 무엇인지를 인지할 수 있는 능력이라고 할 수 있다. 물론 의사능력의 개념은 판례와 동조 학설이 이해하는 바대로 계약체결 당시의 당사자의 지적 상태를 파악한 개념이라고 볼 수 있으며, 구체적이고 주관적 개념이라고 봐야 한다. 그리고 의사능력의 개념은 당사자가 표의한 효과의사에 대한 변식능력이며, 표의자와 효과의사를 연결함으로써 당사자에게 계약의 구속력[24]을 부여하는 정당화요소라고 생각한다.

한편 사례에서 비록 철수가 만수의 위협행위로 인해 계약을 체결할 수밖에 없었던 사정이 명확하게 존재하지만, 철수로서도 토지매매계약을 체결함으로써 자신이 법적으로 부담하게 될 의무와 권리의 내용을 인식할 수 있었다고 판단

---

22) 대법원 1984.12.11. 선고 84다카1402 판결 등 참조.
23) 대법원 1997.3.11. 선고 96다49353 판결 참조.
24) 계약을 체결하고자 하는 당사자의 의사가 계약구속력의 근거라고 주장하는 '의사이론 또는 의사도그마'를 부정하더라도, 당사자의 자유로운 의사는 계약에 구속력을 부여하는 여러 근거 가운데 하나라고 말할 수 있다(고영남, "계약규범 재구조화를 위한 가치 다양성 - 민주주의와 인권의 관점에서", 저스티스, 통권 제146-3호, 2015, 319쪽 이하 참고).

된다. 따라서 만수의 위협행위가 법적으로 어떠한 평가를 받아야 되는지는 다른 쟁점으로 다루더라도, 계약의 법률효과를 철수가 변식할 수 있는 한 의사능력이 결여되었다고 볼 수는 없다. 결국 철수로서는 만수의 청구를 거절하는 데 의사능력의 결여를 계약무효의 사유로서 주장할 수는 없다고 본다.

2. 계약목적의 사회적 타당성 결여

(1) 계약목적과 사회적 타당성

　선량한 풍속 기타 사회질서에 반하는 사항을 내용으로 하는 법률행위는 무효로 한다(민법 제103조). 따라서 당사자가 체결한 계약의 내용이 선량한 풍속 등 사회질서에 반할 경우에 그 계약은 무효로 된다. 선량한 풍속 및 사회질서에 반하는 내용이 도대체 무엇인지에 대해서는 학설과 판례, 때로는 법률이 판단할 수밖에 없다. 무엇보다도 민법 제103조가 불확정개념 내지 일반조항이기 때문에 판결을 통해 구체화된 여러 사례들을 유형별로 고찰하는 방법[25]이 유력하다. 그럼에도 불구하고 기존의 유형화된 분류에 포섭될 수 없는 경우에 과연 일반조항으로서 민법 제103조가 적용될 수 있는지에 대한 검토가 필요하다. 강박적인 수단에 의해 의사표시를 할 수밖에 없었을 때 그로 인해 체결된 계약의 효력을 인정할 것인가? 구체적으로는 강박적 수단이 '동기의 불법'에 해당되는지를 검토해야 한다.

　확립된 국내의 판례에 의하면, 민법 제103조에 의해 무효로 되는 반사회질서행위는 법률행위의 목적인 권리의무의 내용이 선량한 풍속 기타 사회질서에 위반되는 경우뿐만 아니라, 그 내용 자체는 사회질서에 반하지 않더라도 법률적으로 이를 강제하거나 그 법률행위에 사회질서에 반하는 조건 또는 금전적 대가가 결부됨으로써 사회질서에 반하는 성질을 띠게 되는 경우 및 '표시되거

---

[25] 주로 이중매매나 당사자의 우월한 지위를 이용하는 등 정의 관념에 반하는 행위, 부첩계약과 같은 인륜에 반하는 행위, 이혼포기각서와 같은 개인의 자유를 심하게 제한하는 행위, 생존에 필요한 재산을 모든 재산을 증여하는 등 생존의 기초재산에 관한 처분행위, 그리고 지나친 사행적 행위로 크게 나뉜다.

나 상대방에게 알려진 법률행위의 동기가 반사회질서적인 경우'를 포함하고 있기 때문이다.26)

(2) 사례에서의 문제검토

무효사유로서 사회질서에 반하는 행위로 판정되는 대상은 그 법률행위의 결과, 즉 법률효과의 규범화가 사회질서와 양립할 수 없는 내용을 말한다. 비록 만수의 위협으로부터 가족의 생명을 지키기 위해 철수가 불가피하게 만수에게 토지를 매도하는 계약을 체결하였지만, 다시 말해서 '만수의 위협'과 '철수의 계약체결' 사이의 관계를 별도로 검토할 수 있을지라도 계약의 법률효과라고 할 수 있는 토지소유권이전의무와 대금지급의무 자체만으로는 우리의 사회질서와 양립할 수 없다고 볼만한 사정은 존재하지 않는다고 생각된다. 판례도 마찬가지로, 단지 계약의 성립과정에 불법적 방법이 사용된 데 불과하다면 그 불법이 의사표시의 형성에 영향을 미친 경우에 한하여 의사표시의 하자를 이유로 그 효력을 논의할 수는 있을지언정 사회질서에 반하는 법률행위라는 이유로써 무효라고 할 수는 없다고 하였다.27)

결국 법률행위를 하게 된 동기가 불법성을 띤 경우 법률행위의 불법성에 포함될 여지가 있지만 위 사례처럼 '수단의 불법성'은 계약내용의 유효성을 검토하는 데 배제할 수밖에 없다고 생각한다.

---

26) 대법원 2001.2.9. 선고 99다38613 판결 등 참조. (따라서) '보험계약자가 다수의 보험계약을 통하여 보험금을 부정 취득할 목적으로 보험계약을 체결한 경우, 이러한 목적으로 체결된 보험계약에 의하여 보험금을 지급하게 하는 것은 보험계약을 악용하여 부정한 이득을 얻고자 하는 사행심을 조장함으로써 사회적 상당성을 일탈하게 될 뿐만 아니라 또한 합리적인 위험의 분산이라는 보험제도의 목적을 해치고 위험발생의 우발성을 파괴하며 다수의 선량한 보험가입자들의 희생을 초래하여 보험제도의 근간을 해치게 되므로 이와 같은 보험계약은 민법 제103조 소정의 선량한 풍속 기타 사회질서에 반하여 무효이다.'(대법원 2005.7.28. 선고 2005다23858 판결)
27) 대법원 1996.4.26. 선고 94다34432 판결; 대법원 2002.9.10. 선고 2002다21509 판결 등 참조.

3. 폭리행위 여부

(1) 계약무효사유로서의 폭리행위

당사자가 체결한 계약이 불공정한 법률행위 내지 폭리행위에 해당되더라도 무효로 된다. 급부와 반대급부 사이의 현저한 불균형이 객관적으로 존재하고, 주관적으로 이처럼 균형을 상실한 거래가 피해당사자의 궁박, 경솔 또는 무경험을 이용하여 이루어진 경우에 폭리행위에 해당하게 된다.[28] 폭리행위로 평가하기 위한 요건은 어떤가?

먼저 주관적 요건으로서 상대방의 궁박이나 경솔 또는 무경험에 편승하거나 이를 이용한다는 인식이 있어야 한다. 이에 관해 통설은 피해자에게 궁박 등의 사정이 있음을 폭리자가 알고서 이를 이용하려는 의도, 즉 악의가 있어야 한다고 이해한다.[29] 한편 판례도 같은 태도를 취하는데, '피해당사자가 궁박 등의 상태에 있었다고 하더라도 그 상대방 당사자에게 피해당사자의 사정을 알면서 이를 이용하려는 의사, 즉 폭리행위의 악의가 없었다면 불공정한 법률행위는 성립하지 않는다'고 하였다.[30]

다음에 객관적 요건으로서 급부와 반대급부[31]의 객관적 가치에 큰 차이가

---

[28] 대법원 1997.7.25. 선고 97다15371 판결; 대법원 2008.3.14. 선고 2007다11996 판결 등 참조. 특히 통설에 의하면 불공정한 법률행위는 그 성질상 반사회질서행위의 하나라고 한다(곽윤직, 민법총칙, 312쪽; 이은영, 민법총칙, 408쪽 등 참고. 異見: 고상룡, 민법총칙, 357쪽). 판례도 통설과 같은 태도를 취한다(대법원 1964.5.19. 선고 63다821 판결 참조). 특히 '대리인에 의하여 법률행위가 이루어진 경우 경솔과 무경험은 대리인을 기준으로 하여 판단하고, 궁박은 본인의 입장에서 판단하여야 한다.'(대법원 2002.10.22. 선고 2002다38927 판결)

[29] 곽윤직, 민법총칙, 313쪽; 백태승, 민법총칙, 363쪽 등 참고. 반면에 폭리자의 의도나 악의까지는 필요하지 않고 피해자의 사정에 편승하거나 이용한다는 인식으로 충분하다는 견해(이영준, 민법총칙, 251쪽 등)와 그러한 인식조차 필요하지 않다는 견해(이은영, 민법총칙, 415쪽)가 있다.

[30] 대법원 2008.3.14. 선고 2007다11996 판결 등 참조.

[31] 모든 재산상의 유상행위에 관하여 인정된다는 게 통설이지만, 부담부 증여나 부담이 과도한 경우 또는 경솔 등으로 인해 소유권을 포기하는 경우에도 적용된다는 이견이 있다(이영준, 민법총칙, 247쪽 참고). 한편 유력설에 의하면, 계약의 공정성은 계약서의 문언이나 명시적 내용 이외에 기초사정 등을 감안하여 실질적으로 판단하여야 하므로 단독행위, 무상계약, 단체의 설립행위 및 신분행위에서도 불공정한 법률행위로 볼 여지가

존재하게 되어32) 현저하게 공정성이 상실되어야 한다. 객관적 차이는 산술적 개념이 아니며, 객관적 요건이 존재한다고 해서 주관적 요건이 추정되지도 않는다.33)

(2) 사례에서의 문제검토

철수와 만수 사이의 토지매매계약이 체결되는 과정에서 만수는 강박행위를 하였고, 그 결과 철수는 5억 원에 상당하는 목적물을 고작 20%에 해당하는 대금만을 받고 매각하게 되었다.

철수의 급부의무를 이행했을 때 확보되는 출연과 만수의 반대급부의무를 이행했을 때의 출연 사이에는 현저한 불균형이 존재한다고 볼 수 있다.

다음으로 만수의 강박행위로 인해 철수가 궁박의 상태에 빠졌는지를 검토해야 한다. 궁박이라 함은 경제적 궁박상태뿐만 아니라 정치적, 물리적 궁박상태 및 정신적 궁박상태를 포함하는 개념이라고 볼 수 있다. 따라서 궁박은 급박한 곤궁을 뜻하는 것으로서 경제적 원인에 기인할 수도 있고 정신적 또는 심리적 원인에 기인할 수도 있다. 더욱이 철수가 당시에 궁박의 상태에 있었는지 여부는 그의 신분과 재산상태 및 그가 처한 상황의 절박성 등 모든 상황을 종합하여 구체적으로 판단할 일이다.34)

결국 가족을 몰살하겠다는 만수의 위협은 가족의 생명을 지키기 위한 심리적 또는 정신적 궁박상태를 야기하였다고 볼 수 있기 때문에 위 토지매매 당시에 철수에게는 궁박함이 존재하였다고 볼 수 있다. 더욱이 만수에게는 철수

있다고 한다(이은영, 민법총칙, 409쪽 참고).
32) 대법원 2009.11.12. 선고 2008다98006 판결 등 참조.
33) 통설(곽윤직, 민법총칙, 315쪽 등) 및 판례(대판 1976.4.13, 75다704 등).
34) '궁박'이라 함은 '급박한 곤궁'을 의미하는 것으로서 경제적 원인에 기인할 수도 있고 정신적 또는 심리적 원인에 기인할 수도 있으며, '무경험'이라 함은 일반적인 생활체험의 부족을 의미하는 것으로서 어느 특정영역에 있어서의 경험부족이 아니라 거래일반에 대한 경험부족을 뜻하고, 당사자가 궁박 또는 무경험의 상태에 있었는지 여부는 그의 나이와 직업, 교육 및 사회경험의 정도, 재산 상태 및 그가 처한 상황의 절박성의 정도 등 제반 사정을 종합하여 구체적으로 판단하여야 한다(대법원 2008.3.14. 선고 2007다11996 판결 등 참조).

의 심리적·정신적 곤궁상태를 폭리행위를 하는 데 이용하려는 의도 내지 악의가 존재한다고 보는 데 이견이 있을 수 없다. 따라서 위 매매계약은 철수의 의사표시에 의해 체결되긴 했지만, 계약의 목적 내지 내용이 불공정하다고 판단되므로 그 효력을 인정할 수 없다(민법 제104조). 따라서 철수는 토지의 명도 등을 청구하는 만수에 대해 위 계약에 효력이 없음을 근거로 거절할 수 있다. 물론 위 요건들은 계약의 무효를 주장하는 철수가 입증하여야 하며, 궁박함을 판단하는 시점과 현저한 불균형 여부를 판단하는 시점은 계약체결 당시이다(통설 및 판례[35])).

4. 비진의표시 여부

(1) 비진의표시의 무효요건

표의자가 진의 아님을 알면서 의사표시를 하더라도 그 효력에는 영향이 없다. 이처럼 표의자의 진의와 다른 의미로 이해된다는 것을 표의자 스스로 알면서 하는 의사표시를 비진의표시 또는 '진의 아닌 의사표시'라고 한다. 하지만 진의 아님을 상대방이 알았거나 알 수 있었을 경우에는 비록 비진의표시에 해당하더라도 그 효력은 부정된다. 즉, 무효로 평가된다(민법 제107조 제1항 단서 참조). 그렇다면 비진의표시가 되기 위한 요건은 어떠하며, 다시 무효로 되기 위한 요건은 어떤가?

먼저 비진의표시로 평가되기 위해서는 무엇보다도 법률효과를 의욕하는 의사의 표시, 즉 의사표시가 명확하게 존재하여야 한다. 그리고 그 의사표시를 구성하는 의사와 표시부분이 일치하지 않아야 하며, 그 불일치 자체를 표의자

---

[35]) 판례도 같은 태도를 취한다. 즉, '어떠한 법률행위가 불공정한 법률행위에 해당하는지는 법률행위 당시를 기준으로 판단하여야 하므로, 계약 체결 당시를 기준으로 계약 내용에 따른 권리의무관계를 종합적으로 고려한 결과 불공정한 것이 아니라면, 사후에 외부적 환경의 급격한 변화에 따라 계약당사자 일방에게 큰 손실이 발생하고 상대방에게는 그에 상응하는 큰 이익이 발생할 수 있는 구조라고 하여 그 계약이 당연히 불공정한 계약에 해당한다고 말할 수 없다.'(대법원 2013.9.26. 선고 2011다53683 전원합의체 판결; 대법원 2015.1.15. 선고 2014다216072 판결 참조)

가 알고 있어야 한다. 다음으로, 이렇게 구성된 비진의표시가 무효로 되기 위해서는 표의자의 상대방이 진의 아닌 점에 대해 악의라고 평가되거나 선의이더라도 과실이 있다고 평가되어야 한다.36)

(2) 사례에서의 문제해결

철수의 의사표시가 비진의표시에 해당한다면 만수가 이를 강박행위로써 유인한 이상 그 효력을 인정할 수는 없을 것이다. 따라서 만수의 강박행위로 인해 계약을 체결할 수밖에 없게 되었던 철수에게 과연 표시행위에 해당하는 효과의사가 존재하지 않았는지를 검토해야 한다.

철수의 의사표시가 비진의표시에 해당하지 않는다는 판례의 일관된 관념을 중요시하는 접근이다. 판례에 의하면, '진의 아닌 의사표시에서 진의란 특정한 내용의 의사표시를 하고자 하는 표의자의 생각을 말하는 것이지, 표의자가 진정으로 마음속에서 바라는 사항을 뜻하는 것은 아니다. 따라서 표의자가 의사표시의 내용을 진정으로 마음속에서 바라지는 아니하였다고 하더라도 당시의 상황에서는 그것을 최선이라고 판단하여 그 의사표시를 한 이상, 이를 내심의 효과의사가 결여된 진의 아닌 의사표시라고 할 수 없다'고 하였다.37) 이러한 태도를 위 사례에 비추어 판단하건대, 비록 철수가 만수의 위협으로 인해 토지소유권을 사실상 뺏긴다는 기분이 표의자 내지 매도인의 본심에 내재되어 있다고 하더라도 철수가 강제에 의해서나마 매도하기로 하고 그에 따라 매매계약을 체결한 이상 매도한다는 내심의 효과의사가 결여되었다고 볼 수는 없다. 결국 상대방인 만수의 악의 여부를 검토할 필요도 없으므로 비진의표시를 이유로 한 무효의 주장은 가능하지 않다고 할 수 있다.38)

---

36) 민법 제107조 제1항의 취지는 표의자의 내심의 의사와 표시된 의사가 일치하지 아니한 경우에는 표의자의 진의가 어떠한 것이든지 표시된 대로의 효력을 생기게 하여 거짓의 표의자를 보호하지 아니하는 데 있다. 또한 제1항의 뜻은 만약 그 표의자의 상대방이 표의자의 진의 아님에 대하여 악의 또는 과실이 있는 때에는 그 상대방을 보호할 필요가 없이 표의자의 내심의사 또는 진의를 존중하여 그 진의 아닌 의사표시를 무효로 돌려버리려는 데 있다(대법원 1987.7.7. 선고 86다카1004 판결 참조).
37) 대법원 2000.4.25. 선고 99다34475 판결 등 참조.
38) 이와는 달리 민법 제107조 제1항 단서를 유추하는 논리를 강구할 수도 있다. 즉, 철수

5. 강박에 의한 의사표시와 취소권

(1) 취소의 원인으로서 강박행위

강박에 의해 어쩔 수 없이 의사표시를 할 수밖에 없었던 표의자는 자신의 의사표시를 취소할 수 있으며(민법 제110조 제1항), 그 결과 그가 체결한 계약은 소급적으로 무효가 된다(제141조 본문). 의사표시 자체에는 어떠한 하자가 존재하지 않더라도 그러한 의사표시를 하게 된 까닭이 표의자의 자유로운 결정이 아닌, 강요된 외압에 의해 이루어졌기 때문에 그 효력을 소급적으로 부인할 형성권을 표의자에게 부여하는 것이다. 먼저 강박행위가 있었다고 판단하기 위해서는 상대방이 표의자로 하여금 공포심을 생기게 하고 그로 인해 의사표시를 결정할 수밖에 없게 할 고의가 전적으로 필요하다. 그리고 강박행위를 통해 표의자에게 불이익 내지 해악을 고지하여야 한다. 통설은 강박행위의 종류나 해악의 내용에 관해 제한을 두지 않는다.

문제는 강박의 정도와 그 위법성에 있다고 본다. 먼저 통설에 의하면, 해악은 표의자로 하여금 공포심을 유발하기에 충분하다면 이로써 족하다고 본다.[39] 다음으로 강박행위가 위법해야 하는데, 그 판단기준은 달성하고자 하는 목적이

의 의사표시를 분석할 때 표시행위에 해당하는 내심의 효과의사가 존재하지 않는다고 판단함으로써 이를 비진의표시로 파악하는 접근이 있을 수 있다. 만수의 강박행위에 의해 계약을 체결할 수밖에 없었던 철수에게 있어서 계약체결행위가 단순한 사실행위로 이해되었다면 그에게는 효과의사가 존재하지 않는다고 볼 수 있기 때문이다. 그러나 이러한 이론적 근거가 마련되었다고 하더라도 만수에게는 악의 내지는 과실이 있었다고 평가할 수 있기 때문에 철수로서는 자신이 체결한 계약의 효력을 부정하는 항변을 할 수 있다고 본다.

39) 판례도 같은 태도를 취한다. 즉, '강박에 의한 의사표시라고 하려면 상대방이 불법으로 어떤 해악을 고지함으로 말미암아 공포를 느끼고 의사표시를 한 것이어야' 하고(대법원 1979.1.16. 선고 78다1968 판결; 대법원 2000.3.23. 선고 99다64049 판결 등 참조), '강박에 의한 법률행위가 하자 있는 의사표시로서 취소되는 것에 그치지 않고 나아가 무효로 되기 위해서는 강박의 정도가 단순한 불법적 해악의 고지로 상대방으로 하여금 공포를 느끼도록 하는 정도가 아니고, 의사표시자로 하여금 의사결정을 스스로 할 수 있는 여지를 완전히 박탈한 상태에서 의사표시가 이루어져 단지 법률행위의 외형만이 만들어진 것에 불과한 정도이어야 한다.'(대법원 1998.2.27. 선고 97다39152 판결; 대법원 2003.5.13. 선고 2002다73708 판결 등 참조).

나 그 수단의 부당성으로써 판단할 수 있다고 본다.40)

(2) 사례에서의 문제해결

만수가 철수를 위협하고 철수로 하여금 그로 인해 계약을 체결하게 하려는 고의가 존재한다는 점은 의문의 여지가 없다. 그리고 강박을 하면서 가족을 몰살하겠다는 구체적인 해악을 고지하였기 때문에 취소권의 원인으로서 강박행위는 존재한다고 볼 수 있다. 또한 만수에게는 위협에 이은 계약체결로 말미암아 부당한 이익을 획득하고자 하는 목적이 존재할 뿐만 아니라, 만수가 사용한 강박의 수단으로써 철수에게 고지한 해악의 내용이 법질서에 반하기 때문에 만수의 행위는 위법한 강박행위가 된다고 볼 수 있다.41)

결국 철수는 만수의 강박행위에 의해 그러한 계약을 체결할 수밖에 없었음을 입증함으로써 자신에게 적법한 취소의 원인이 존재하고 이로써 위 계약의 취소를 주장할 수 있을 것이다.

6. 정리

철수는 만수에 의해 생명의 위협을 받았지만 만수의 요구에 따라 매매계약

---

40) 판례도 같은 태도를 취한다. 즉, '어떤 해악을 고지하는 강박행위가 위법하다고 하려면 강박행위 당시의 거래관념과 제반 사정에 비추어 해악의 고지로써 추구하는 이익이 정당하지 아니하거나 강박의 수단으로 상대방에게 고지하는 해악의 내용이 법질서에 위배된 경우 또는 어떤 해악의 고지가 거래관념상 그 해악의 고지로써 추구하는 이익의 달성을 위한 수단으로 부적당한 경우 등에 해당하여야 한다. (따라서) 계약을 해제하여 손해배상을 청구할 수 있다는 취지로 말한 것으로는 제반 사정상 위법한 해악의 고지에 해당한다고까지 할 수 없다.'(대법원 2010.2.11. 선고 2009다72643 판결 등)
41) 구체적 해악을 고지하지 않은 위협은 취소 원인으로서의 강박행위가 되지 않는다. 예를 들어 구체적인 해악을 고지하지 않은 채 단지 각서에 서명 날인할 것을 강력하게 요구하는 행위를 하였을 뿐이라면 이를 강박행위라고 볼 수는 없을 것이다(대법원 1979.1.16. 선고 78다1968 판결 참조). 따라서 '갑이 자신이 최대주주이던 A 금융회사로 하여금 실질상 자신 소유인 B 회사에 부실대출을 하도록 개입하였다고 판단한 A 금융회사의 새로운 경영진이 갑에게 위 대출금채무를 연대보증하지 않으면 갑 소유의 C 회사에 대한 어음대출금을 회수하여 부도를 내겠다고 위협하여 갑이 법적 책임 없는 위 대출금채무에 대해 연대보증을 하더라도 강박에 의한 의사표시에 해당하지 않는다.'(대법원 2000.3.23. 선고 99다64049 판결)

을 체결하는 게 최선이라고 판단하여 의사표시를 하였다고 판단된다. 다시 말해서 상대방의 강제에 의해서라도 어쩔 수 없이 매매하기로 의사를 결정하고 이에 따라 매매계약을 체결하였기 때문에, 효과의사를 결정하는 의사능력의 결여를 이유로써 계약의 무효를 주장하거나 계약내용이 반사회질서행위에 해당되어 무효가 된다는 주장은 인용될 수 없다고 본다. 또한 당시 철수로서는 그것을 최선이라고 판단하여 그 의사표시를 하였으므로 이를 내심의 효과의사가 결여된 진의 아닌 의사표시라고 할 수 없다. 따라서 비진의표시를 전제로 위 매매계약의 무효를 주장할 여지도 없다.

하지만 매매계약이 철수의 의사표시에 의해 체결되었지만 그 계약의 목적 내지 내용이 불공정함을 이유로써 계약의 무효를 주장할 수 있다고 보았다. 또한 철수는 만수의 위법한 강박행위를 이유로써 위 계약을 취소함으로써 소급적으로 무효가 된다고 주장할 수 있다고 보았다.

결국 철수로서는 만수의 폭리행위와 취소권의 원인으로서 강박행위를 이유로써 계약의 무효 내지 취소를 주장하고, 만수의 청구를 적법하게 거절할 수 있다.

III. 계약의 유효와 철수의 항변사유

위에서 언급된 계약무효의 사유 내지 취소의 주장이 인용되지 않게 됨으로써 계약의 효력이 인정되는 경우에 철수가 만수의 이행청구에 대해 적법하게 항변할 수 있는 사유란 위 계약이 쌍무계약이고, 따라서 양 채무가 동시이행의 관계에 있음을 주장하는 것이다. 사례에서 철수의 항변이 인용될 수 있는지를 검토해 본다.

1. 동시이행의 항변을 할 수 있는 요건

동시이행의 항변권은 쌍무계약의 상환관계에 서 있는 채무 사이에서 발생하는 것으로서 상대방이 그의 채무를 이행하거나 그 제공을 할 때까지 자신의 채무이행을 거절할 수 있는 연기적 항변권이다(통설).42) 그렇다면 동시이행의 항변권이 발생되기 위해서는 어떠한 요건들이 충족되어야 하는가?

우선 쌍방이 현재 부담하고 있는 채무가 동일한 쌍무계약으로부터 발생하여야 하며, 쌍방은 서로 대가적 의미가 내재된 채무를 부담하여야 한다. 채무의 동일성이 유지되거나 양 채무의 원인인 채권관계의 법적 동일성이 유지되는 경우에는 당사자가 비록 변경되더라도 양 채무 사이에는 여전히 동시이행의 관계에 놓이게 된다. 그리고 특별한 경우가 아닌 한, 쌍방의 채무는 변제기에 있어야 한다(민법 제536조 제1항 단서). 따라서 상대방의 채무가 변제기에 들지 않으면 동시이행의 항변을 주장할 수 없게 된다. 더욱이 이미 변제기에 든 채무를 부담하는 상대방이 자신의 채무에 대한 이행을 하지 않거나 그 제공을 하지 않아야 한다. 한편 통설은 항변권의 효과가 발생하기 위해서는 채무자가 이를 적극적으로 원용해야 한다고 주장한다.43)

2. 사례에서의 문제해결

상대방이 이행의 제공을 하지 않는 경우는 물론이고, 채무의 일부만을 제공하는 경우에도44) 채무자는 동시이행의 항변권을 원용할 수 있다(통설). 따라서

---

42) 이러한 통설의 견해(곽윤직, 채권각론, 78쪽 및 대법원 1967.9.19. 선고 67다2131 판결 참조)를 항변권설이라고 부를 수 있다. 한편 동시이행의 항변권의 성질 자체를 쌍무계약의 속성 상 당연히 인정되는 채권자의 제한적 지위를 설명할 뿐이라는 실체권설이 주장되기도 한다(김형배, 채권각론(계약법), 148쪽 이하 참고).
43) '매매를 원인으로 한 소유권이전등기청구에 있어 매수인은 매매계약 사실을 주장, 입증하면 특별한 사정이 없는 한 매도인은 소유권이전등기의무가 있는 것이며, 매도인이 매매대금의 일부를 수령한 바 없다면 동시이행의 항변을 제기하여야 하는 것이고, 법원은 매도인의 이와 같은 항변이 있을 때에 비로소 대금지급 사실의 유무를 심리할 수 있는 것이다.'(대법원 1990.11.27. 선고 90다카25222 판결)
44) 하지만 상대방의 이행이 불완전한 경우에는 원칙적으로 채무자는 불완전한 이행부분에 비례한 범위에서 동시이행의 항변권을 원용할 수 있다고 봐야 한다(통설). 판례도 같은 태도를 취한다고 본다. 예컨대, '임대차계약에 있어서 목적물을 사용·수익하게 할 임대인의 의무와 임차인의 차임지급의무는 상호 대응관계에 있으므로 임대인이 목적물을 사용·수익하게 할 의무를 불이행하여 임차인이 목적물을 전혀 사용할 수 없을 경우에는 임차인은 차임 전부의 지급을 거절할 수 있다.'(대법원 2009.9.24. 선고 2009다41069 판결 등) (하지만) '수선의무불이행으로 인하여 부분적으로 지장이 있는 상태에서 그 사용

변제기에 이르렀음에도 불구하고 만수가 대금 가운데 5,000만원만 우선 지급하겠다고 하면서 토지의 명도 및 소유권이전등기를 청구하였다면, 철수가 부담하는 급부의무의 성질이 가분적이지 않으므로 이에 대한 철수의 이행거절은 정당하다고 판단된다.

수익이 가능할 경우에는 그 지장이 있는 한도에서만 차임의 지급을 거절할 수 있을 뿐 그 전부의 지급을 거절할 수는 없다. 따라서 그 한도를 넘는 차임의 지급거절은 채무불이행이 된다.'(대법원 1989.6.13. 선고 88다카13332 판결 등 참조)

◎ 연습문제

<연습 6-1> 철수는 자신이 소유하는 대지 1 필지를 만수에게 1억 원에 매각하기로 하는 계약을 5월 1일 체결하면서 3개월 후 그 등기이전의무의 이행을 완료하기로 약정하였다. 한편 만수와의 계약이 체결된 후 위 대지의 시가가 크게 상승하는 상황이 생기자 부동산투기전문가인 영희가 철수에게 접근하여 대금으로 2억 원을 지급할 생각이니 자신에게 대지의 등기명의를 넘겨달라고 하였다. 철수는 영희의 요구대로 그에게 대지의 등기명의를 이전하였다. 이에 대해 만수는 철수와 영희 사이의 매매계약은 사회질서에 반하는 행위로서 무효라고 주장하면서, 영희를 피고로 해서 철수의 소유권말소등기청구권을 행사하는 대위소송을 제기하였다. 만수의 청구는 인용되겠는가? (논점: 이중매매가 사회질서에 반하는 행위에 해당하기 위한 요건, 특정채권에 대한 채권자대위권의 요건)

<연습 6-2> 거물정치인 A는 자신의 재산을 은닉할 목적으로 100억 원을 호가하는 자신의 토지소유권을 죽마고우인 B에게 양도하고 이전등기를 마쳤다. B는 토지의 소유명의가 자신에게 있음을 기화로 삼아 위 토지에 대한 근저당권을 C에게 설정해주고 10억 원을 대출받았다. 그러나 A는 B에게 처분권이 없다며 C를 상대로 근저당권설정등기의 말소를 주장한다. A의 주장은 인용될 수 있는가? (논점: 무효사유로서 허위표시와 선의의 제3자)

<연습 6-3> 철수는 신용불량자라는 이유 때문에 제1금융기관은 물론이고 대부업체로부터도 신용대출을 받을 수 없던 친구 만수를 위해 그에게 자신의 명의를 빌려주기로 하고 K대부로부터 1천만 원을 대출받게 해주었다. 대출금반환채무의 변제기에 이르러 K대부가 대출채무의 명의인인 철수에게 반환청구를 하자, 철수는 만수가 실질적인 채무자라고 주장하면서 K대부의 지급청구를 거절하였다. K대부의 반환청구가 인용될 수 있는 근거를 제시하라. 대출계약을 체결할 때 만수가 대리인으로 활동하는 경우와 사자(使者)로 활동하는 경우로 나누어서 검

토하라. (논점: 명의대여대출사례에서 비진의표시의 의미와 그 요건)

<연습 6-4> 특별퇴직을 권고하여 그 신청을 받고 수리하는 형식에 따라 사직원을 제출한 피용자 철수에게 회사가 의원면직을 통보하였다. 이에 대해 철수가 회사의 처분이 부당해고에 해당한다고 주장하면서 이를 수용할 수 없다고 하였다. 철수의 주장을 뒷받침할 수 있는 법적 근거를 제시하라. (논점: 특별퇴직신청행위가 무효사유로서의 비진의표시 또는 허위표시가 될 수 있는 요건. 대법원 2010.3.25. 선고 2009다95974 판결 등 참조)

<참고문헌>(가나다 순)

고상룡, 민법총칙(전정판), 법문사, 1999
곽윤직, 민법총칙(신정수정판), 박영사, 1998
곽윤직, 채권각론(신정수정판), 박영사, 2000
김상중, 계약성립에 관한 기본 판결례의 소개와 분석, 비교사법, 제20권 제4
 호, 2013
김형배, 채권각론(계약법), 신정판, 박영사, 2001
백태승, 민법총칙, 법문사, 2000
이영준, 민법총칙(전정판), 박영사, 1995
이은영, 민법총칙(개정판), 박영사, 2000
이은영, 채권각론(제3판), 박영사, 2000

제7장 계약의 취소

문제

철수는 단원 김홍도의 회화 1점을 소장하고 있다고 스스로 주장하는 고서화수집가 만수로부터 이 작품을 5억 원에 매입하는 계약을 체결하면서 계약금조로 1억 원을 당일 지급하였고, 한 달 후 철수의 자택에서 4억 원을 지급하면서 작품을 수령하기로 하였다. 철수가 이 작품을 진품이라고 확신한 데에는 만수가 강력하게 추천한 고서화감정인 최박사가 진품이라고 계약체결 전에 감정해주었기 때문이었다. 계약금을 지급한 지 며칠이 지난 후 밝혀진 바에 따르면, 위 작품은 김홍도의 후손이 그린 모작(模作)이었고 그나마 그 감정가격은 1,000만 원 정도에 그친다고 하였다. 특히 만수는 이러한 사실을 이미 알고 있었음이 밝혀졌다. 이와 관련하여 철수는 '위 계약의 효력을 인정할 수 없다'며 1억 원의 반환과 계약체결 때문에 불가피하게 소요되었던 비용의 지급을 만수에게 청구하였다. 철수는 자신의 주장 및 청구가 모두 인용될 수 있는 법적 근거를 변호사 A, B 및 C로부터 감정(鑑定)을 받았는데, 이들은 각각 의사표시의 내용에 대한 불합의, 해제, 기망행위에 기한 취소를 그 근거로 제시하였다. 변호사 A, B 및 C의 논거를 구성하고 이를 검토하라.

 풀이

I. 쟁점

철수는 계약의 효력을 인정할 수 없다고 주장하기 때문에 그의 주장을 뒷받침하기 위해서는 '불합의'에 의하여 궁극적으로 계약이 성립하지 않았다거나 계약의 무효 또는 취소 등을 정당화할 수 있어야 한다. 계약의 효력을 부정할 수 있는 법적 근거를 마련할 수 있다면, 철수로서는 만수가 수령한 계약금을 부당이득으로 보고 그 반환을 청구할 수 있는지, 그리고 진품이 아니라는 점을 이미 알고 있던 만수를 상대로 불법행위에 기한 손해배상을 청구할 수 있는지를 검토해야 한다. 다만 사례에서 철수의 논거에 대해 변호사 A, B 및 C가 각

각 다른 주장을 하고 있기 때문에 이들의 논거를 중심으로 철수의 주장 및 청구를 검토하면 된다.

II. 변호사 A의 논거 : 불합의(不合意)

1. A의 논거에 따른 철수의 주장 및 청구의 구성

청약과 승낙에 해당하는 의사표시의 내용이 서로 일치하지 않으면 원칙적으로 계약은 성립하지 않는다. 원래 의사표시가 합치하기 위해서는 의사표시의 내용적 일치와 상대방에 대한 일치가 존재해야 하기 때문이다. 두 의사표시의 내용이 서로 다르거나 일부만 일치하는 것을 불합의라고 하며 그 계약은 성립되지 않은 것으로 본다. 특히 당사자 쌍방이나 일방이 의사표시의 불일치를 인식하지 못한 경우를 무의식적 불합의라고 하는데 계약이 성립되지 않았다는 평가에는 영향이 없다. 다만 무의식적 불합의가 일방당사자의 과실에 의한 경우에는 '계약체결상의 과실'책임이 인용될 수 있다.

이러한 논거에 따를 때, 철수의 주장과 청구는 이렇게 구성된다. 만수는 진품이 아닌 물건을 매도한다는 의사표시를 하였고 반면에 철수는 김홍도의 진품을 매입한다는 의사표시를 하였기 때문에, 더욱이 철수는 이러한 불일치를 의식하지 못했기 때문에 양 당사자 사이의 매매계약은 의사표시의 내용에 대한 불합의로 말미암아 성립하지 않았다고 구성할 수 있겠다. 또한 무의식적 불합의가 만수의 고의 내지 과실에 의해 유발되었기 때문에 철수는 만수를 상대로 신뢰이익의 배상을 청구할 수 있겠다.

2. 비판

변호사 A는 불합의 법리를 잘못 이해함으로써 철수의 논거를 제시하는 데 실패하였다고 생각되며, 마찬가지로 신뢰이익의 배상청구 역시 잘못된 논거에서 시작되었다고 볼 수 있다. 위 <문제>에서 매도인 만수가 철수에게 표시한 것은 다름 아니라 김홍도의 작품을 5억 원에 매도하겠다는 의사이며, 매수인 철수 역시 만수에게 표시한 것은 그의 작품을 그 가격으로 매입하겠다는 의사이다. 따라서 양 당사자의 의사표시에 있어서 그 내용이 객관적으로 불일치한다고 볼 여지가 전혀 없기 때문에 변호사 A의 논거로 제시된 불합의 법리는 적용되지 않는다고 본다. 변호사 A는 만수가 철수와의 계약을 통해 획득하고자 하는 이익의 기초가 되는 수단으로서의 기망행위를 만수의 의사표시에 포함시켜서 판단하는 오류를 범하였다고 생각된다. 따라서 계약의 불성립을 전제한 계약체결상의 과실 책임을 만수에게 부과할 수 있다는 A의 논리 역시 인용할 수 없다고 본다.

III. 변호사 B의 논거 : 계약의 해제

1. B의 논거

우리 민법은 이행불능을 원인으로 한 계약의 법정해제권을 인정하고 있다(민법 제546조). 이행기가 도래하지 않더라도 급부의무에 불능에 빠지면 법정해제권이 발생한다는 데 이견이 없다. 특히 만수는 진품이 아님을 알고 있으면서 자신이 추천한 전문감정인을 통해 철수의 판단을 오도하는 등의 잘못이 있다고 볼 수 있으므로 자신에게 귀책사유가 없음을 만수 스스로 입증하는 데 성공하지 못하는 한 이행불능으로 인한 해제권은 적법하게 발생하였다고 볼 수 있다. 그리고 철수는 위 계약의 효력을 인정할 수 없다는 의사표시를 했기 때문에 그 언어의 의미를 고려할 때 만수를 상대로 법정해제권을 적법하게 행사하였다고 볼 수 있다(제543조 제1항). 그렇다면 만수로서는 계약의 해제에 따른 효과로서 계약을 원상에 회복시켜야 하며, 손해배상의무를 부담할 수도 있다.

물론 철수에 의한 해제의 논리가 가능하기 위해서는 만수와의 사이에 체결된 작품매매계약의 효력이 인용되어야 한다. 다시 말해서 유효, 즉 계약의 효력이 전제되어야 한다. 특히 계약이 제대로 체결되어 성립하고 있다면 그 무효

자체를 주장하는 자가 무효사유의 입증에 성공하지 못하는 한, 위 매매계약은 유효하다고 추정된다. 따라서 해제와 그 효과에 대한 철수의 주장은 인용될 수 있다고 본다.

2. B의 논거에 따른 철수의 주장 및 청구의 구성

(1) 계약금에 대한 원상회복

해제권이 행사되면 그 직접적인 효과로서 계약상의 채권 및 채무는 처음부터 존재하지 않았던 것처럼 소급하여 소멸한다는 직접효과설에 의하면, 철수에 의해 이미 급부된 계약금은 법률상 원인을 상실하게 되므로 부당이득이 되어 그 반환의무를 발생시킨다고 한다. 다만 그 반환의무의 범위가 현존이익의 한도에 그치지 않고 원상회복에 이르게 된다고 한다(통설). 한편 해제의 의사표시에 의해 기존의 계약관계가 청산을 목적으로 하는 채권관계로 변경된다는 청산관계설에 의하면, 계속 존속되는 채권관계를 바탕으로 반환채무가 성립하며 그 권리는 동일성을 유지하며 존속하는 채권관계에 기초를 둔다고 한다.

원상회복의무의 성질을 각각 달리 파악하더라도 철수는 해제의 효과로서 원상회복을 청구할 수 있으며(제548조 제1항 본문), 따라서 만수는 이미 받은 급부의 전체를 철수에게 반환하여야 한다. 다만 반환의 목적물이 금전이기 때문에, 만수는 이를 받은 날로부터 반환할 때까지의 이자를 가산하여[45] 반환하여야 한다(제2항).

---

45) 법정이율 연 5푼의 비율에 의한 법정이자가 부가된다. 즉, '민법 제548조 제2항에서 말하는 이자의 반환은 원상회복의무의 범위에 속하는 것으로 일종의 부당이득반환의 성질을 가지는 것이지 반환의무의 이행지체로 인한 손해배상은 아니라고 할 것이고(대법원 1995.3.24. 선고 94다47728 판결 등 참조), 한편 소송촉진등에관한특례법 제3조 제1항은 금전채무의 전부 또는 일부의 이행을 명하는 판결을 선고할 경우에 있어서 금전채무불이행으로 인한 손해배상액 산정의 기준이 되는 법정이율에 관한 특별규정이므로 이를 위 이자에 적용할 수 없다.'(대법원 2000.06.23. 선고 2000다16275 판결)

(2) 비용에 대한 손해배상

직접효과설에 의하면 해제에 의하여 계약이 소급적으로 소멸한다고 이해하기 때문에 손해배상을 청구할 수 있는 기초가 존재하지 않게 되어 이론적으로 이를 부정해야 함에도 불구하고, 상대방이 자신의 채무불이행으로 해제권자에게 준 손해는 현실적으로 그대로 남게 되므로 실제적 공평의 관점에서 볼 때 그 손해발생의 유책자인 상대방이 배상책임을 지는 것은 당연하다고 한다.[46] 따라서 해제와 양립가능한 손해배상의 청구는 계약관계의 존속을 전제로 한 경우에만 가능하기 때문에 청산관계설에 의해 손해배상청구권을 설명하는 편이 이론적으로 타당하다.[47]

채무불이행의 성질을 갖는 손해배상이기 때문에 그 범위는 제393조에 따라 정해진다(통설).[48] 채무불이행으로 인한 손해배상과 해제를 양립시키는 것은 이론적 모순이라는 이유에서 손해배상의 범위를 신뢰이익의 배상으로 한정하

---

[46] 곽윤직, 채권각론, 128면 이하 등 참고.
[47] 직접효과설 가운데에는 청산관계설의 이러한 비판을 고려하여, 해제의 소급효를 여전히 전제하면서도 채무불이행과 같이 법률행위가 아닌 사실로부터 발생한 손해는 소급하지 않으므로 계약관계가 소멸하더라도 손해배상청구는 그대로 남는다는 견해가 주장되기도 한다(김욱곤, "해제의 효과에 관한 법리소고", 황적인박사화갑기념논문집, 1990, 739쪽 등 참고).
[48] 판례는 이행이익의 배상이 원칙이라고 하면서도 신뢰이익의 배상에 관해서는 이를 부정하는 판결('계약당사자의 일방이 계약해제와 아울러 하는 손해배상의 청구도 채무불이행으로 인한 손해배상과 다르지 않기 때문에 전보배상으로서 그 계약의 이행으로 인하여 채권자가 얻을 이익, 즉 이행이익을 손해로서 청구하여야 하고 그 계약이 해제되지 아니하였을 경우 채권자가 그 채무의 이행으로 소요하게 된 비용, 즉 신뢰이익의 배상은 청구할 수 없다: 대법원 1983.5.24. 선고 82다카1667 판결)과 오히려 긍정하는 판결('채무불이행을 이유로 계약해제와 아울러 손해배상을 청구하는 경우에 그 계약이행으로 인하여 채권자가 얻을 이익 즉 이행이익의 배상을 구하는 것이 원칙이지만, 그에 갈음하여 그 계약이 이행되리라고 믿고 채권자가 지출한 비용 즉 신뢰이익의 배상을 구할 수도 있다고 할 것이고, 그 신뢰이익 중 계약의 체결과 이행을 위하여 통상적으로 지출되는 비용은 통상의 손해로서 상대방이 알았거나 알 수 있었는지의 여부와는 관계없이 그 배상을 구할 수 있고, 이를 초과하여 지출되는 비용은 특별한 사정으로 인한 손해로서 상대방이 이를 알았거나 알 수 있었던 경우에 한하여 그 배상을 구할 수 있다고 할 것이고, 다만 그 신뢰이익은 과잉배상금지의 원칙에 비추어 이행이익의 범위를 초과할 수 없다: 대법원 2002.6.11. 선고 2002다2539 판결; 대법원 2007.1.25. 선고 2004다51825 판결 등)로 갈린다.

려는 견해49)가 있음에도 불구하고, 위 <문제>에서는 철수가 위 매매계약을 체결하는 데 불가피하게 소요된 비용만을 손해배상으로 청구하고 있기 때문에 그 청구액은 모두 인용될 수 있다고 본다.

IV. 변호사 C 의 논거 : 계약의 취소와 그 효과

1. 취소에 대한 판단

(1) 취소권의 발생원인에 대한 판단

철수가 만수로부터 위 작품을 구매하게 된 까닭은 단원의 진품이라는 데 있다. 즉, 목적물의 진위 여부가 위 계약의 효력을 정당화하는 요소이다. 철수로서는 목적물의 진위에 대해 착오에 빠져서 구매를 하였기 때문에 이를 원인으로 하는 취소권이 인정될 수 있는지를 검토해야 한다. 우선 매도인에 의한 부작위의 기망행위가 존재하기 때문에 민법 제110조 제1항의 요건이 위 사례에서 충족되는지를 검토할 필요가 있다. 단지 부작위의 기망행위로 말미암아 철수가 의사표시를 하는 데 착오에 빠진 것에 불과했다면 민법 제109조 제1항이 고려될 수 있을 것이다. 그러나 만수에게는 기망행위를 통해 철수로 하여금 착오에 빠지게 하려는 고의를 지니고 있었다는 점이 검토되어야 한다.

사기에 의한 의사표시를 이유로 취소권이 발생되기 위해서는 우선 만수의 고의가 인정되어야 한다. 구체적으로는 두 번의 고의가 필요한데, 철수를 기망하여 착오에 빠지게 하려는 고의와 다시 그 착오에 기해 철수로 하여금 의사표시를 하게 하려는 고의가 있어야 한다(통설). 다음으로 위법한 기망행위가 있어야 한다. 위법성 여부는 신의칙 및 거래관행 등을 고려하여 검토하면 된다(통설). 그리고 기망행위에는 일정한 침묵을 통한 부작위도 포함된다고 보면, 만수는 철수로 하여금 단원의 작품이 아니라는 사실과 다른 그릇된 판단을 갖게 하는 부작위를 하였다고 평가할 수 있다고 본다. 끝으로 만수의 위법한 기

---

49) 김주수, 채권각론, 140쪽 참고.

망행위와 철수의 착오, 그리고 그 착오와 의사표시 사이에 인과관계가 존재한 다고 볼 수 있다. 특히 인과관계의 존부는 전적으로 기망을 당한 당사자의 주관적 기준에 의해 평가될 수 있음을 전제한다면, 위 <문제>에서 민법 제110조 제1항에 기해 취소권이 발생했다는 데 이견이 없다고 본다.

(2) 취소의 의사표시에 대한 판단

취소권은 형성권으로서 취소권자의 일방적 의사표시가 상대방에게 도달되면 그 효과가 발생한다. 특히 취소의 의사표시는 재판 외에서 할 수도 있고, 반드시 명시적일 필요도 없기 때문에 그 행사방법과 관련하여 위 <문제>에서 잘못된 것은 없다고 본다.

(3) 취소의 효과에 대한 판단

취소권자의 적법한 취소권행사에 의해 계약이 취소되면 그 계약은 소급적으로 무효로 된다(제141조 본문). 따라서 취소된 계약을 원인으로 하는 채무가 아직 이행되지 않은 경우에는 그 채무를 이행할 필요가 없고, 이행된 급부는 부당이득이 되므로 이를 반환하여야 한다(제741조 이하 참조).

위 <문제>에서 철수는 4억 원의 잔금지급의무를 이행할 필요가 없으며, 마찬가지로 만수 역시 목적물의 소유권을 이전할 의무를 면한다.

2. 부당이득의 반환청구에 대한 판단

취소된 원인행위에 기초하여 급부의 실현행위가 이미 이루어진 경우에 당사자들은 이를 원상에 회복하여야 하지만, 그 의무의 내용은 부당이득이다(제741조). 원래 부당이득의 반환방법은 원물반환이 그 원칙이나, 수익자가 얻은 이득이 금전일 경우에는 그 성질상 가액반환이 가능할 뿐이다(제747조 제1항). 그리고 선의의 반환의무자는 그가 받은 이익이 자신에게 현존하는 한도에서 이를 반환해야 하며(제748조 제1항), 악의의 수익자는 수령 당시의 이익과 반

환할 때까지의 이자를 반환해야 하고 손해가 있으면 이를 배상해야 한다(제2
항).

위 <문제>에서 철수가 계약금조로 지급한 1억 원은 대금채무 가운데 일부
를 구성하는 선금의 성질을 갖는지 여부를 떠나, 그 원인행위인 위 매매가 취
소된 경우에 만수로서는 이를 원상에 회복해야 한다. 특히 만수는 이미 취소의
원인을 알고 있는 악의의 수익자이기 때문에 그는 수령 당시에 취득한 1억 원
의 가액과 이를 반환할 때까지의 법정이자를 가산하여 반환해야 한다.

3. 손해배상청구에 대한 판단

철수는 위 사례에서 부당이득의 반환 이외에 추가로 손해배상을 청구하고
있다. 만수는 악의의 수익자이므로 손해배상의 청구를 인용하는 데 문제가 없
다(제748조 제2항). 손해배상책임의 법적 근거는 불법행위라고 이해된다(제750
조). 따라서 철수로서는 소급적으로 무효로 된 위 매매계약을 체결하느라 불가
피하게 소요된 비용에 대한 손해배상을 청구할 수 있다고 본다.

◎ 연습문제

<연습 7-1> 철수가 중고승용차를 구매하고자 한다는 소문을 들은 만수는 자신이 1,000cc급과 2,000cc급의 중고승용차를 소유하고 있는데 이것들을 순서대로 각각 500만원과 1천만 원에 매각할 수 있다는 서신을 철수에게 송부하면서 어느 중고승용차인지만 고르면 계약은 확정된다는 추신을 하였다. 이에 대해 철수가 "세 번째 중고승용차를 해당 가격에 구입하겠다."며 대금 1,500만원 가운데 먼저 500만원을 먼저 입금하였다는 답신을 보내왔다. 원래 철수는 3,000cc급 중고승용차를 세 번째 중고승용차로 이해하였다. 계약은 성립하였는가? (논점: 선택적 급부에 관한 의사표시와 무의식적 불합의)

<연습 7-2> 물상보증인 철수는 채무자명의가 백지로 된 근저당권설정약정서를 은행으로부터 제시받고 근저당권설정자로 서명날인을 하였다. 그런데 당시 철수는 채무자가 만수인줄 알고 설정행위에 서명날인을 하였다. 하지만 나중에 채무자가 만수가 아닌 영희로 되어 근저당권설정등기가 경료되자, 철수는 착오에 의사표시를 이유로써 위 설정약정의 취소를 주장하였다. 인용될 수 있는가? (논점: 채무자의 동일성에 대한 물상보증인의 착오. 대법원 1995.12.22. 선고 95다37087 판결 참조)

<연습 7-3> 고려청자를 소장하고자 하는 영희가 이를 소장하고 있다고 소개한 SNS의 댓글을 통해 찾아간 만수에게 그 매도를 요청한 후 마침 2억 원을 대금으로 하는 매매계약을 체결하게 되었는데, 나중에 밝혀진 바에 따르면 그 고려청자는 모작(模作)이었다. 이와 관련하여 매수인 영희가 자신이 목적물의 진위에 대해 착오에 빠졌음을 이유로 위 계약의 취소를 주장하자, 매도인 만수가 항변하기를 매수인 영희가 고려청자를 매수하면서 자신의 골동품식별능력을 과신한 나머지 고려청자 진품이라고 믿고 소장자인 자신에게 이를 소장하게 된 연유 등도 물어보지 아니하고 더욱이 다른 전문감정인의 감정도 거치지 아니한 채 위 계약을

체결하는 등 고가의 고려청자를 매수하는 자의 통상적 주의의무를 현저하게 결여하였기 때문에 착오를 이유로 위 계약을 취소할 수 있다는 주장은 이유 없다고 하였다. 매도인 만수의 항변을 인용할 수 있겠는가? (논점: 민법 제109조 제1항 단서의 의미. 대법원 1997.8.22. 선고 96다26657 판결 참조)[50]

<연습 7-4> 의사 철수는 환자 만수의 사망이 자신의 치료행위와 직접적인 연관은 없을 것이라고 내심 위안하면서도, 맥페란을 주사할 경우 주사쇼크, 기도폐쇄 등의 부작용이 생길 수 있는데 마침 다른 병원 담당의사로부터 '주사로 인한 기도폐쇄 때문에 사망하였을 가능성이 있다.'는 취지의 말을 들은 바 있어 환자 만수가 의사 철수로부터 진찰을 받은 지 불과 2시간 만에 사망하였던 점 때문에 '만수는 내가 주사한 맥페란의 부작용인 기도폐쇄로 사망하였을 가능성이 있다'고 생각한 끝에 만수의 사망으로 인한 민사상 손해배상책임은 물론 나아가 형사적인 책임까지 질 수도 있다고 판단하여 만수의 유족과 합의하기에 이르렀다. 한편 몇 달 후 밝혀진 바에 따르면 만수의 사망 당시 철수가 주장하였듯이 철수에게 업무상 과실이 없었다고 한다. 만약 철수가 이런 사정에 의해 만수의 공동상속인 피고들을 상대로 착오를 이유로 화해계약의 취소를 주장할 경우 인용되겠는가? (논점: 착오에 의한 화해계약과 취소의 가능성. 대법원 2001.10.12. 선고 2001다49326 판결 참조)

---

[50] 반면, '공인된 중개사나 신뢰성 있는 중개기관을 통하지 않고 개인적으로 토지 거래를 하는 경우, 매매계약 목적물의 특정에 대하여는 스스로의 책임으로 토지대장, 임야도 등의 공적인 자료 기타 공신력 있는 객관적인 자료에 의하여 그 토지가 과연 그가 매수하기 원하는 토지인지를 확인하여야 할 최소한의 주의의무가 있으므로 매매계약 목적물인 임야의 동일성에 관한 착오가 임야도, 임야대장 등을 확인하지 않은 매수인 측의 중대한 과실에 기인한 것'이라고 본 판례로서 대법원 2009.9.24. 선고 2009다40356 판결 참조.

<참고문헌>(가나다 순)

고상룡, 민법총칙(전정판), 법문사, 1999
곽윤직, 민법총칙(신정수정판), 박영사, 1998
곽윤직, 채권각론(신정수정판), 박영사, 2000
김상중, 계약의 무효·취소, 해제와 제3자의 보호 : 비교법적 고찰을 통한 우리 판결례의 해명과 신의칙, 민사법학, 제59호, 2012
김주수, 채권각론(제2판), 삼영사, 1997
김형배, 채권각론(계약법), 신정판, 박영사, 2001
백태승, 민법총칙, 법문사, 2000
이영준, 민법총칙(전정판), 박영사, 1995
이은영, 민법총칙(개정판), 박영사, 2000
이은영, 채권각론(제3판), 박영사, 2000
김욱곤, "해제의 효과에 관한 법리소고", 황적인박사화갑기념논문집, 1990

제8장 대리인에 의한 계약의 효력

문제

철수 소유의 상가건물(시가: 10억 원)에 대한 임대 및 관리의 권한을 그로부터 부탁받은 만수는 자신에게 상가건물의 등기필증 등 소유관련서류가 모두 보관되어 있음을 기화로 이를 경수에게 모두 확인시켜 준 후, 경수에게 부담하고 있던 자신의 대여금채무를 위해 철수의 이름으로 위 상가건물에 대한 근저당권을 설정해주었다. 근저당권설정등기의 말소를 청구하는 철수의 주장에 대해 '근저당권설정등기는 유효하다'는 경수의 항변이 인용될 수 있는 논거를 설명하라.

I. 논점

근저당권설정등기의 말소를 주장하는 철수의 청구에 대해 경수가 적법한 항변을 하기 위해서는 만수가 체결하고 그 등기를 경료한 근저당권설정등기가 유효하다는 논거를 도출해야 한다. 특히 만수는 경수에 대한 자신의 금전채무를 담보하기 위해 철수를 물상보증인으로 등장시키면서 모든 법률행위를 철수의 이름으로 하였다는 점에 유의할 필요가 있다. 이는 곧 대리제도의 법리를 사례에 적용하여야 함을 뜻하는데, 그 검토순서에 따라 대리행위의 존부, 유권대리의 여부, 표현대리책임 여부, 그리고 무권대리의 추인 여부 등을 검토함으로써 경수의 항변이 적법한지를 판단할 수 있다고 본다.

II. 대리행위의 존부

근저당권설정행위의 당사자로서 철수가 물권설정행위라는 처분행위를 하였다고 평가하기 위해서는 만수의 행위가 대리행위라는 평가를 얻어야 한다. 다시 말해서 철수의 처분행위에 따른 법률효과가 철수에게 부여하기 위해서는 만수의 지위가 대리인임이 확인되어야 한다.[51] 대리행위의 존부를 확인하기 위해서 민법은 현명주의를 원칙적으로 요구하고 있다.

대리인은 대리행위를 할 때 그 행위가 본인을 위한 것임을 표시하여야 한다(민법 제114조 제1항). 위 <문제>에서 보면, 만수가 근저당권설정행위를 하지만 그 효과를 철수에게 부여하기 위해서는 반드시 철수의 이름으로 설정행위를 하여야 한다.[52] 현명(顯名)을 하는 데에는 방식의 제한이 없지만,[53] 만수의 대리행위에서 과연 현명이 존재하는지를 검토해야 한다.

만수는 본인의 이름을 밝힘으로써 법률행위의 타인성을 잘 드러냈으나, 만수 자신의 법적 지위와 관련해서 대리인으로 행위를 하는 것인지 아니면 그저 사자(使者)로서의 역할을 하는 것인지가 명확하지 않다. 다시 말해서 대리행위에서 요구되는 현명주의의 요건과 관련해서 본인의 특정성 외에도 대리인의 특정성 역시 필요한지를 검토해야 한다. 사자(使者)가 본인을 위해 행동할 때에는 대리제도와 분명 그 성질이 다르지만, 그 지위가 매우 유사하기 때문에 이를 구별하여야 하기 때문이다. 이는 결국 대리인에게 요구되는 현명의 성질을 어떻게 볼 것인가와 관련이 깊다. 이와 관련해서 통설은 본인이 효과의사를 결정하면 사자라고 볼 수 있고 대리인이 본인의 효과의사를 정하면 대리인이라고 볼 수 있다고 한다.[54] 이 견해에 의하면, 대리인의 대리적 효과의사에서 대리행위의 효과가 본인에게 귀속되는 이유를 구하고 현명은 이러한 대리적 효과의사를 상대방에게 표시하는 의사표시라고 한다.[55] 대리행위에 따른 법률

---

51) 대리관계에서 법률행위를 하는 자는 본인이 아니고 대리인이며, 본인에게는 그 법률효과가 부여될 뿐이기 때문이다.
52) 우리 민법은 독일과는 달리, 민사상의 대리행위에만 현명주의를 요구하고 상행위에 대해서는 이를 적용하지 않는다(상법 제48조 참조).
53) 서면뿐만 아니라 구두에 의한 현명도 가능하다(통설 및 판례).
54) 곽윤직, 민법총칙, 366쪽 등 참고.
55) 법률행위의 주체가 본인임을 알리는 법적 기술에 불과하다며 그 성질을 '의사의 통지'라고 보는 견해로서 이영준, 민법총칙, 525쪽; 김상용, 민법총칙, 587쪽; 백태승, 민법총칙, 480쪽 참고. 이 견해에 의하면 사자(使者)와 대리인을 구별하는 데 있어서도 대리적 효과의사를 누가 결정하느냐의 기준이 아니라 행위자와 상대방의 관계에 의해 정해진

효과가 본인에게 발생하는 까닭 역시 바로 이러한 의사표시의 내용이기 때문이라고 한다.[56] 만수는 의사표시의 통상적인 방법으로써 현명을 하는 표의자로서의 지위를 가지므로 대리인이라고 볼 수 있다.

결국 만수의 행위는 자신을 위한 법률행위가 아니라 본인을 위한 법률행위라고 볼 수 있다면, 이를 유권대리행위로 볼 것인지 아니면 다르게 볼 것인지는 별개로 하더라도 대리행위라고 평가하는 데 문제는 없다고 생각한다.

III. 유권대리의 여부

본인으로부터 대리권을 수여받은 자가 그 범위 안에서 대리행위를 할 때 이를 유권대리행위라고 하며 그 효력은 유효로 확정된다. 이를 위 <문제>와 관련한 임의대리의 경우로 한정하여 차례로 검토하여 만수의 행위가 유권대리행위인지를 검토한다.

1. 대리권의 수여

임의대리권은 대리인에 대한 본인의 수여행위에 의해 발생한다. 통설은 이를 단독행위로 이해하는데,[57] 위 <문제>에서 만수는 철수로부터 일정한 행위를 일방적으로 부탁받았기 때문에 철수로부터 수권이 있었다고 볼 수 있다. 특히 수권행위는 위임장이라는 서면형식에 의해 흔히 이루어지지만 구두에 의한 수권행위 역시 유효하기 때문에 그 방식이 문제되지는 않는다.

2. 대리권의 범위

주어진 대리권의 범위 안에서 이루어진 대리인의 대리행위는 유권대리가

다고 본다.
56) 곽윤직, 민법총칙, 381쪽; 이은영, 민법총칙, 582쪽 등 참고.
57) 곽윤직, 민법총칙, 370쪽; 이은영, 민법총칙, 601쪽; 백태승, 민법총칙, 462쪽 등 참고.

되지만, 대리인의 대리행위가 주어진 대리권과 관련이 전혀 없거나 그 범위를 넘어서 이루어진 경우라면 무권대리행위가 있었다고 봐야 한다. 임의대리권은 일반적으로 본인의 수권행위에 의해 정해진다. 결국 임의대리권의 범위는 수권행위의 해석문제로서 의사표시해석의 일반원칙에 따라 이를 결정하면 된다.[58]

위 <문제>에서 철수는 만수에게 수권을 하면서 상가건물에 대한 임대 및 관리권한을 주었다고 하였으므로, 만수의 대리권은 철수를 대리하여 위 상가건물의 임대차계약을 체결하고 건물을 유지하는 데 필요한 법률행위를 하는 것이라고 볼 수 있다.

3. 대리권의 범위에 일치하는 대리행위 여부

유권대리행위가 되기 위해서는 만수의 대리행위가 위 대리권의 범위에 기초해서 이루어져야 한다. 위 <문제>에서 만수에 의해 체결된 근저당권설정행위는 본인인 철수가 제3자 경수를 위한 물상보증인으로서 부담하는 처분행위인데, 이는 대리권의 범위인 상가건물의 임대 및 관리행위를 넘는 행위라고 판단된다.

4. 소결

만수에 의해 이루어진 대리행위는 무권대리행위로서, 그 효력에 대해서는 유보적인 태도를 취할 수밖에 없다. 따라서 근저당권설정행위의 효력을 아직 정할 수 없기 때문에 철수의 말소청구와 이에 대한 경수의 항변에 대한 적절한 판단을 할 수가 없다.

IV. 무권대리와 표현대리책임

무권대리행위의 효력은 무효인가? 그렇지는 않다. 아직 무효로 확정된 상태

---

58) 통설 및 판례(대법원 2009.5.28. 선고 2009다7779 판결 등 참조).

가 아니므로 유효 또는 무효로 될 가능성이 유보되어 있다.59) 민법은 이러한 유보적 태도를 조속히 확정할 방안을 갖고 있는데, 표현대리책임제도와 무권대리의 법리가 그것이다.

1. 표현대리책임의 여부

(1) 표현대리의 성질에 관한 논의의 실익

대리인 만수의 행위가 비록 무권대리행위에 해당되더라도 표현대리의 요건에 충족되면 거래상대방은 법률행위의 유효를 주장할 수 있다. 표현대리책임은 법정책임으로서 진정한 대리권이 실제 존재하는 것과 같은 외관을 신뢰한 제3자를 보호하고 거래의 안전을 보장하고자 하는 제도라고 할 수 있다. 표현대리의 성질을 무권대리로 보는 통설과[60] 판례에[61] 따르게 되면, 위 <문제>에서 경수가 철수의 말소청구에 항변하기 위해서는 유권대리를 주장하는 항변 속에 표현대리의 성립을 함께 주장할 수는 없다. 따라서 경수의 항변이 인용되기 위해서는 별개의 항변사유로서 주장하여야 한다.

(2) 제125조 및 제129조의 적용 여부

실제와 달리 자신이 타인에게 일정한 대리권을 수여한다는 뜻을 제3자에게 표시한 사람은 그 표시된 대리권의 범위 내에서 행한 그 타인과 제3자 사이의

---

59) 이를 '유동적 무효'라고 하는데, 판례는 주로 토지거래의 경우 원용하고 있다. 즉, '토지거래 허가구역 내의 토지 매매계약이 토지거래 허가를 받지 아니하여 유동적 무효 상태에 있는 경우, 토지거래 허가구역 내의 토지에 관한 매매계약이 토지거래 허가를 받지 아니하여 유동적 무효 상태에 있다면, 사실상 또는 계약상 잔금지급일이 도래하였다고 하더라도 그 매매계약이 확정적으로 유효하게 되었다고 할 수 없으므로 취득세 신고·납부의무가 있다고 할 수 없다.'(대법원 2012.11.29. 선고 2012두16695 판결)
60) 곽윤직, 민법총칙, 391쪽; 김상용, 민법총칙, 616쪽 참고.
61) '표현대리가 성립된다고 하여 무권대리의 성질이 유권대리로 전환되는 것은 아니므로, 양자의 구성요건 해당사실 즉 주요사실은 다르다고 볼 수밖에 없으니 유권대리에 관한 주장 속에 무권대리에 속하는 표현대리의 주장이 포함되어 있다고 볼 수 없다.'(대법원 1983.12.13. 선고 83다카1489 전원합의체 판결; 대법원 2001.3.23. 선고 2001다1126 판결 참조)

법률행위에 대해 책임을 지며(제125조 본문), 대리인에게 존재하던 대리권의 소멸을 모르는 제3자에게 과실이 없다면 그는 무권대리인과 사이에서 이루어진 대리권소멸 후의 행위에 대해 표현대리를 주장할 수 있다(제129조). 전자를 '대리권수여표시에 의한 표현대리'라고 칭하고 후자를 '대리권소멸 후의 표현대리'라고 부른다.

두 표현대리유형이 성립하기 위해서는 무권대리행위 당시에 그 행위가 이루어질 수 있도록 한 외관을 구성하는 기본대리권이 실제로 존재하지 않았어야 한다. 그런데 위 <문제>에서 만수가 무권대리행위를 할 당시에는 이를 가능하게 했던 기본대리권이 존재하였기 때문에, 두 표현대리유형은 적용될 수 없다.

(3) 제126조의 적용 여부

민법은 세 유형의 표현대리를 인정할 뿐이므로,[62] 경수의 항변이 인용될 수 있는지를 판단하기 위해서는 제126조의 적용 여부만 검토하면 된다. 제126조의 표현대리, 즉 권한을 넘은 표현대리유형은 대리권의 범위를 넘어서 무권대리행위를 한 경우에 그 대리권을 신뢰하여 거래한 자를 보호하기 위하여 유권대리행위와 동일한 효력의 상태를 주고자 함이다. 따라서 제126조가 적용되기 위해서는 기본대리권이 존재하여야 하며 이에 기초하여 권한을 넘은 무권대리행위가 있어야 한다. 특히 거래상대방에게는 권한을 넘은 무권대리행위를 할 만한 정당한 이유가 존재해야 한다. 이를 차례로 검토한다.

가. 기본대리권의 존재

실제로 이루어진 무권대리행위에 관해서는 대리권이 수여되지 않았지만 그 기초가 되는 대리권이 무권대리인에게 존재하여야 한다(통설·판례). 이를 기본대리권이라고 부르며, 제126조의 표현대리를 인정하는 데 필수적 요건이다. 특히 기본대리권이 법률행위에 관한 것인 한, 통설은 무권대리행위와 그 성질

---

[62] 대법원 1955.7.7. 선고 4287민상366 판결 참조.

이 같거나 유사한 종류이어야 할 필요는 없다고 본다.63) 따라서 위 <문제>에서 철수가 만수에게 수여한 상가건물의 임대차 및 관리행위는 실제로 이루어진 무권대리행위에 대한 기본대리권이 된다고 볼 수 있다.

그러나 이러한 통설의 설명은 표현대리제도의 책임이론에 적절하지 않은 견해로서 본인의 원인행위를 제대로 포착하지 못하고 있음을 지적하지 않을 수 없다. 표현대리제도는 진실한 행위에 대한 평가가 아니라 거래의 안전을 우선시하는 예외적 제도이므로 다른 요건과 관련하여 검토되어야 한다. 특히 기본대리권의 존재라는 요건 역시 본인에게 표현대리책임을 부담시킬 수 있을 정도의 외관이 존재하는가를 검토해야 한다고 본다.64) 위 <문제>에서는 철수가 만수에게 상가건물의 임대차 및 관리행위를 수권하면서 소유관련 서류의 일체를 대리인에게 보관시킨 점이 무권대리행위가 실제로 이루어지는 데 원인행위로 작용했는지를 중심으로 검토하여야 할 될 것이다. 제3자 경수가 유권대리라고 믿으면서 실제로는 무권대리행위를 하게 된 원인은 임대차 등의 수권에만 있는 게 아니고, 이를 바탕으로 한 소유관련서류의 소지에 있다고 봐야 한다. 임대차 등의 수권과 소유관련서류 등의 소지가 경수가 무권대리행위를 하게 된 정당한 외관이라고 볼 수 있다.65)

---

63) 무권대리인이 사실행위에 대한 위임을 받은 경우에도 무권대리행위에 대해서 기본대리권을 보유하였다고 볼 것인지에 관해서는 견해가 갈린다.
64) 다시 말해서 외관이라는 기본대리권의 존재요건은 고립적으로 판단하는 요건이 아니라 실제로 이루어진 무권대리행위와 관련 속에서 평가되어야 한다. 기본대리권에 관해서는 대리인에게 수여한 본인의 수권행위가 무권대리행위라는 결과의 원인으로 작용할 정도의 객관성을 갖춰야 한다(사견).
65) 이와 관련하여 판례는 상대방에게 요구되는 '정당한 이유'를 논증하는 데 활용한다. 예를 들어, '근저당권설정만을 위임받은 대리인이 그 권한 외의 연대보증계약을 체결할 당시 본인명의로 위조한 백지약속어음, 백지어음보충권제공증, 거래약정서 등의 서류와 근저당권설정에 필요한 서류 및 본인의 인감도장, 용도가 근저당권설정용인 인감증명서 등을 소지하고 있었다는 점만으로는 상대방이 대리인에게 그 연대보증계약을 체결할 권한이 있는 것으로 믿는데 정당한 사유가 있었다고 보기 어렵다.'(대법원 1989.4.11. 선고 88다카13219 판결)

나. 권한을 넘은 무권대리행위

기본대리권에 의해 정당화되는 대리권한을 넘은 무권대리행위가 존재하여야 한다. 위 <문제>에서 만수의 근저당권설정행위는 처분행위에 해당하므로 그에게 적법하게 수권된 바 있는 관리행위를 넘은 행위라고 볼 수 있다.

다. 경수의 정당한 이유

무권대리행위에 대한 진정한 수권이 있었다고 상대방이 믿은 데 정당한 이유가 존재하여야 한다(제126조). 다른 표현대리의 규정에서 상대방에게 선의·무과실을 요구하는 태도와 달리, 제126조의 표현대리에서는 상대방에게 이러한 정당한 이유를 요구하고 있다. 정당한 이유의 의미와 판단기준을 파악하는 데 학설은 갈려 있다.

종래의 통설에 의하면, 이는 무권대리행위에 대한 진정한 대리권한이 존재한다고 상대방이 믿은 데 과실이 없음을 말한다.[66] 즉, 무권대리행위가 실제로 이루어졌을 때 존재한 여러 사정으로부터 객관적으로 관찰하여 보통사람이면 대리권이 있는 것으로 믿는 것이 당연하다고 생각될 정도를 말한다. 판례도 같은 태도를 취한다고 이해된다.[67] 그리고 통설은 대리행위가 이루어진 당시를 기준으로 정당한 이유의 존부를 판단한다. 따라서 대리행위 이후에 생긴 사실은 정당한 이유를 판단하는 데 영향을 주지 않는다.[68]

한편 정당한 이유는 대리인이 하는 법률행위를 유권대리와 무권대리로 가르는 기준인데, 정당한 이유가 없으면 대리권의 남용으로 되어 결국 무권대리가 되고 정당한 이유가 존재하면 유권대리가 된다고 하는 유력설이 최근에 주장된다.[69] 이에 의하면 정당한 이유의 판단기준 역시 보통사람이 아니라 이성인에 의해 판단되는 객관적 기준으로 이해된다. 그리고 정당한 이유를 판단하

---

[66] 곽윤직, 민법총칙, 399쪽; 고상룡, 민법총칙, 581쪽; 김주수, 민법총칙, 464쪽 등.
[67] '표현대리에 있어서 표현대리인이 대리권을 갖고 있다고 믿는 데 상대방의 과실이 있는지 여부는 계약성립 당시의 제반사정을 객관적으로 판단하여 결정하여야 하고 표현대리인의 주관적 사정을 고려하여서는 안 된다.'(위 88다카13219 판결)
[68] 곽윤직, 민법총칙, 399쪽 등 참고. 판례도 같은 태도이다(위 88다카13219 판결 참조).
[69] 이영준, 민법총칙, 585쪽; 김상용, 민법총칙, 633쪽; 이은영, 민법총칙, 641쪽 참고.

는 시기 역시 '사실심 변론종결시'라고 함으로써 당사자에게 존재하는 제반사정을 종합하여 판단해야 한다고 주장한다.

위 <문제>에서는 무권대리인 만수가 철수의 대리인이라며 상가건물의 소유관련서류를 직접 경수에게 확인시켜 주었다는 점 정도가 분명할 뿐이므로 이를 가지고 정당한 이유의 존부를 판단해야 할 것이다. 통설의 견해에 따른다면 경수로서는 만수에 의해 확인된 소유관련서류를 보고 철수가 물상보증인으로서 근저당권을 설정하는 행위를 수권하였으리라 믿는 데 과실이 없었다고 볼 수 있다. 반면에 유력설에 따른다면 보통사람보다 사리판단력이 높은 이성인이 객관적으로 보았을 때 근저당권을 설정한다는 대리권이 명백하게 존재한다고 인식할 정도가 되어야 하므로, 위 <문제>에서 경수에게 정당한 이유가 있었다고 볼 수는 없을 것이다.

물론 통설에 의할 때 철수가 경수에게 과실이 있음을 입증하는 데 실패하는 한 표현대리에 대한 경수의 주장은 인용될 수 있다.[70] 반면에 유력설에 의할 때 정당한 이유에 대한 입증책임은 표현대리를 주장하는 경수에게 있다고 한다.[71]

2. 무권대리에 대한 판단

제126조의 표현대리에 관한 통설과 유력설의 견해가 다름에도 불구하고 정당한 이유의 존부에 대한 입증책임을 달리 보기 때문에, 만수와 경수 사이에 이루어진 무권대리행위가 제126조의 적용에 의해 유효로 될 수도 있고 여전히 무권대리행위로 남을 수 있다. 표현대리책임에 의해 철수가 경수에 대해 물상보증인으로서 근저당권설정자가 되는 한 그 설정등기를 말소하라는 철수의 주장에 대한 경수의 항변이 인용된다. 따라서 이하에서는 표현대리책임이 인용되지 않음으로써 여전히 위 근저당권설정행위가 무권대리행위의 성질을 가진 채,

---

[70] 곽윤직, 민법총칙, 399쪽 등(반면에 판례는 표현대리를 주장하는 경수가 자신에게 정당한 이유가 있음을 입증해야 한다고 한다: 대법원 1968.6.18. 선고 68다694 판결 참조).
[71] 이영준, 민법총칙, 589쪽 등 참고.

그 효력 여부가 유보된 경우에 그 효력을 종국적으로 확인하기 위한 법리를 검토하고자 한다.

(1) 근저당권설정행위가 무효로 확정되는 경우

무권대리행위가 무효로 확정되기 위해서는 본인이 이를 추인할 의사가 없음을 적극적으로 표시하거나(제132조), 본인이 추인하기에 앞서 선의의 상대방이 그 행위를 먼저 철회하면 무효로 확정된다(제134조). 그리고 본인의 추인 여부가 확정되지 않은 상태에서 여전히 불확정한 상태로 머물고 있는 무권대리행위의 상대방은 상당한 기간을 정하여 본인에게 그 추인 여부의 확답을 최고할 수 있다. 본인이 그 기간 내에 추인 내지 그 거절의 의사를 발송하지 않은 때에는 추인을 거절한 것으로 본다(제131조).

따라서 철수가 위 근저당권설정행위의 추인을 거절하거나, 만수에게 근저당권을 설정할 수 있는 대리권한이 없음을 처음부터 몰랐던 경수에 한하여 그 행위를 철회함으로써 근저당권설정행위를 무효로 확정시킬 수 있다. 물론 경수가 적극적으로 철수에게 추인 여부를 최고하였음에도 철수가 유예기간 내에 추인 여부를 발송하지 않은 경우에도 근저당권설정행위는 무효로 된다.

근저당권설정행위가 무효로 확정되면 철수의 말소청구는 인용되어야 한다.

(2) 근저당권설정행위가 유효로 확정되는 경우

추인권자가 무권대리행위를 추인하면 처음부터 소급하여 대리권이 있었던 것과 같은 효과가 당사자 사이에 발생한다(제133조). 따라서 철수가 자신이 모르는 사이에 체결된 근저당권설정행위에 대해 추인한다는 의사표시를 경수 또는 만수에게 하면, 설정행위 당시로 소급하여 유효의 효력이 생긴다. 물론 철수가 추인 여부를 묻는 경수의 최고에 대하여 추인의 의사표시를 할 경우에도 그 효력은 같다.

무권대리행위로서 그 효력이 유동적으로 남아 있던 근저당권설정행위가 유효로 확정되는 한, 철수의 주장에 대한 경수의 항변이 인용된다.

◎ 연습문제

<연습 8-1> 철수는 어젯밤 도박으로 지게 된 1억 원의 채무를 변제하기 위해서는 자신이 소유하는 토지(시가: 2억 원)를 매각할 수밖에 없다고 생각한 후, 그 토지의 매매계약을 체결하는 데 필요한 위임장을 도박채무의 채권자인 만수에게 수여하였다. 마침내 만수는 이 위임장을 제시하여 위 토지를 제3자 경수에게 양도하는 계약을 체결하였다. 경수가 변제기에 이르러 철수에게 토지의 명도 및 소유권이전등기를 청구하였으나, 철수는 도박채무의 무효를 이유로써 이를 거절하였다. 경수의 청구는 인용될 수 있는가? (논점: 기초적 내부관계와 대리관계의 구별. 대법원 1995.7.14. 선고 94다40147 판결)

<연습 8-2> 만약 위 <연습 8-1>에서 매매대금을 수령해야 하는 철수 대신에 만수가 매매대금을 수령하고 철수에 대한 도박채권을 자동채권으로 하고 철수에게 반환해야 할 매매대금채무를 수동채무로 해서 상계하거나, 수령한 매매대금을 철수가 직접 만수에게 도박채무의 변제를 위해 제공한 경우, 나중에 철수가 도박채무는 선량한 풍속 기타 사회질서에 반하는 채무임을 이유로 만수를 상대로 상계금액 또는 매매대금의 반환을 청구하였다. 인용되겠는가? (논점: 민법 제103조와 불법원인급여)

<연습 8-3> 철수로부터 그가 소유하는 주택을 좋은 가격으로 매각해 달라는 부탁을 받은 만수는 자기 친구인 경수와 매매계약을 체결하면서 위 주택을 시가보다 1천만 원이나 싸게 넘기는 대신에 5백만 원씩 서로 나누어 갖기로 하였다. 철수에게 주택의 소유권이전등기를 청구하는 경수의 주장은 인용될 수 있는가? (논점: 남용된 대리권에 의한 법률행위의 효력)

<참고문헌>(가나다 순)

고상룡, 민법총칙(전정판), 법문사, 1999
곽윤직, 민법총칙(신정수정판), 박영사, 1998
김상용, 민법총칙(전정판), 법문사, 1998
김주수, 민법총칙(제5판), 삼영사, 2001
백태승, 민법총칙, 법문사, 2000
이영준, 민법총칙(전정판), 박영사, 1995
이은영, 민법총칙(개정판), 박영사, 2000

제9장 동시이행의 항변권

문제

철수는 최씨에게 자신의 중고자동차를 매도하면서 한 달 후 그의 주소지에서 인도하기로 하고 대금 가운데 잔금 400만원은 중고자동차를 인도하기 3일 전에 완납받기로 하였는데, 이행기를 열흘 앞두고 최씨가 사망하고 말았다. 최씨의 채무가 단독상속인 만수에게 상속되었음을 만수가 정확하게 알고 있음을 확인한 철수가 목적물을 인도하기로 한 오늘 이행장소인 만수의 주소지로 그 중고자동차를 운전하여 약속시간에 도착하였지만 만수가 아무런 연락도 없이 두 시간동안 나타나지 않았다. 위 중고자동차를 운전하여 자신의 주소지로 다시 돌아온 철수는 겨우 전화통화가 이루어진 만수에게 잔금 400만원을 먼저 입금하라고 요구하였다. 그러나 만수는 현재 철수가 그의 의무에 관해 이행의 제공을 하지 않음을 이유로 철수의 청구를 거절하였다. 만수의 거절은 정당한가?

 풀이

I. 논점

특정물의 인도채무를 부담하고 있는 매도인 철수의 대금청구에 대해 매수인 최씨의 단독상속인 만수가 거절하게 된 항변사유가 타당한지를 검토하면 된다. 계약의 무효사유나 취소사유를 주장함으로써 철수의 청구를 종국적으로 거절할 수도 있으나 만수가 제시한 항변의 근거와는 거리가 있다. 또한 계약을 적법하게 해제할 수 있는 형성권이 만수에게 주어진 경우에도 계약을 해제함으로써 철수의 청구를 거절할 수 있으나, 만수가 제시한 거절의 근거와는 거리가 있다. 잔금 400만원을 지급하라는 철수의 청구에 대해 만수가 제시한 거절의 근거는 철수가 자신의 채무를 이행 내지 그 제공을 하지 않았다는 데 있다. 만수의 이러한 항변은 자신의 채무를 철수의 채무이행과 관련하여 이행하겠다는 것이다. 달리 말해서 철수가 자신의 채무를 이행 또는 그 제공을 하지 않는

한 만수 역시 자신의 채무를 이행하지는 않겠다는 항변이라고 볼 수 있다.

위 <문제>에서 만수가 이러한 거절의 근거를 정당화할 수 있는 지위에 있는지를 검토해야 하는데, 우리 민법은 이를 동시이행의 항변권의 문제로 설명하고 있다. 특히 만수가 철수의 청구를 거절하는 데 동시이행의 항변권을 명확하게 원용하고 있지 않은 점을 어떻게 볼 것인지도 문제되는데, 이와 관련하여 학설상 다툼이 있다.

II. 상환의 원칙으로서 '동시이행의 항변권'

1. 쌍무계약에서 급부와 반대급부의 의존관계

쌍무계약에서는 원칙적으로 양 당사자가 서로 의무를 부담하는데, 일방당사자가 타방당사자에게 부담하는 의무는 타방당사자의 의무부담과 정확하게 맞물려 있다. 즉, 타방이 의무를 부담하지 않거나 부담하던 의무를 이행하지 않으면 그 상대방도 의무를 부담하지 않으려고 하거나 이행하지 않으려고 한다. 위 <문제>에서도 매수인 만수는 자신의 급부와 교환할 의도에서 대금채무를 부담하는 것이므로 결코 일방적으로 채무를 부담할 수는 없는 노릇이다. 따라서 급부와 반대급부는 성립할 때부터 서로 상대방의 그것과 의존관계에 있고 계약법적으로도 이런 의존관계를 보장할 필요가 생긴다. 민법학은 이를 급부의 견련관계라고 칭한다.

특히 급부와 반대급부 상호간의 견련관계는 쌍무계약[72]이 성립할 때부터 그 소멸에 이르기까지 모든 과정에서 인정되어야 한다. 특히 대가성이 같다고 볼 수 있는 당사자의 의무는 그 이행과 존속에서 서로 의존관계를 갖는다. 이행상 견련관계는 상대방이 이행할 때까지 자신의 채무이행을 거절할 수 있는 규범이며, 존속상의 견련관계는 일방의 급부가 불가항력에 의해 존속할 수 없

---

[72] 쌍무계약의 규범적 특징은 한마디로 대가성과 상환성이라는 개념에 있다고 말할 수 있다. 대가성이란 당사자의 주관을 기준으로 하여 판단한 양 급부의 견련성이며, 상환성이란 대립하는 두 개의 급부의 상환적 이행관계를 말한다.

으면 그는 타방의 채무에 대해 더 이상 그 급부의 이행을 청구할 수 없는 규범이다. 동시이행의 항변권이 전자의 근거가 되며, 위험부담의 법리가 후자를 규율한다.

2. 의존관계의 법리로서 상환의 원칙

동시이행의 항변권이란 쌍무계약의 상대방이 그의 채무에 관한 이행을 제공할 때까지 자기의 채무이행을 거절할 수 있는 권리로서(민법 제536조 참조), 대가적 채무는 언제나 상환으로 이행되어야 한다는 상환의 원칙에 기초한 것이다(통설).[73] 상환의 원칙은 먼저 상대방으로부터 반대급부를 받지 못한 상태에서 자신의 채무를 이행하여야 할 위험으로부터 각 당사자를 보호하는 담보적 기능을 수행할 뿐만 아니라, 상대방이 자신의 채무에 대한 임의변제를 할 수밖에 없게 만드는 압력수단으로서도 기능한다.[74]

아래에서는 상환의 원칙에 기초하여 자신의 대금채무에 대한 청구를 거절하고 있는 만수의 행위가 타당한지를 검토함에 있어서 동시이행의 항변권에 관한 일반적 성립요건을 위 <문제>와 관련하여 살펴보고자 한다.

III. 동시이행의 항변권의 성립요건

1. 양 채무의 기초로서 동일한 원인행위

양 당사자는 쌍무계약을 통해 대가적 의미가 있는 채무를 서로 부담해야 한다.[75] 매매계약으로부터 생기는 매도인의 재산권이전의무와 매수인의 대금지

---

[73] 우리 민법상 유치권(제320조 제1항)도 상환의 원칙에 기초하고 있다. 타인의 물건이나 유가증권을 점유하는 자가 그 물건이나 유가증권에 관하여 채권을 가지는 경우에 그 채권의 변제를 받을 때까지 타인 소유의 그 물건이나 유가증권을 적법하게 점유하며 그 반환을 거절할 수 있게 함으로써 종국적으로 다른 채권자보다 사실상 우선변제를 받게 한다.
[74] 김형배, 채권각론, 142쪽 참고.
[75] 주택임대차가 종료할 때 임대인이 부담하는 전세보증금의 반환채무와 임차인이 부담하

급의무는 서로 대가적 쌍무관계에 있다고 이해된다. 항변권의 요건으로서 동일한 원인행위가 존재하면 되기 때문에,[76] 매도인과 매수인의 양 채무가 동일한 쌍무계약에서 발생하면 충분하고 그 이행장소가 동일해야 하는 것은 아니다.

위 <문제>에서 철수와 최씨가 체결한 계약의 성질은 매매에 해당하고, 그들의 부담하는 재산권이전의무와 대금지급의무 역시 대가적 쌍무관계를 유지하고 있으므로 양 채무의 기초로서 동일한 원인행위가 존재한다고 볼 수 있다. 그런데 최씨가 사망함으로써 그의 채권 및 채무는 단독상속인 만수에게 상속하였기 때문에(제997조). 양 채무의 기초로서 원인행위의 동일성이 유지되는지가 문제된다.

쌍무계약에서 생긴 일방의 채권이 양도되거나(제449조 참조) 전부명령(민사소송법 제563조 이하)에 의해 이전되더라도 채무의 동일성이 유지되는 한 항변권의 요건인 양 채무의 기초로서 동일한 원인행위는 유지되므로(통설), 위 <문제>에서처럼 매수인 최씨의 대금채무가 만수에게 상속된 경우에도[77] 철수의 재산권이전의무와 만수의 대금지급의무는 동일한 쌍무계약으로 발생한 것이라고 볼 수 있다. 따라서 동시이행의 항변권을 철수의 대금청구에 대해 주장하기 위해 필요한 위 요건은 충족되었다고 볼 수 있다.

2. 변제기의 도과

상대방의 채무가 변제기에 있지 않으면 동시이행의 항변권이 인정되지 않는다(제536조 제1항 단서 참조). 따라서 일방이 자신의 채무를 상대방보다 먼저 이행해야 하는 경우에는 당연히 동시이행의 항변권을 가질 수 없다. 그러나

는 임차주택의 명도의무가 그 예이다.
76) 따라서 '당사자 쌍방이 각각 별개의 약정으로 상대방에 대하여 채무를 지게 된 경우에는 자기의 채무이행과 상대방의 어떤 채무이행을 견련시켜 동시이행을 하기로 특약한 사실이 없다면 상대방이 자기에게 이행할 채무가 있다 하더라도 동시이행의 항변권이 생긴다고 볼 수 없다.'(대법원 1989.2.14. 선고 88다카10753 판결)
77) 채권양도 또는 채무인수로 당사자가 변경되어도 채권관계의 동일성은 유지되므로 동시이행의 항변권은 존속하나, 경개(更改)의 경우에는 그 동일성이 상실되므로 동시이행의 항변권은 소멸한다.

상대방보다 먼저 이행해야 했던 채무자가 채무의 이행을 지체하는 동안에 상대방의 채무가 이행기에 달하게 되면, 먼저 이행을 해야 했던 채무자도 그때부터는 동시이행의 항변권을 행사할 수 있다(통설·판례).[78]

위 <문제>에서 만수는 최씨로부터 상속받은 대금채무 가운데 잔금에 대한 지급을 할 채무를 부담하며, 그 이행기는 매도인 철수의 급부의무보다 앞선다. 따라서 잔금지급의무를 이행해야 할 시기를 기준으로 볼 때 만수는 자신의 채무이행에 관한 철수의 청구에 대해 동시이행의 항변권을 원용할 수 없다. 하지만 잔금 및 이에 대한 지급일 다음날부터의 지연손해금에 관해서는 별론으로 하더라도, 철수의 급부의무는 그 이행기를 도과하는 순간 만수의 잔금지급의무와 동시이행의 견련관계에 놓이게 된다.[79] 따라서 사례에서 철수가 400만원의 입금을 청구할 때에는 이미 철수의 중고자동차소유권이전의무 역시 변제기에 들어섰다고 볼 수 있다.

---

78) 그밖에 일방당사자가 선이행의무를 부담하더라도 타방당사자가 그의 채무를 이행하는 데 곤란할 정도의 현저한 사유가 존재하는 경우에도 동시이행의 항변권을 갖는다(제536조 제2항). 이를 불안의 항변권이라고 한다. 예를 들어 상대방이 파산할 가능성이 농후하여 매매대금을 지급할 수 없게 될 위험한 상태가 현존하는 경우에는 상대방이 담보를 제공하거나 반대급부의 이행에 대한 보증이 없는 한 선이행의무자는 동시이행을 항변할 수 있다고 본다.

79) 판례도 대체로 같은 태도를 취한다고 볼 수 있다. 예컨대 '매수인이 선이행의무 있는 중도금을 지급하지 않았다 하더라도 계약이 해제되지 않은 상태에서 잔대금 지급일이 도래하여 그 때까지 중도금과 잔대금이 지급되지 아니하고 잔대금과 동시이행관계에 있는 매도인의 소유권이전등기 소요서류가 제공된 바 없이 그 기일이 도과하였다면, 다른 특별한 사정이 없는 한, 매수인의 중도금 및 잔대금의 지급과 매도인의 소유권이전등기 소요서류의 제공은 동시이행관계에 있다 할 것이어서 그 때부터는 매수인은 중도금을 지급하지 아니한 데 대한 이행지체의 책임을 지지 아니한다.'(대법원 2002.3.29. 선고 2000다577 판결 등) 그러나 판례도 특별한 사정이 있는 경우에는 달리 판단하고 있다. 예컨대 '매도인이 매수인으로부터 중도금을 지급받아 원매도인에게 매매잔대금을 지급하지 않고서는 토지의 소유권이전등기서류를 갖추어 매수인에게 제공하기 어려운 특별한 사정이 있었고, 매수인도 그러한 사정을 알고 매매계약을 체결하였던 경우, 소유권이전등기절차에 필요한 서류를 제공하는 매도인의 의무는 매수인의 중도금지급이 선행되었을 때에 매수인의 잔대금지급과 동시에 이를 이행하기로 약정한 것이라고 볼 수 있으므로, 매수인의 중도금지급의무는 당초 계약상의 잔금지급기일을 도과하였다고 하여도 매도인의 소유권이전등기서류의 제공과 동시이행의 관계에 있지 않다.'(대법원 1997.4.11. 선고 96다31109 판결).

3. 상대방의 의무위반

(1) 일반론

철수가 자신의 급부의무에 관해 이행 또는 이행의 제공을 하지 않아야 만수가 대금청구에 대한 동시이행의 항변권을 원용할 수 있다. 철수가 자신의 채무에 대한 이행제공을 다했다면 만수로서도 대금채무에 대한 이행제공을 마쳐야 급부의 쌍무성이 유지되기 때문이다. 그러므로 철수가 중고자동차소유권의 이전의무에 대해 이행하지 않거나 그 제공조차 하지 않는 경우에[80] 비로소 만수는 여전히 중고자동차소유권의 이전을 청구할 수 있을 뿐만 아니라 자신의 잔금채무에 관해 동시이행의 항변권을 행사할 수 있다.

(2) 수령지체자의 항변권

이행의 제공을 받았음에도 불구하고 이를 수령하지 않음으로써 수령지체에 빠진 당사자는 그때부터 상대방에게 동시이행의 항변권을 행사할 수 없는가? 수령지체에 빠진 매수인이라고 하더라도 차후에 매도인의 이행제공이 없으면 대금채무에 대한 매도인의 지급청구를 거절할 수 있다(통설·판례).[81] 쌍무계약의 당사자 가운데 일방이 과거에 일시적으로 수령지체에 빠졌다고 하더라도

---

[80] 만약 철수의 이행 내지 이행제공이 불완전하다면 만수는 불완전한 이행 내지 이행제공의 부분에 비례한 범위에 일치하게 동시이행의 항변권을 행사할 수 있다. 따라서 '임대차계약에 있어서 목적물을 사용수익하게 할 임대인의 의무와 임차인의 차임지급의무는 상호대응관계에 있으므로, 임대인이 목적물에 대한 수선의무를 불이행하여 임차인이 목적물을 전혀 사용할 수 없을 경우에는 임차인은 차임 전부의 지급을 거절할 수 있으나(대법원 2009.9.24. 선고 2009다41069 판결), 수선의무불이행으로 인하여 부분적으로 지장이 있는 상태에서 그 사용수익이 가능할 경우에는 그 지장이 있는 한도 내에서만 차임의 지급을 거절할 수 있을 뿐 그 전부의 지급을 거절할 수는 없으므로 그 한도를 넘는 차임의 지급거절은 채무불이행이 된다(대법원 1989.6.13. 선고 88다카13332·13349 판결). 다만 불완전한 부분이 경미함에도 불구하고 동시이행의 항변권을 행사하였다면 이는 권리의 남용이 될 것이며, 반대로 불완전하게 이행된 부분이 중요한 경우에는 채무의 전부에 대하여 동시이행의 항변권이 인정된다(통설).

[81] 곽윤직, 채권각론, 78쪽; 김주수, 채권각론, 62쪽; 이은영, 채권각론, 155쪽; 대법원 1966.9.20. 선고 66다1174 판결 등 참조.

그 책임은 별개로 하더라도 당사자 사이에 급부의무의 이행상 견련관계가 소멸하지는 않았기 때문이다.82)

위 <문제>에서 잔금을 먼저 이행해야 했던 만수이지만 철수가 이행해야 할 소유권이전의무의 변제기가 도과하는 순간, 객관적으로 철수의 채무와 만수의 채무는 동시에 이행되어야 할 견련관계에 놓이게 되었다. 다만 변제의 제공을 다한 철수의 행위로 말미암아 철수에게는 더 이상 이행지체책임을 물 수 없을 뿐만 아니라(제461조) 만수에게 수령지체로 인한 법정책임(제400조)을 물 수 있다. 그러나 이러한 규범은 중고자동차의 소유권을 제때 이전해야 하는 철수의 급부의무를 둘러싼 법률효과일 뿐이다. 따라서 만수가 부담하게 된 수령지체책임 자체는 반대급부의무인 대금채무의 이행 및 그 거절 여부에 어떠한 영향을 줄 수 없다.83)

---

82) '쌍무계약의 당사자 일방이 먼저 한번 현실의 제공을 하고 상대방을 수령지체에 빠지게 하였다 하더라도 그 이행의 제공이 계속되지 않는 경우는 과거에 이행의 제공이 있었다는 사실만으로 상대방이 가지는 동시이행의 항변권이 소멸하는 것은 아니므로, 일시적으로 당사자 일방의 의무의 이행제공이 있었으나 곧 그 이행의 제공이 중지되어 더 이상 그 제공이 계속되지 아니하는 기간 동안에는 상대방의 의무가 이행지체 상태에 빠졌다고 할 수는 없다고 할 것이고, 따라서 그 이행의 제공이 중지된 이후에 상대방의 의무가 이행지체되었음을 전제로 하는 손해배상청구도 할 수 없다.'(대법원 1999.7.9. 선고 98다13754 판결 등)
83) 매도인이 자신의 급부의무에 대하여 이행의 제공을 하면서 매수인에게 대금의 지급을 청구하였으나 매수인이 그 급부를 수령하지 않으면서 자신의 대금채무를 거절하는 경우에 매도인이 매수인에게 이행지체책임을 묻기 위해서는 자신의 급부의무에 대한 이행의 제공을 계속하여야 한다(대법원 1993.8.24. 선고 92다56490 판결 참조). 하지만 '갑이 을과 사이의 A 토지에 관한 매매계약을 기망을 이유로 취소함으로써 그 원상회복으로서 갑이 을에게 A 토지에 관하여 소유권이전등기의 말소등기절차를 이행할 의무가 있고, 또한 을은 갑에게 수령한 매매대금을 반환할 의무가 있는바, 갑과 을 사이의 이러한 각 의무는 동시이행의 관계에 있는 것이므로, 을은 갑으로부터 소유권이전등기의 말소등기절차를 이행받음과 동시에 위 매매대금을 반환할 의무가 있는 것이어서 갑이 을을 이행지체에 빠뜨리기 위해서는 소유권이전등기의 말소등기에 필요한 서류 등을 현실적으로 제공할 필요까지는 없으나, 최소한 위 서류 등을 준비하여 두고 그 뜻을 을에게 통지하여 매매대금의 반환과 아울러 이를 수령하여 갈 것을 최고함을 요한다.'(대법원 2010.10.14. 선고 2010다47438 판결)

IV. 동시이행의 항변권을 행사하여야 하는지 여부

1. 법적 성질을 둘러싼 학설의 다툼

동시이행의 항변권은 쌍무계약의 상환관계에 서 있는 채무 사이에서 발생하는 것인데, 과연 언제 그러한 항변권이 발생하고 소멸하며 또한 항변권의 효과는 어떻게 설명되는가에 관하여 견해가 나뉜다.

(1) 항변권설

통설과 판례의 견해이다. 상대방이 채무이행을 제공할 때까지 자기의 채무이행을 거절할 수 있다는 민법의 규정을 근거로 각 채무자의 이행거절권능을 연기적 항변권으로 이해한다.[84] 이에 의하면 소송에서 각 당사자는 상대방이 항변권을 행사하지 않는 한 자신의 이행청구권을 아무런 제한 없이 행사하고 관철할 수 있게 된다. 하지만 상대방이 항변권을 행사하면 원고의 청구권은 피고에게 선이행의무이 있음을 입증하는 데 실패할 경우 제한적인 것으로 변용된다.[85] 결국 항변권설에 따르면 동시이행의 항변권은 성립요건을 갖추면 성립하지만,[86] 채무자(피고)의 원용이 있는 경우에 한하여 현실화될 뿐이라고 한다.[87] 예외적으로 '상계금지·이행지체책임의 면제'라는 효과는 항변권의 행사와 관계없이 그 존재 자체로부터 발생한다고 설명한다.[88]

---

84) 곽윤직, 채권각론, 78쪽 이하 및 대법원 1967.9.19. 선고 67다2131 판결 등 참조.
85) 즉, 상대방(=피고)이 항변권을 원용하면 원고가 피고의 선이행의무를 증명하지 못하는 한 법원은 원고의 이행청구에 대해 상환이행판결(=원고의 일부승소판결)을 내려야 한다고 말한다.
86) 정확하게는 '행사'요건이라고 한다(곽윤직, 채권각론, 112쪽 참고).
87) '매매를 원인으로 한 소유권이전등기청구에 있어 매수인은 매매계약 사실을 주장, 입증하면 특별한 사정이 없는 한 매도인은 소유권이전등기의무가 있는 것이며, 매도인이 매매대금의 일부를 수령한 바 없다면 동시이행의 항변을 제기하여야 하는 것이고, 법원은 매도인의 이와 같은 항변이 있을 때에 비로소 대금지급 사실의 유무를 심리할 수 있는 것이다.'(대법원 1990.11.27. 선고 90다카25222 판결; 대법원 2006.2.23. 선고 2005다53187 판결 등)
88) '쌍무계약에서 쌍방의 채무가 동시이행관계에 있는 경우 일방의 채무의 이행기가 도래하더라도 상대방 채무의 이행제공이 있을 때까지는 그 채무를 이행하지 않아도 이행지

(2) 실체권설

동일한 쌍무계약의 원인에 의해 채무를 부담하고 있던 당사자는 자신의 채무를 이행 내지 그 제공을 하면서 반대채무에 대한 상대방의 이행을 청구할 수 있을 뿐이므로 각 당사자의 청구권은 본래의 성질상 자신의 채무이행을 제공하면서 상대방의 이행을 청구할 수 있는 실체법상 권리에 지나지 않다는 견해이다. 따라서 쌍무계약상 각 당사자는 '그렇게 제한된 권리'만을 지닐 뿐이라고 할 수 있다. 따라서 채무자(피고)의 항변권원용 여부와 관계없이 양 급부의 쌍무적 견련관계가 인정된다면, 채무자로서는 상대방의 이행제공이 없는 한 이행기가 도과하더라도 이행지체에 빠지지 않는다고 할 수 있다. 동시이행의 항변권은 당사자가 지니는 채권의 한 측면에 대한 제한적 성질에 불과하다. 결국 소송상 항변권의 원용은 청구권에 내재하는 상대방의 제한적 지위에 대한 주장 내지 지적에 지나지 않는다고 한다.[89]

2. 사례에서의 문제해결

(1) 항변권설에서의 해결

항변권을 소송상 채무자의 권리로 이해할 때에 피고가 항변권을 원용하지 않는 한 원고는 마치 제한 없는 청구권을 가진 자의 지위에 서게 된다. 하지만 사례에서처럼 만수가 항변권의 성립요건 가운데 하나를 근거로 이행청구를 거절하였다면 동시이행의 항변권에 대한 적법한 원용이 있었다고 볼 수 있다. 결국 철수의 이행청구를 만수가 거절할 때부터 철수로서는 자신의 급부의무에 대한 이행제공을 추가로 하지 않는 한 자신의 채권을 주장할 수 없다.

체의 책임을 지지 않는 것이며, 이와 같은 효과는 이행지체의 책임이 없다고 주장하는 자가 반드시 동시이행의 항변권을 행사하여야만 발생하는 것은 아니다.'(대법원 2010.10.14. 선고 2010다47438 판결 등)
[89] 김형배, 채권각론, 148쪽 이하 참고.

(2) 실체권설에서의 해결

사례에서 이행청구에 대한 만수의 거절을 동시이행의 항변권의 원용이라고 보더라도 만수에 의한 항변권의 원용은 그 성질상 철수의 청구권에 내재하는 청구의 조건을 지적한 데 지나지 않는다. 따라서 만수가 만약 이러한 지적을 하지 않더라도, 즉 만수의 거절행위가 타당한지를 검토하기 이전에 철수의 이행청구 자체가 관철될 수 없다. 그렇기 때문에 피고가 항변권의 존재근거 등을 지적하면 원고는 자신의 채무를 이미 이행 내지 이행의 제공을 하였거나 피고가 선이행의무를 부담하고 있음을 증명해야 한다. 결국 위 <문제>에서 만수는 철수가 그의 채무에 관한 이행제공을 하지 않음을 이유로 잔금채무에 대한 이행청구를 거절하였기 때문에 원고로서는 자신의 급부의무에 대한 이행의 제공을 하고 있음을 입증하는 데 실패하는 한 자신의 청구를 유지할 수 없다.

◎ 연습문제

<연습 9-1> 영희는 자신 소유의 만년필을 10만원에 순희에게 팔기로 하고 1주일 후 만나서 인도하기로 하였다. 그런데 영희와 순희가 취업면접시험을 준비하느라 정신이 없어 마침내 변제기를 도과하게 되었다. 변제기가 지난 며칠 후 영희는 매수인 순희에게 대금채무에 대한 채무불이행을 이유로 손해배상을 청구하였다. 영희는 순희가 동시이행의 항변권을 원용하지 않았기 때문에 자신의 손해배상청구가 인용될 수 있다고 주장한다. 영희의 주장을 판례의 태도에 의해 검토하라. (논점: 이행지체책임의 면제효와 동시이행의 항변권)

<연습 9-2> 김씨는 자신 소유의 주택을 윤씨에게 2억 원에 매각하기로 하고 며칠 뒤 잔금 1억 원을 수령하면서 소유권이전등기를 마치기로 하였다. 윤씨가 변제장소에 아무런 통지도 없이 나타나지 않자 김씨는 재차 채무의 이행과 이전등기의 협력을 요구하였다. 그럼에도 불구하고 매수인 윤씨가 연락이 없자 김씨는 위 계약을 해제한다는 서신을 보낸 후, 채무불이행을 원인으로 하는 손해배상을 청구하였다. 이에 대해 윤씨는 계약금과 중도금조로 이미 지급했던 1억 원을 먼저 반환하라고 요구한다. 윤씨의 주장은 인용될 수 있는가? (논점: '동시이행의 항변권'의 요건으로서 동일한 쌍무적 원인행위)

<연습 9-3> 길동이가 운영하는 두부공장에 그 원료로서 국내산 콩을 계속 공급하는 영희는 1개월분의 콩을 공급하면 2달 후에 그 대금을 수령한다. 한편 두부의 수요가 급감하면서 공장운영이 어려워진 길동이가 영희에 대한 지난 2개월분 대금을 지급하지 않자, 영희는 이번 달에 공급할 예정이었던 콩을 인도하지 않겠다고 밝혔다. 이에 대해 길동이가 영희의 채무불이행을 이유로 계약을 해제한다고 하였다. 길동이의 해제는 정당한가? (논점: 이른바 '불안의 항변권'. 대법원 1995.2.28. 선고 93다53887 판결; 대법원 2012.3.29. 선고 2011다93025 판결 등 참조)

<참고문헌>(가나다 순)

곽윤직, 채권각론(신정수정판), 박영사, 2000
김주수, 채권각론(제2판), 삼영사, 1997
김형배, 채권각론(계약법), 신정판, 박영사, 2001
이은영, 채권각론(제3판), 박영사, 2000

제10장 위험부담

문제

철수는 자신의 중고자전거를 5만원에 만수에게 팔기로 계약하였다. 이행기를 이틀 앞두고 늘 하던 대로 이 중고자전거를 타고 공장으로 출근하던 철수는 자전거전용도로를 향해 돌진하는 강씨의 승용차에 치어 크게 다쳤고, 자전거도 전파되었다.

(문제1) 이행기가 되자, 철수는 자전거대금 5만원의 지급을 만수에게 청구하였으나 만수는 철수의 급부의무가 소멸되었으므로 자신도 이행할 필요가 없음을 이유로 거절하였다. 만수의 거절은 타당한가?

(문제2) 위 사례에서, 만수가 강씨에 대한 철수의 손해배상청구권을 그의 의사에 따라 양도받았음에도 불구하고 동일한 이유로써 대금의 지급을 거절하였다면, 과연 이는 정당한가?

(문제3) 위 사례에서, 만수가 이행기를 며칠 앞두고 위 자전거를 한 번 타보겠다고 해서 운행하다가 그의 부주의로 가로수에 추돌하면서 자전거의 앞바퀴가 전파되었을 경우에 며칠 뒤 훼손된 중고자전거를 그대로 인도받은 만수는 대금의 전액을 요구하는 철수의 청구를 거절하였다. 타당한가?

 풀이

I. 논점

만수가 자신의 채무이행에 관해 철수의 청구를 거절하기 위해서는 계약의 무효 내지 취소사유를 주장함으로써 계약의 효력을 부인할 수 있다. 또한 계약관계의 성립 후 급부의무와 반대급부의무의 소멸을 근거지우는 계약의 해제를 주장할 수도 있다. 그러나 사례에서 만수가 이행거절의 근거로 제시한 사유는 철수의 급부의무가 소멸하였으므로 자신 역시 대금채무를 이행할 수 없다는 내용이었다. 이는 쌍무계약이 본래적으로 가지는 견련관계를 근거로 자신의 거절을 정당화하고 있음을 말한다. 철수가 자신의 유효한 급부의무를 이행하여야 함에도 불구하고 임의변제를 하지 않은 데에서 만수가 이행거절의 근거를 찾는 게 아니라, 철수의 급부의무가 소멸하였다는 데에서 그 근거를 찾고 있음에 비추어 만수는 위험부담의 법리를 주장하는 것이라고 볼 수 있다. 따라서 위 <문제>의 두 물음에 답하기 위해서는 만수가 근거로서 제시하는 위험부담의 법리를 사례와 함께 검토할 필요가 있다고 본다.

II. 특정물매도인의 선관주의의무와 특정물도그마

1. 선량한 관리자의 주의의무

중고자전거의 인도를 계약의 내용으로 하는 철수와 만수 사이의 매매는 특정물매매이며, 따라서 중고자전거의 인도를 그 목적으로 하는 만수의 채권은 다름 아닌 특정물채권이다. 무엇보다도 특정물채무를 부담하는 채무자(=매도인) 철수로서는 계약이 성립한 때로부터 그 이행을 제공할 때까지 '선량한 관리자의 주의의무'를 다한 후 이행기 그대로 이행하여야 한다(민법 제374조 및 제462조 참조). 철수가 부담하는 선관주의의무란 채무자의 직업, 사회적 지위 등에 비추어 일반적으로 요구되는 정도의 주의의무를 말한다(통설).[90]

선관주의의무는 채무자가 특정물에 관한 급부의무의 이행을 제공하는 데 요구되는 기준이다. 특정물에 대한 장래의 인도를 목적으로 하는 계약이므로 계약체결 당시 물건의 완성도와 이행시의 완성도는 그 시간의 한계 때문에 다를 수밖에 없어서 적법한 변제에 포함되기 위한 최저한의 기준이 필요하다. 따라서 특정물채무자의 선관주의의무는 성질상 그 존속기간이 필요하다. 결국 특정물의 채무자가 선관주의의무만 다하여 변제의 제공에 나선다면 그에게 채무불이행 등의 책임을 물을 수 없는 근거가 된다.

---

[90] 특정물을 인도해야 할 채무자에게 특정물에 대해 선관주의의무를 규정한 제374조는 임의규정이므로 특약 또는 특별규정이 있는 경우에는 그 적용이 배제될 수 있다.

2. 선관주의의무의 존속시기와 특정물도그마

채무자는 특정물을 상대방에게 실제로 인도할 때까지 선관주의의무를 다해야 한다.[91] 그리고 채무자는 이행기의 현상대로 특정물을 인도하면 된다(제462조). 다시 말해서 채무자는 선관주의의무를 다하여 목적물을 보존한 후에 그 물건을 인도할 때의 현상 그대로 인도하면 자신의 변제제공으로서는 충분하다. 따라서 특정물채권의 성립 당시에 존재하던 목적물의 현상과 인도할 때의 현상 사이에 불일치가 존재하더라도 채무자가 선량한 관리자의 주의의무를 다했음을 입증하는 데 실패하지 않는 한[92] 그의 채무불이행과 그 책임을(제390조) 논할 수 없다. 특히 통설은 이러한 논리의 연결을 '특정물도그마'라고 부른다.[93] 이런 특혜는 특정물채무에 있어서만 인정할 수 있는 규범논리이며, 계약목적이 달성되지 않았음을 이유로 해서[94] 계약관계가 해소되는 길을 원천적으로 봉쇄하는 역할을 하고 있다.[95]

---

91) 물론 채무자가 이행지체에 빠지면 이행기 이후에도 목적물에 대한 보존의무가 연장될 뿐만 아니라 오히려 책임이 가중되어 과실이 없는 경우에까지 책임을 부담한다(제392조). 반면에 채권자가 수령지체에 빠졌을 때에는 오히려 채무자의 선관주의의무가 경감된다(제401조). 즉, 채무자는 고의·중과실이 없는 한 책임을 부담하지 않는다. 그러므로 이행기 이후 실제로 인도할 때까지 채무자가 선관주의의무를 부담하는 경우는 이행지체나 수령지체가 아닌 때로서 이행기에 이행하지 않은 것이 불가항력에 기한 경우이거나 채무자에게 유치권이나 동시이행의 항변권처럼 이행의 지연을 정당화하는 사유가 존재하는 경우에 한정된다.
92) 즉, 선관주의의무를 다했다는 사실은 채무자가 입증하여야 한다. 따라서 '임차인의 임차물 반환채무가 이행불능이 된 경우 임차인이 그 이행불능으로 인한 손해배상책임을 면하려면 그 이행불능이 임차인의 귀책사유로 말미암은 것이 아님을 입증할 책임이 있으며, 임차건물이 화재로 소훼된 경우에 있어서 그 화재의 발생 원인이 불명인 때에도 임차인이 그 책임을 면하려면 그 임차건물의 보존에 관하여 선량한 관리자의 주의의무를 다하였음을 입증하여야 한다.'(대법원 1999.9.21. 선고 99다36273 판결; 대법원 2001.1.19. 선고 2000다57351 판결 등)
93) 따라서 계약체결 이전부터 존재하던 '숨은 원시적 하자'로 인해 특정물의 완성도에 문제가 생기더라도 채무자가 선관주의의무를 다했다면 이를 채무불이행(책임)으로 탓할 수 없다는 논리로 연결된다. 결국 이러한 태도는 매도인의 담보책임을 일종의 법정책임으로 이해하는 논리와 그 본질을 같이 한다.
94) 예를 들어 불완전이행을 원인으로 해서 계약을 해제하는 경우를 생각하라.
95) 따라서 제462조는 특정물의 범위를 확장함으로써 특정물에 의한 변제의 범위를 넓히는 규정인 셈이다. 한편 그 변화 또는 변질이 특정물의 법적 동일성을 유지할 수 없을 정

결국, 사례에서의 물음과 관련해서는 철수가 선관주의의무를 다했음에도 불구하고 급부의무의 이행이 후발적 불능에 빠졌을 때 과연 반대급부의무의 운명을 어떻게 처리할 것인지에 있다.

III. 문제1 : 위험부담과 대금채무의 소멸

1. 반대급부위험의 부담

채무자가 선관주의의무를 위반하여 목적물을 멸실하게 하였다면 손해배상의무를 부담하지만(제390조), 선관주의의무를 다하였음에도 불구하고 목적물이 멸실 또는 훼손된 경우에 채무자는 손해배상의무를 부담하지 않기 때문에 그 멸실·훼손에 따른 위험(즉, 급부의 위험)은 채권자가 부담한다. 다시 말하면 채무자가 특정물의 보관에 관해 선량한 관리자의 주의의무를 다했음에도 불구하고 목적물이 훼손된 경우에는 채무자는 훼손된 현상대로 인도하면 충분하고(=특정물도그마), 목적물이 멸실된 경우에는 채무자가 목적물인도채무를 당연히 면함으로써 결과적으로 채무자에 대한 채권자의 청구권(채권)이 상실된다.

급부의무의 소멸에도 불구하고 당사자들의 계약관계는 여전히 효력을 유지하고 있다는 데 어떤 영향도 없기 때문에 반대급부의무의 존부가 문제된다. 계약관계의 효력은 인정되는데 앞으로 전혀 나아가지 못하는 형국이다. 어떤 답이 필요할까? 양 채무는 서로 '존속상 견련관계'에 있기 때문에 일방의 채무가 불능의 상태에 빠져 소멸한 이상 상대방의 채무도 규범적으로 소멸하였다고 보는 게 합리적이다. 거꾸로 말하면 채권자가 급부의 위험을 부담하고 채무자가 반대급부의 위험을 부담하는 셈이다. 이를 반대급부의무에 대한 '채무자위험부담주의'라고 하며, 우리 민법이 취하는 입법태도이다(제537조).[96] 따라서 양 당사자에게 물을 수 있는 책임이 전혀 없는 사유로써 급부의무의 이행이

도로 큰 경우에는 제462조가 적용되지 않는다고 제한적으로 해석하는 견해도 있다(김형배, 채권총론, 686쪽 이하 참고).
96) 독일민법도 같은 태도를 취한다(독일의 개정민법 제326조 제1항 참조).

후발적으로 불가능하게 되었다면 그 채무자는 상대방의 반대급부에 대한 채권을 상실한다고 볼 수 있다.

그렇다면 언제까지 채무자가 반대급부의 위험부담을 감안해야 하는가? 급부의무가 불가항력적 사유로써 소멸하면 특정물의 소유권이 종국적으로 이전되기 전까지는 채무자가 반대급부의 위험을 부담한다는 견해가 있는 반면에,[97] 채권자의 수령지체나 동산의 인도 혹은 부동산의 이전등기가 이루어진 경우에는 아직 소유권이 종국적으로 이전하지 않았더라도 채무자는 반대급부의 위험으로부터 벗어날 수 있다는 견해가 있다.[98]

2. 사례에서의 문제해결

위 <문제1>에서 위험부담의 법리(제537조)가 적용되기 위해서는 아래의 요건들이 차례로 검토되어야 한다. 먼저 쌍무계약이어야 한다. 이는 양 채무가 대가적 견련관계에 있어야 하기 때문인데, 위 <문제>에서 철수와 만수가 체결한 중고자전거의 매매는 가장 전형적인 쌍무·유상계약이다. 다음 요건으로 일방의 채무가 후발적으로 불능에 빠져야 한다. 계약이 성립할 때에는 채무의 목적인 급부가 실현가능한 상태에 있었으나 이행을 제공하기 전에 불능으로 될 것이 그 요건이다. 강씨의 승용차에 의해 철수의 중고자전거가 전파되었다면 이는 특정물이 멸실되었음 말하는 것이므로 특정물인도를 급부의 내용으로 하는 철수의 채무는 후발적으로 불능의 상태에 빠졌다고 볼 수 있다. 세 번째 요건으로서, 그러한 후발적 불능이 양 당사자의 책임 없는 사유로써 발생하여야 한다. 이는 급부실현의 후발적 불능과 양 당사자의 행태 사이에 직접적 인과관계가 존재하지 않음을 뜻한다.[99] 무엇보다도 채무자 철수의 귀책사유가 없어야

---

97) 이은영, 채권각론, 177쪽 참고.
98) 김형배, 채권각론, 164쪽 이하 참고.
99) 그러나 채권자가 수령지체에 빠졌을 때에는 당사자 쌍방의 책임 없는 사유로 급부실현이 불능이 되더라도 채무자는 반대급부청구권을 상실하지 않는다(제538조 제1항 후단 참조). 반대로 채무자가 이행지체에 빠졌을 때에는 급부실현이 불가항력으로 불능이 되더라도 채무자가 채무불이행으로 인한 손해배상책임을 부담하므로(제392조 본문 참조) 위험부담의 문제는 발생하지 않는다.

하는데, 그 존부는 결국 특정물채무에서 목적물에 대한 선관주의의무를 그 이행시까지 다했는지에 달려있다. 위에서 검토하였듯이 철수가 선량한 관리자의 주의의무를 다했음을 입증하는 데 성공할 경우 중고자전거의 전파로 인한 급부의무의 불능과 관련한 철수의 귀책사유는 존재하지 않는다고 볼 수 있다.

요컨대 중고자전거가 멸실됨으로써 철수가 급부의무를 이행할 수 없게 된 데 그의 귀책사유가 부정되기 때문에 중고자전거의 소유권을 이전할 철수의 급부의무에 관한 위험은 만수가 부담한다. 한편 반대급부인 대금채무의 위험은 채무자인 철수가 부담하게 된다(제537조 참조). 따라서 만수의 이행거절은 타당하다.

IV. 문제2 : 위험부담과 대상청구권

1. 대상청구권의 필요성과 그 논거

급부의무가 소멸할 경우 그 반대급부의 위험을 채무자에게 전적으로 부담시키는 법리만 합리적인 것은 아니다. 여전히 그 계약관계가 유효하다는 전제가 있기 때문이다. 급부의무의 불능사유가 불가항력적이라고 할지라도 제3자에게 귀책사유가 존재하는 경우도 있을 수 있고 천재지변 등 전혀 그렇지도 않은 경우도 있을 것이다. 그 가운데 전자의 경우에는 그 제3자의 책임을 여기에 끌어올 수 있다. 이것이 대상청구권의 고민이다.

대상청구권(代償請求權)이란 급부의무가 불능에 빠진 경우에 채무자가 그 배상으로써 받은 금전의 인도 또는 채무자가 취득하게 된 배상청구권 등의 이전을 채권자가 청구할 수 있는 권리를 말한다. 즉, 대상청구권이란 대상(代償)이라고 볼 수 있는 배상물 또는 배상청구권에 대한 이전청구권이라고 볼 수 있다.[100] 우리 민법은 이에 관한 명문규정을 두고 있지 않으나,[101] 판례와 학

---

100) 김형배, 채권총론, 197쪽 참고.
101) 대상청구권을 인정하는 독일민법(학)은 우리 민법 아래에서 이를 해석상 인정할 때 필요한 요건을 이해하는 데 중요하다. 독일개정민법 제285조 제1항에 따르면, 채무자가

설은 이를 해석으로써 인정하고 있다.102) 특히 판례는 대상청구권을 제도화하는 데 적극적이다.103)

이에 따르면, 먼저 대상(代償)이 존재해야 한다고 하는데 급부의 객체인 물건이나 권리가 제3자에 의해 멸실된 경우이거나 급부의 목적물이 수용되는 등의 원인으로써 생기는 손해배상(또는 보상금)청구권 혹은 손해보험금청구권은 '급부에 갈음하는 이익'으로서 대상(代償)이 된다. 그 다음으로 대상의 내용인 물건의 인도나 권리의 양도를 청구하여야 한다.

2. 사례에서의 문제해결

철수 소유의 중고자전거가 강씨의 불법행위로 인해 멸실되고, 그 결과 철수의 소유권이 상실됨으로써 발생한 철수의 손해배상청구권은 '급부에 갈음하는 이익'으로서 대상(代償)이 된다. 그리고 철수는 대상(代償)으로서 강씨에 대한 손해배상청구권의 양도를 청구하였다. 따라서 대상청구권을 해석상 인정하는 데 반대하지 않는다면, 만수는 철수의 대금지급청구에 대해 적법하게 거절할

급부를 불능으로 만든 동일한 원인에 의해서 채무의 목적물에 갈음한 배상 또는 배상청구권을 취득한 때에는 채권자는 배상으로 수취한 물건의 인도 또는 배상청구권의 양도를 청구할 수 있다.
102) 그러나 대상청구권을 제도화하는 데 소극적 태도를 취하는 견해에 의하면 현행 민법상 이에 관한 규정이 없으므로 대상청구권을 넓게 인정하여 문제를 안일하게 해결하기보다는 민법에 규정된 다른 제도들을 통하여 문제를 해결하도록 최대한 노력하는 것이 바람직하다고 한다. 예를 들어 제3자의 채권침해, 채권자대위권, 위험부담의 법리를 활용함으로써 대상청구권을 예외적인 경우에만 인정해야 한다고 주장한다(이은영, 채권각론, 228쪽 이하 참고).
103) '우리 민법이 이행불능의 효과로서 채권자의 전보배상청구권과 계약해제권 외에 별도로 대상청구권을 규정하고 있지 않으나 해석상 대상청구권을 부정할 이유는 없다.'(대법원 1992.5.12. 선고 92다4581·4598 판결 등). (따라서) '신용보증기금이 갑 주식회사를 상대로 제기한 사해행위취소소송에서 원물반환으로 근저당권설정등기의 말소를 구하여 승소판결이 확정되었는데, 그 후 해당 부동산이 관련 경매사건에서 담보권 실행을 위한 경매절차를 통하여 제3자에게 매각된 사안에서, 위와 같이 부동산이 담보권 실행을 위한 경매절차에 의하여 매각됨으로써 확정판결에 기한 갑 회사의 근저당권설정등기 말소등기절차의무가 이행불능된 경우 신용보증기금은 대상청구권 행사로서 갑 회사가 말소될 근저당권설정등기에 기한 근저당권자로서 지급받은 배당금의 반환을 청구할 수 있다.'(대법원 2012.6.28. 선고 2010다71431 판결)

수 있을 뿐만 아니라 대상청구권을 주장함으로써 강씨에 대해 손해배상을 청구할 수 있게 된다. 특히 학설은 중고자전거소유권의 이전이라는 급부의 불능과 관련하여 철수에게 귀책사유가 없는 위 <문제2>에서도 만수가 대상청구권을 행사할 수 있다는 데 이견이 없다.

그러나 위 계약관계는 여전히 효력을 유지되고 있기 때문에 만수가 대상청구권을 행사하려면 철수에게 자신의 반대급부의무를 이행하여야 한다. 그렇게 되면 만수로서는 대상물의 취득을 위해 자신의 대금채무를 이행하면서 대상청구권을 행사하거나,[104] 민법 제537조상 위험부담의 법리를 원용하여 자신의 반대급부의무가 소멸되었음을 주장할 수 있다고 볼 수 있다.

그런데 위 <문제2>에서 만수는 대상청구권을 행사하여 스스로 대상물의 취득을 희망하였음에도 불구하고 위험부담의 법리에 따른 대금채무의 소멸을 여전히 주장하는 모순을 보이고 있다. 따라서 대금채무의 이행을 청구하는 철수의 주장에 대한 만수의 거절은 인용될 수 없다. 만수가 대상(代償)을 요구할 권리를 주장하는 한, 중고자전거의 매매관계는 해소되지 않고 다시 대금채무와의 사이에서 견련관계가 발생하기 때문이다.

V. 문제3 : 채권자의 귀책사유와 급부의무의 불능

1. 민법 제538조 1항 전단

채권자의 귀책사유에 의해 채무자의 급부의무가 불능에 빠지게 된 경우에

---

[104] 판례 역시 같은 태도를 취한다. '쌍무계약의 당사자 일방이 상대방의 급부가 이행불능이 된 사정의 결과로 상대방이 취득한 대상에 대하여 급부청구권을 행사할 수 있다고 하더라도, 그 당사자 일방이 대상청구권을 행사하려면 상대방에 대하여 반대급부를 이행할 의무가 있는바, 이 경우 당사자 일방의 반대급부도 그 전부가 이행불능이 되거나 그 일부가 이행불능이 되고 나머지 잔부의 이행만으로는 상대방의 계약목적을 달성할 수 없는 등 상대방에게 아무런 이익이 되지 않는다고 인정되는 때에는, 상대방이 당사자 일방의 대상청구를 거부하는 것이 신의칙에 반한다고 볼 만한 특별한 사정이 없는 한, 당사자 일방은 상대방에 대하여 대상청구권을 행사할 수 없다.'(대법원 1996.6.25. 선고 95다6601 판결)

채무자는 채권자에 대해 반대급부의 청구권을 잃지 않는다(제538조 제1항 전단 참조). 채권자의 책임 있는 사유란 채무자의 급부실현을 불가능하게 만든 채권자의 유책한 행태를 말한다. 원래 채무의 내용에 맞은 이행을 위해 필요한 주의를 다해야 하는 측은 채무자이며, 만약 그렇지 않을 경우에 채무자는 반대의 입증에 성공하지 못하는 한 채무불이행책임을 면할 수 없다. 따라서 채권자는 채무자의 변제행위에 직접적 영향을 줄 수 없으므로 위의 귀책사유를 채무자의 경우와 동일하게 판단할 수는 없다. 결국 채권자의 경우에 그 책임사유의 범위는 비교적 넓게 해석될 수밖에 없다(통설). 따라서 채권자의 귀책사유는 반드시 법적 의무를 위반하는 경우에만 해당되지 않는다. 예를 들어 목적물의 보관의무를 부담하지 않는 채권자가 자신의 잘못으로 계약목적물을 다루다가 이를 파손하는 경우뿐만 아니라 채권자가 회피할 수 있었던 장애사유를 그의 잘못으로 막지 못한 경우에도 채권자의 귀책사유가 존재한다고 볼 수 있다.

채권자의 귀책사유로 말미암아 계약목적물이 멸실되고 그로 인해 채무자의 급부의무가 불능에 빠지게 되면 채무자는 자신의 급부의무를 면하는 데 그치지만, 반대급부의 청구권은 상실되지 않는다. 계약관계의 효력이 여전히 유지되고 있을 뿐만 아니라 급부의무가 이렇게 상실되거나 면제될 경우에는 반대급부의무와의 사이에 견련관계가 존재하지 않기 때문이다.

2. 사례에서의 문제해결

위 <문제3>에서 만수는 철수가 목적물을 인도하지도 않았음에도 불구하고 철수의 호의로써 위 자전거를 운행하다가 자신의 잘못으로 말미암아 가로수에 추돌하여 목적물 일부가 전파되었다. 만수의 행위는 비록 철수의 호의로써 이루어졌지만 계약의 목적을 달성하려는 계약관계에 반하는 채권자의 행태에 해당하므로, 결국 채권자의 귀책사유에 의해 급부의무의 완전이행이 불가능하게 되었다고 볼 수 있다.

그러나 통설의 특정물도그마에 따를 때, 목적물의 훼손에도 불구하고 특정물 자체의 인도가 가능하기 때문에 철수로서는 이행기에 이르러 훼손된 현상

(現狀) 그대로 인도하면(제462조) 적법한 변제의 제공이 된다(제460조). 따라서 철수의 변제제공에 대해 만수는 목적물을 수령해야 한다. 그러므로 그로 인한 급부의 위험, 다시 말해서 목적물의 훼손으로 인한 일부불능에 빠진 급부에 대한 위험은 채무자 철수의 귀책사유가 아니기 때문에 만수가 부담 내지 감수해야 한다.

다만 철수는 일부불능에 빠진 급부를 제공하였음에도 불구하고 반대급부의 청구권을 상실하지 않으므로(제538조 제1항 전단), 만수에 대해 대금의 전액을 지급하라고 청구할 수 있다. 따라서 이러한 철수의 청구에 대한 만수의 거절은 인용될 수 없다.

◎ 연습문제

<연습 10-1> 강씨는 A 항공회사의 항공기편으로 제주에서 서울로 가던 중 심한 난기류를 만났다. 이 항공기는 당시 기장 P의 판단에 따라 도착공항에 착륙시도를 포기하고 다시 제주공항으로 회항하였다. 항공운임 10만원을 이미 지불한 강씨는 A 항공회사에 대해 운임 10만원의 반환을 청구하였다. 청구의 근거를 제시하라. 이와 관련한 항공운송약관의 조항은 없었다고 한다. (논점 : 반대급부의무의 위험과 그 부담의 문제)

<연습 10-2> 최씨는 자신이 소유하는 강원도 소재의 별장을 김씨에게 5억 원에 매도하는 계약을 체결하였다. 김씨가 대금 가운데 이미 1억 원을 지급하고 목적물의 인도를 기다리던 중, 인근의 야산에서 발화된 산불이 번져 별장의 인도일자 전에 별장이 소실(燒失)되고 말았다. 원래 최씨는 소실된 별장 이외에도 제주도에 그 시가가 5억 원에 상당하는 다른 별장을 가지고 있다는 소식을 들은 김씨가 최씨를 상대로 제주도 소재의 별장에 대한 인도를 구하는 소송을 제기하였다. 김씨의 청구는 인용되겠는가? (논점 : 위험부담의 법리와 급부의무의 소멸)

<연습 10-3> 철수는 자신이 소유하는 두 살짜리 황소 한 마리를 300만원을 받고 만수에게 팔기로 하였다. 이행기를 며칠 앞두고 철수의 동네에서 구제역이 돌자 A 시장(市長)이 가축전염병예방법 제20조 제1항의 의거 해당 지역의 모든 소(牛)를 도살하라는 명령을 내렸다. 이미 매매대금의 전액을 지급했던 만수는 이행기에 이르러 국가에 대한 철수의 보상금지급청구권(위 법률 제48조)의 양도를 청구하였다. 인용될 수 있겠는가? (논점 : 위험부담에 의한 급부의무의 소멸과 대상청구권)

<연습 10-4> 지역사회에서 악덕기업가로 유명한 강 사장에 의해 부당하게 정리해고된 최씨는 해고 후 지금까지 12개월 동안 파트타임으로 아르바이트를 하면

서 생계를 유지하였다. 최근 최씨는 노동조합의 법률자문팀으로부터 도움을 받아 정리해고무효확인소송에서 승소하여 이것이 확정되면서 사용자 강 사장에게 부당하게 해고되었던 지난 12개월분 급여의 지급을 청구하였다. 원래 최씨는 해고 전에 월 평균 200만원의 급여를 수령하였고, 해고 후 1년 동안 아르바이트하면서 1,200만원의 수입을 올렸다고 한다. 한편 최씨의 급여지급청구에 대해 강 사장은 최씨가 해고로 인해 수령하지 못했던 2,400만원 가운데 실제 최씨가 아르바이트로 수익을 올린 금액을 공제한 1,200만원만 지급하겠다고 한다. 강 사장의 주장을 판례의 법리에 기초하여 비평하라. (논점 : 채권자의 귀책사유로 인한 채권자의 반대급부의무와 채무자의 이익상환. 대법원 1996.4.23. 선고 94다446 판결 등 참조)

<참고문헌>(가나다 순)

곽윤직, 채권각론(신정수정판), 박영사, 2000
김주수, 채권각론(제2판), 삼영사, 1997
김형배, 채권각론(계약법), 신정판, 박영사, 2001
이은영, 채권각론(제3판), 박영사, 2000

제11장 변제의 제공과 수령지체

문제

영희는 자신이 소유하던 풍산개(수커)를 1,000만원에 만수의 주소지에서 인도하는 매매계약을 그와 체결하였는데, 변제기를 며칠 앞두고 만수가 아무런 근거도 없이 그 풍산개를 수령하지 않겠다는 내용문서를 보내왔다. 한편 영희는 며칠 후 변제기가 도래하자 위 진돗개의 인도를 하러 수의사 1명과 경비원 1명의 출장을 부른 후 풍산개를 데려가라는 내용의 휴대전화 문자메시지를 만수에게 보내면서 대금 1,000만원의 지급을 함께 요청하였다. 며칠 후 영희는 대금의 지급에 대한 독촉 외에도, 변제기 이후에 위 풍산개를 관리하는 데 소요된 100만원의 비용에 대한 상환을 추가 청구하였다. 이에 대해 만수는 2개의 항변을 주장하였는데, 그 첫째로 변제기에 풍산개의 인도가 자신의 주소지에서 제대로 이루어지지 않았기 때문에 그 요건이 충족된 이행지체를 이유로 위 계약을 해제하겠으며 따라서 대금채무 및 100만원의 비용상환채무는 소멸되었다고 항변한다. 두 번째 항변으로서, 만수는 만약 위 계약이 해제되지 않는다고 하더라도 영희의 급부의무가 변제되지 않는 한 자신의 반대급부의무를 먼저 변제할 수는 없다고 한다. 만수의 각 항변내용 및 영희의 각 청구에 대한 타당성을 검토하라.

 풀이

I. 논점

영희와 만수는 영희 소유 목적물의 소유권을 이전하기로 하는 매매계약을 체결한 당사자이므로, 영희로서는 이행을 마칠 때까지 선량한 관리자의 주의를 다해서 목적물을 현상 그대로 인도하면 변제의 제공을 다하게 된다(민법 제374조, 제462조 및 제460조 참조). 위 <문제>에서도 목적물의 이행장소를 매수인 만수의 주소로 정했기 때문에, 영희로서는 원칙적으로 만수가 자신의 주소지에서 수령만으로도 변제가 완료될 수 있을 정도의 현실제공을 해야 한다(제460조 본문). 그런데 위 <문제>에서 만수가 일방적으로 목적물의 수령을 거절하는 변수가 생기면서 영희가 현실의 제공을 다하지 않게 되었는데, 이후에 영희와 만수는 이를 둘러싸고 그 책임을 상대방에게 넘기고 있는 셈이다. 따라서 아래에서는 영희가 취한 행위가 적법한 변제의 제공이 될 수 있는지에 대한 검토를 중심으로 그 책임의 적부를 살펴본다.

II. 만수의 해제주장에 대한 판단

1. 해제의 논리

기왕에 유효하게 성립된 계약관계를 해소시키는 방법은 다양하지만,[105] 해제권이라는 형성권의 작용에 의해 계약관계를 해소할 수도 있다. 해제권에는 법률규정에 의해서 발생되는 법정해제권과 그 발생사유에 대한 당사자의 합의에 의해 정당화되는 약정해제권이 있다.[106] 그런데 해제권에 의해 작용하는 해

---

[105] 해제계약(또는 합의해제)이나 실권조항에 의해서도 기왕의 채권관계가 해소될 수 있다. 전자는 기존의 계약당사자들이 계약해소에 관하여 합의한 것으로서, 계약자유의 원칙상 당연히 인정된다. 형성권의 일종인 해제권의 유무와 관계없이 유효하게 성립한 계약관계를 해소하겠다는 내용을 가진 '새로운 계약'에 의하여 기존의 계약관계가 해소·청산되는 것을 말한다. 따라서 해제계약은 해제권에 의한 해제와 그 성격이 달라 민법상의 해제에 관한 규정은 적용되지 않으므로(통설·판례), 계약이 합의해제의 경우에는 그 해제시의 당사자 일방이 상대방에게 손해배상을 하기로 특약하거나 손해배상청구를 유보하는 의사표시를 하는 등 다른 사정이 없는 한, 채무불이행으로 인한 손해배상을 청구할 수 없다('그와 같은 손해배상의 특약이 있었다거나 손해배상 청구를 유보하였다는 점은 이를 주장하는 당사자가 증명할 책임이 있다': 대법원 2013.11.28. 선고 2013다8755 판결 등 참조). 한편 실권조항이란 일방당사자의 채무불이행이 있으면 채권자의 특별한 의사표시가 없어도 당연히 계약의 효력이 소멸하고, 채무자의 계약상 권리가 상실된다는 취지의 약관을 말한다. 그런데 이 약정은 해제'권'의 유보를 정하는 계약(즉, 약정해제권의 발생사유에 관한 합의)이 아니라, 채무불이행을 이유로 하는 계약소멸의 조건을 정한 계약이다. 따라서 해제권과는 달리 해제권자의 특별한 의사표시 없이 계약의 효력이 소멸된다. 그러나 실권조항 내지 해제조건과 해제는 그 발생의 원인이 모두 채무불이행이라는 원인을 갖고 있다는 점에서 같다.
[106] 해제의 규범목적은 무엇인가? 계약의 목적이 당사자에 의하여 약정된 대로 실현될 수 없을 정도로 파탄에 빠져 있을 때에 그 계약관계는 변경된 사정에 적합하게 조절되어야 한다. 결국 계약관계를 해소하는 이유는 계약을 해제하는 당사자(해제권자)가 계약의 구속으로부터 벗어나 새로운 계약을 체결할 수 있는 행위의 자유를 회복하는 데

제규범은 형성권을 중심으로 법률관계를 형성하는 논리의 연속이므로 각 단계마다 명확한 법적 근거가 마련되어야 한다. 즉, 해제가 문제되기 위해서는 그 전제로서 계약관계가 존재해야 하고, 해제권의 발생(원인)→해제권의 행사→해제의 효과라는 일련의 과정이 검토되어야 한다.

먼저 약정해제권이 발생하기 위해서는 계약의 당사자들이 그 발생원인을 유보하는 약정을 하여야 한다. 반면에 법정해제권이 발생하기 위해서는 법률규정 및 그 흠결을 보충하는 규범에 의해 그 발생원인이 정당화되어야 한다. 민법은 유형별 일반조항을 두어 이행지체, 정기행위의 지체, 이행불능을 이유로써 법정해제권이 발생할 수 있다고 한다. 또한 민법은 주요한 전형계약에서 각각 특수한 원인을 두어 법정해제권이 발생할 수 있다고 규정한다. 더욱이 학설은 채권자지체책임과 사정변경원칙의 법률효과로서 법정해제권이 발생할 수 있다고 이해한다.

형성권으로서의 해제권이 적법하게 발생하였다고 해서 해제의 법률효과가 생기는 게 아니다.[107] 해제의 효과를 바라는 당사자는 자신에게 있는 해제권을 적법하게 행사하여야 한다. 다시 말해서 해제권은 해제계약이 아님에도 불구하고 해제한다는 일방적 의사표시를 통해 해제의 효과를 관철할 수 있는 근거이다. 해제의 의사표시는 상대방 있는 의사표시로서(제543조 제1항 참조) 계약당사자 또는 당사자의 지위를 승계한 자만이 행사할 수 있고, 상대방에게 도달하여야 의사표시의 효력이 생긴다(제111조 제1항 참조). 물론 그 효력이 발생한 뒤에는 철회할 수 없다(제543조 제2항).

이러한 논리의 순서 다음으로 해제의 효과가 발생하게 된다. 아직 이행되지 않은 채무는 소멸하게 되고, 이미 이행된 급부의 수령자는 이를 반환하는 원상회복의무를 부담한다(제548조 제1항 본문 참조). 해제권의 발생사유가 된 당사자의 채무불이행을 근거로 상대방은 손해배상을 청구할 수 있다(제551조 참조).

있다.
[107] 해제의 의사표시는 채권자에게 해제권이 발생하더라도 그 권리를 행사하지 않는 한 해제의 효과는 발생하지 않는다. 또한 해제권의 행사 여부는 해제권자의 자유이다. 따라서 해제권자가 해제권을 행사하기 전에 채무자가 채무의 내용에 좇은 이행의 제공을 한 때에는 이를 수령하여야 한다.

2. 사례에서의 문제해결

(1) 법정해제권의 발생에 대한 검토

만수가 해제의 효과를 주장하기 위해서는 그에게 적법한 해제권이라는 형성권이 주어져야 한다. 그리고 만수는 해제권의 원인으로서 영희의 이행지체를 들고 있다. 이행지체를 원인으로 해서 법정해제권이 발생하기 위한 요건을 검토한다. 영희가 이행을 지체하는 경우에는 만수는 상당한 기간을 정하여 그 이행을 최고하고 그 기간 내에 이행하지 아니한 때에는 해제권이 발생한다(제544조).

먼저 영희가 자신의 급부의무와 관련하여 이행지체에 빠져야 하는데, 이는 해제권이 발생하는 데 실체적 요건이다. 특히 이행지체책임을 면제하는 법적 근거들이 존재하기 때문에 위 <문제>에서 그러한 근거들이 존재하는지를 중심으로 검토한다.

다음으로 절차적 요건인데, 상당한 기간을 정해서 그 이행을 최고하였고 그 기간 내에 영희가 이행의 제공을 하지 않았는지를 검토한다. 그런데 만수는 영희가 변제기에 현실제공을 제대로 하지 않았다고 탓하였을 뿐이므로 민법 제544조가 요구하는 절차적 요건이 충족되었다고 보기 어렵다.[108]

(2) 해제의 실체적 요건으로서 영희의 이행지체에 대한 판단

가. 변제의 제공으로서 구두제공

만수가 영희의 이행지체를 주장하는 데에는 영희가 자신의 급부의무를 이행하는 데 현실의 제공을 하지 않았다는 데 있다(제460조 본문 참조). 한편 영희는 자신의 채무를 이행하는 데 원칙적으로 요구되는 현실의 제공을 하지 않고 예외적 방법인 구두의 제공만을 하였다는 데 검토의 핵심이 있다.

우리 민법은 채권자가 미리 변제받기를 거절하거나 채무의 이행이 채권자

---

[108] 만수가 해제를 하는 데 필요한 절차적 요건을 구비하지 않았다고 판단하는 한, 실체적 요건에 대한 검토는 학리적 목적을 위해서만 그 의미가 있을 것이다.

의 행위를 필요로 하는 경우에 채무자는 구두제공을 할 수 있다고 한다(제460조 단서 참조). 구두제공이란 채무자가 변제의 준비가 다되었음을 통지하고 그 수령을 최고하는 행위의 총체를 말한다. 영희가 부담하는 특정물채무는 그 성질상 현실제공이 필요하지만 채권자가 급부의 수령을 스스로 거절한다면 채무자의 구두제공만으로도 변제의 제공이 있었다고 평가할 수 있다.

나. 영희의 변제제공에 대한 만수의 수령거절

채권자가 미리 수령을 거절하면 공평의 원칙에 의해 채무자의 구두제공만으로 변제의 제공이 있다고 할 수 있다. 수령을 거절한다는 채권자의 의사는 명시적으로 표시되는 경우에 한정되지 않고 채권자가 이유 없이 약정된 수령기일의 연기를 일방적으로 요구하거나, 자신이 부담하는 반대급부의 이행을 이유 없이 거절하거나, 또는 정당한 이유 없이 계약의 취소나 무효 내지 계약을 해제하려는 의사표시를 하는 등의 구체적 사정을 기초로 추단될 수도 있다(통설).

만수가 아무런 근거도 없이 급부의 수령을 거절하겠다는 의사를 통지한 것이므로 영희의 구두제공만으로도 변제의 제공을 하였다고 평가할 수 있다. 물론 만수의 수령거절의사가 완강하여 영희에게 구두제공조차 의미가 없는 경우라고 한다면 영희는 이행지체책임을 면하기 위해 굳이 구두제공조차 할 필요가 없을 것이다. 그러나 판례가 지적하는 바와 같이, '매수인이 자신의 수령거절을 번복할 가능성이 있다고 볼 수 있는 특별한 사정이 있으면'[109] 상대방을 이행지체에 빠뜨리기 위해서라도 최소한 구두제공은 해야 할 것으로 보인다.

다. 구두제공의 여부

구두제공을 할 수 있는 법적 근거를 마련했다고 해도, 영희에게 변제의 제공에 따른 법률효과가 발생되기 위해서는 채무자가 변제의 준비를 마친 후 이를 통지하고 수령을 최고하여야 한다. 이때 변제준비의 정도는 만수가 수령을

---

[109] 대법원 1995.4.28. 선고 94다16083 판결 참조.

거절하겠다던 기존의 의지를 변경하여 이제 수령하겠다고 하면 이에 응해서 급부를 완료할 수 있는 정도이어야 한다.

위 <문제>에서 영희는 일방적인 거절의 의사표시를 받은 후 변제기가 곧 도래하자 풍산개의 인도를 준비하기 위해 수의사 1명과 경비원 1명의 출장을 부른 후 풍산개를 데려가라는 내용의 휴대전화 문자메시지를 만수에게 하였는데, 이는 영희로서 변제준비의 완료를 통지함과 동시에 그 수령을 최고하였다고 볼 수 있다.

(3) 소결

위에서 검토하였듯이 결국 영희로서는 적법한 구두제공을 다했다고 볼 수 있으므로 그때부터 채무불이행의 책임을 면하게 된다(제461조 참조). 따라서 영희는 다른 원인이 없는 한, 현실제공이 없음을 이유로 제기한 만수의 해제에 구속되지 않는다. 결국 만수의 해제주장에는 법적 근거가 없다고 봐야 한다.

III. 영희의 청구에 대한 판단

1. 대금청구의 인용에 대한 판단

(1) 만수의 두 번째 항변사유로서 쌍무계약의 존재

영희는 만수와의 매매계약을 통해 그에게 대금의 지급을 청구할 수 있는 매도인이기 때문에 다른 원인이 없는 한 변제기에 이르러 만수에게 대금지급을 청구할 수 있다. 이에 대한 만수의 항변사유가 존재하는지를 검토한다. 위 <문제>에서 확인할 수 있는 두 번째 항변사유는 위 매매계약이 쌍무계약이라는 데 있다. 다시 말해서 만수가 적법한 동시이행의 항변권을 원용할 수 없다면 영희의 대금청구는 인용되어야 하고, 반대로 원용할 수 있다면 영희는 대금지급의 청구를 유보해야 한다. 따라서 아래에서는 영희의 대금청구에 대하여 만수가 동시이행의 항변권(제536조 참조)을 원용할 수 있는 지위에 있는지를 검토한다.

(2) 사례에서의 문제해결

먼저 영희의 급부의무와 만수의 대금채무는 동일한 매매계약으로부터 발생하였고, 양 채무 모두 이행되지 않은 채 변제기에 들어섰다. 변제기가 도과하였음에도 불구하고 양 당사자의 채무는 그 내용에 있어서 동일성을 유지하고 있으므로 동시이행의 항변권이 성립할 수 있는 법적 기초가 마련되었다고 볼 수 있다.

만수가 동시이행의 항변권을 원용하기 위한 다음 요건으로서, 영희가 자신의 채무를 이행하지 않거나 최소한 이행의 제공조차 하지 않아야 한다. 자신의 채무에 대한 이행 내지 그 제공을 하지 않으면서 감히 반대급부를 청구하는 상대방의 반(反)계약적 행태를 허용하지 않으려는 요건이다. 영희가 급부의무를 변제 내지 이행하지 않은 점은 사례에서 확인할 수 있으므로 이에 대한 검토는 문제될 게 없다. 따라서 영희가 자신의 채무, 즉 풍산개의 소유권을 이전할 채무의 이행에 필요한 변제제공을 하지 않았는지를 검토하면 된다(제460조 참조). 그런데 위에서 살펴보았듯이 아무런 이유 없이 미리 변제의 수령을 거절한 만수의 행태를 근거로 영희가 변제준비가 완료되었음을 통지하면서 변제의 수령을 최고함으로써, 결국 영희는 변제의 제공을 적법하게 하였다고 평가할 수 있다.

결국 영희는 자신의 채무에 관한 변제의 제공을 다했기 때문에 만수로서는 동시이행의 항변권을 원용할 수 없다고 봐야 한다.[110] 그렇다면 만수에 대한 영희의 대금지급청구는 인용되어야 한다.

---

110) 동시이행의 항변권의 성질을 항변권설로 보든지 실체권설로 보든지 결과에 있어서 차이는 없다. 동시이행의 항변권을 원용해야 하는지의 문제에 앞서 그 실체적 요건이 충족되지 않았기 때문이다.

2. 보관비용에 대한 상환청구의 판단

(1) 수령지체책임의 성립에 대한 검토

가. 변제제공과 수령지체제도의 규범목적

채무자가 이행기에 채무의 내용에 좇은 적법한 변제제공을 하였으나 채권자가 이를 수령하지 않거나 필요한 협력을 하지 않는 경우에, 이행을 완료할 수 없게 되어 계속 급부의무를 부담하게 된 채무자로 하여금 채권자의 수령지체가 있은 후에도 여전히 급부의무로부터 과거와 동일한 구속을 받게 된다면 그것은 채무의 부당한 연장을 의미하게 될 것이다. 이와 같은 경우 채권자가 수령 기타 협력행위를 지체함으로써 발생하는 부당한 채무의 연장을 피하고 공평의 관념에 따라 채권자와 채무자의 이해관계를 조정하여 성실한 채무자를 보호·구제하기 위한 제도가 채권자지체 또는 수령지체제도이다(제400조, 제401조, 제402조, 제403조 및 제538조 제1항 후단 참조).

나. 수령지체책임의 성립 여부

먼저 영희의 채무가 변제되기 위해서 그 성질상 만수가 영희가 제공한 변제를 수령하여야 하는 급부이어야 한다(제400조). 위 <문제>에서 영희는 풍산개의 인도를 그 목적으로 하는 특정물채무를 부담하고 있으므로 만수는 채권자로서 그 변제를 수령해야 하며, 그럼으로써 영희의 급부의무는 소멸한다.

다음으로 영희가 채무의 내용에 좇은 이행의 제공을 하여야 한다(제400조). 원래 영희로서는 풍산개를 변제기에 만수의 주소지에서 인도하는 현실제공을 하여야 적법한 변제제공이 된다. 그러나 만수가 일방적으로 아무런 근거 없이 변제기가 도과하기 전에 이미 변제의 수령을 거절하였기 때문에 영희로서는 구두제공만으로도 변제제공을 할 수 있게 되었다. 따라서 영희는 위 <문제>에서 채무의 내용에 좇은 변제제공을 다했다고 볼 수 있다.

그리고 만수에게 수령지체책임을 묻기 위해서는 그가 영희의 적법한 변제제공에 대한 수령을 거절하여야 한다(제400조 참조). 위 <문제>에서 영희가 적법한 구두제공을 하였음에 불구하고 만수는 변제기는 물론이고 그 후에도 계속된 구두제공에 따른 변제의 수령을 거절하고 오히려 영희의 이행지체를 이유로 해제를 주장하였다. 한편 학설에서는 채권자의 수령거절이 그의 귀책사유를 전제한 개념인지에 대해 전혀 다른 견해들을 제시하고 있다. 종래의 통설인 '채무불이행설'에서는 채권자가 수령의무를 부담한다는 개념을 전제하여 수령지체에 대한 채권자의 귀책사유가 있어야 한다고 하지만,[111] 최근의 법정책임설[112]과 절충설[113]에서는 수령지체 또는 수령불능이 객관적으로 존재하면 수령지체책임의 요건으로서 충분하다고 한다.

다. 소결

영희가 자신의 채무를 이행하는 데 적법한 구두제공을 하였음에도 불구하고 만수가 영희가 제공한 변제의 수령을 거절하였기 때문에 그때부터 만수는

---

[111] 채권자에게 채무자가 제공하는 급부에 대한 수령의무가 존재하는가에 대한 관점의 차이가 낳은 대립이다. '채무불이행설'에 의하면 채권·채무관계는 공동의 목적을 향해 서로 협력하는 채권자와 채무자 사이에 구성된 일종의 협력관계로서 양 당사자는 채권관계에 있어서 서로 대립되는 당사자가 아니다. 따라서 채권자도 급부를 '수령할 의무'를 부담하며, 채권자가 그의 귀책사유 때문에 채무자가 제공한 급부를 수령을 할 수 없거나 거절한 경우에는 채권자지체책임을 부담해야 한다. 그 결과 채권자는 민법 제400조 이하에 규정된 지체책임을 부담하는 외에 손해배상책임과 계약해제의 불이익을 받을 수 있다고 한다(곽윤직, 채권총론, 122쪽 이하 참고).

[112] 채권관계에서 채권자는 채무자에 대하여 권리만 가질 뿐 의무를 부담하지 않는다는 관점을 지닌 학설이다. 따라서 법정책임설에 의하면 채권자가 채무자의 급부를 수령하지 않는다고 하여 채무불이행책임을 부담하게 되지는 않는다. 다만, 이행을 제공한 채무자에게 채무불이행책임을 감면해주는 것이 공평의 관념에 합당하므로 급부의 지체로 발생하게 될 불이익을 채권자에게 부담시키는 제도가 채권자지체제도라고 한다. 이 견해에 따르면, 채권자의 수령거절 또는 수령불능이라는 객관적 사실만으로 채권자지체가 인정되며, 채권자의 귀책사유를 그 요건으로 하지 않는다. 따라서 채무자에게는 민법 제401조 내지 제403조의 효과만이 인정될 뿐 손해배상청구권이나 계약해제권은 주어지지 않는다(이은영, 채권총론, 404쪽 참고).

[113] 채권자의 수령의무를 원칙적으로 인정하지 않는 데에서 법정책임설과 기본적으로 같은 관점을 갖는다. 다만, 채권관계의 구체적 유형에 비추어 특별한 경우를 인정하는 학설이다. 즉, 매매·도급·임치와 같은 계약유형에서는 부수적 의무의 일종으로 채권자에게 '수취의무'가 인정될 수 있다고 한다. 이러한 계약유형에서 수취의무위반에 대한 채권자의 귀책사유가 있을 경우에는 채무자는 손해배상청구권이나 계약해제권을 행사할 수도 있다고 한다(김형배, 채권총론, 304쪽 참고).

수령지체책임을 져야 한다(제400조).

(2) 보관비용의 상환청구에 대한 인용 여부

수령지체로 인해 그 목적물의 보관 또는 변제의 비용이 증가된 때에는 그 증가액은 채권자의 부담으로 한다(제403조). 위 <문제>에서 영희는 자신의 적법한 변제제공에 불구하고 이행이 되지 않은 채 계약관계가 유지되는 한, 자신의 급부의무로부터 자유롭지 않는다. 즉, 수령지체에도 불구하고 영희는 여전히 급부의무를 부담하는 한다. 다만 영희가 수령지체로 말미암아 풍산개를 변제기 이후에도 관리해야 했고 그럼으로써 소요된 비용은 만수가 부담해야 한다. 따라서 보관비용 100만원에 대한 상환청구는 인용되어야 한다.

◎ 연습문제

<연습 11-1> 강씨는 자신이 직접 유명 메이커로부터 수입해서 그의 가게에 보관해 둔 3D프린터 한 대를 1,000만원에 최씨의 주소지에서 인도하는 매매계약을 최씨와 체결하면서 7일 후에 물건을 인도하기로 하였다. 그리고 대금은 10개월 무이자할부로 지급하기로 약정하고 할부금은 강씨의 계좌로 온라인입금하기로 하였다. 목적물을 인도받은 최씨는 지난 3개월 동안 할부금을 제때 입금하였으나, 4개월치 할부금을 입금하려고 하니 강씨의 계좌가 폐쇄되어 있었다. 며칠 뒤 사정을 알아보니, 최근 위 3D프린터의 수요가 늘면서 그 시장가격이 50% 정도 뛰었음을 내세우면서 강씨가 대금의 인상을 요구하면서 4월치 할부금 100만원의 수령을 거절하였다. 동일한 이유로써 5월치 할부금의 수령도 거절한 강씨는 최씨가 4개월치의 할부금에 대한 지급의무를 지체하였음을 이유로 위 계약을 해제하였다. 강씨의 해제는 인용될 수 있는가? 약정해제권을 유보하는 특약은 존재하지 않는다고 한다. (논점 : 구두제공조차 필요하지 않은 채무에서 변제의 제공과 그 효과)

<연습 11-2> 철수는 만수로부터 1,000만원을 1년 동안 꾸면서, 연이율 12%의 이자를 매달 말일에 주기로 한 바 있다. 철수가 약정대로 오늘 원금 1,000만원과 마지막 달 이자 10만원을 지참하고 그의 주소지로 간 후, 이를 지급하겠다고 알렸다. 만수가 이 소식을 들었지만 갑자기 공무출장을 외국으로 간다며 원리금수령을 못하게 되었다. 만수가 30일 뒤 귀국하자마자 철수에게 원금 1,000만원과 2개월 이자 20만원의 지급을 청구하였다. 인용될 수 있는가? (논점 : 변제제공의 효과로서 약정이자발생의 정지)

<연습 11-3> 무역업을 하는 김씨는 일본에서 수입한 신형 홈씨어터시스템 10대를 부산의 창고에서 다른 전자제품들과 함께 보관하던 중, 광주에 사는 박씨에게 그 가운데 1대를 1,000만원에 넘기는 계약을 체결하였다. 그 계약에 따르면 물건

의 인도일은 1주일 뒤이며, 박씨가 차량을 부산의 창고로 직접 몰고 와서 수령하기로 하였다. 마침 이행기에 이르자 김씨는 아침 일찍 박씨에게 전화를 걸어 자신의 급부의무를 변제할 준비가 완료되었으니 오후에 창고에서 직접 수령하라는 최고를 하였다. 한편 오후에 박씨가 창고에 도착하기 직전에 김씨의 창고 인근 야산에서 원인을 알 수 없는 화재가 발생하였는데, 김씨의 창고가 화재에 휩싸이면서 보관 중이던 홈씨어터시스템 가운데 9대가 완전히 소실(燒失)되었다. 창고에 도착한 박씨는 소실을 면한 목적물의 인도를 거절하는 김씨를 상대로 대금을 제시하면서, 그에게 남아 있는 홈씨어터시스템 1대의 인도를 청구하였다. 박씨의 인도청구는 인용되겠는가? (논점 : 종류물의 인도를 목적으로 하는 추심채무에서 특정과 '구두제공'의 구별)

<연습 11-4> 최 화백은 한국화를 전공한 저명화가인데, 100호짜리 작품 두 점을 최근에 완성하였다. A작품은 금강산의 겨울을 그린 그림이고, B작품은 한라산의 겨울을 그린 그림이다. 전시회를 마친 최 화백은 이들 작품을 매각하여 그 대금으로써 한국화연구소를 창립하려는 생각을 갖고 있었다. 한편 평소 최 화백을 존경하던 강씨는 최 화백의 작품을 하나 구매하려던 차에 위 작품 가운데 하나를 1억 원에 매입하기로 하고 최 화백과 지난주에 계약을 마쳤다. 인도일을 며칠 앞두고 강씨가 오늘 최 화백의 화실을 방문하여 위 두 작품을 감상하다가 자신의 부주의로 말미암아 B작품 위로 먹물을 소량 쏟게 되어 그림의 원상태가 훼손되었다. 계약의 이행기에 이르러 최 화백은 훼손된 B작품을 인도하겠으니 이를 수령하라고 강씨에게 최고하면서 대금 1억 원의 지급을 청구하였다. 이에 대해 강씨는 B작품으로써는 계약의 목적을 달성할 수 없다면서, 대금을 제시하면서 A작품의 인도를 재청구하였다. 인용될 수 있는가? (논점 : 선택채무에서 급부의 선택과 그 효과)

<연습 11-5> 부산의 조기축구팀과 광주의 조기축구팀 사이에 친선축구경기가 개최되었는데, 축구경기가 끝난 후 이 경기를 주관한 철수가 점심식사용으로 영희가 운영하는 중화요리식당 '자금성'에 짜장면 22그릇을 주문하면서 축구경기를 하던 인제대학교의 운동장으로 배달해 줄 것을 요청하였다. '자금성'의 배달종업원 K가 주문음식을 갖고 학교운동장에 와서 보니 아무도 없었을 뿐만 아니라 짜자면 주문에 사용되었던 휴대전화로도 통화연결이 되지 않아 운동장의 주변을

수소문하던 K는 마침 인근에서 농구시합을 하던 학생들의 말을 듣고 운동장 뒤편 휴양림에서 휴식을 취하고 있던 축구팀들을 만난 후, 비로소 짜장면 22그릇을 내주었다. 철수가 짜장면을 수령한 시각은 이미 K가 운동장에 도착한 지 20분을 넘긴 시각이었다. 짜장면이 모두 불어 도저히 먹을 수 없게 된 것을 확인한 철수가 대금의 지급을 거절하였다. 철수의 거절은 인용될 수 있는가? (논점 : 수령지체 후 불가항력에 의한 급부불능과 반대급부의 운명)

<참고문헌>(가나다 순)

곽윤직, 채권각론(신정수정판), 박영사, 2000
곽윤직, 채권총론(신정수정판), 박영사, 1999
김형배, 채권각론(계약법), 신정판, 박영사, 2001
김형배, 채권총론(제2판), 박영사, 1998
이은영, 채권각론(제3판), 박영사, 2000
이은영, 채권총론(개정판), 박영사, 1999

제12장 제3자변제와 변제자대위제도

문제

새 주택을 신축한 강씨는 이를 박씨에게 매도하기로 하였는데, 소유권이전등기를 마치기 전이라도 계약을 체결한 다음 날부터 입주할 수 있으며 대금의 잔액은 이전등기와 상환으로 이행한다는 약정을 하였다. 한편 신축 주택의 공사수급인 최씨가 공사보수 가운데 미수금이 남아 있어 이를 근거로 한 유치권을 이유로써 위 신축 주택에 입주하려는 박씨를 저지하였다. 이 문제를 해결하여 새 주택에 빨리 입주하고자 했던 박씨는 매매잔대금 가운데 일부를 공사보수잔존채무의 변제조로 완불하고 마침내 입주하였다. 강씨가 공사보수 가운데 일부를 변제하지 않고 미수금으로 남겨놓은 까닭은 그 금원에 대해 최씨와 사이에서 준소비대차를 맺은 후 그 대여금을 분할상환하려는 개인적 의도가 혼자 품고 있었기 때문이었다.

(문제1) 한편 박씨는 이제 잔대금에서 위 미수금변제액을 공제하겠다고 강씨에게 말한 후, 그 잔존 금원을 소유권이전등기와 상환으로 매도인 강씨에게 지급하게 되었는데 강씨는 잔대금의 전액을 지급받아야 한다면서 박씨가 지급하는 금원의 수령을 거절하였다. 강씨의 거절이 타당한지를 검토하라.

(문제2) 이와 관련하여 강씨는 미수금채무의 담보를 D에게 부탁하여 동일한 금액을 보증하게 하였으며, 동시에 강씨 소유의 토지를 목적으로 하는 저당권을 최씨에게 설정해 주고 등기를 마친 적이 있다. 만약 박씨가 매매대금 가운데 일부를 최씨에게 공사보수잔존채무의 변제조로 완불한 다음에 그가 스스로 최씨를 대위하여, 강씨 소유의 토지를 이전받아 등기를 마친 F에 대해 저당권을 주장하고자 한다. 그 주장에 필요한 요건을 설명하고, 대위에 따른 법률효과를 설명하라.

I. 논점

강씨와 박씨는 최씨가 도급받아 공사한 새 주택의 소유권이전을 목적으로 하는 매매계약을 체결하였고, 부대조건으로 매매계약체결 이후부터 이전등기를 마칠 때까지는 대가 없이 사용대차할 수 있도록 양해되었다.

위 <문제1>에서 매수인 박씨의 변제행위에 대한 매도인 강씨의 수령거절이 타당하기 위해서는 박씨의 변제행위가 유효한 변제의 제공으로서 평가될 수 없는 경우이다.[114] 따라서 먼저 검토해야 할 것은 잔대금 가운데 미수금변제액을 공제한 금원의 지급이 적법한 변제의 제공에 해당하는지 여부다.[115] 그렇다면 이 문제를 검토하기 위한 전제로서 박씨가 일방적으로 미수금변제액을 공제한 행위가 타당한지를 따져야 하는데, 이는 상계의 문제로서 그 요건을 엄격하게 검토해야 한다. 따라서 매수인 박씨에게 상계를 위해 제시하는 자동채권이 무엇이며 그 근거를 검토하지 않을 수 없게 된다.

위 <문제2>에서 타인의 금전채무를 변제한 박씨로서는 출연된 재산만큼을 회복할 수 있는 구상권을 가질 뿐만 아니라, 이 권리를 확보하기 위한 변제자대위제도가 인정되는데 그 요건 및 내용을 설명하면 된다.

II. 문제1 : 강씨의 거절에 대한 판단

1. 제3자 박씨의 변제행위

강씨의 공사보수잔금채무를 위해 제3자인 박씨가 변제한 행위가 적법한 제3자의 변제로서 평가할 수 있다면 매도인 강씨에 대한 자신의 잔대금채무와 상계할 수 있는 자동채권으로서 구상권을 얻을 수 있다. 따라서 아래에서는 박씨의 행위가 효력 있는 제3자변제가 되는지를 검토한다.

---

[114] 물론 수령거절이 타당하지 않다고 평가된다면 이는 수령지체책임이 성립되는 계기가 될 것이다. 하지만 이는 위에서의 물음사항이 아니다.
[115] 위 <문제1>에서 강씨가 박씨가 제공한 변제에 대해 그 수령을 거절한 이유를 분명하게 변제의 내용, 즉 금전채무에 있어서 금액에서 구하고 있기 때문에 논점을 그렇게 좁힐 수 있다. 따라서 강씨가 수령거절의 이유를 제시하지 않았다면 계약의 불성립, 계약의 무효 또는 취소, 계약의 해제를 비롯하여 쌍무계약을 이유로 한 동시이행의 항변권원용 등 많은 논점들을 차례로 검토해봐야 할 것이다.

(1) 타인의 채무에 대한 제3자의 변제가능성

제3자는 채무자로부터 변제권한을 위임받지 않더라도 원칙적으로 채무자의 본래 채무를 변제할 수 있다(민법 제469조 제1항 본문 참조). 그러나 일정한 경우에 제3자의 변제가 제한되는데, 채무의 성질이 제3자의 변제에 맞지 않는 경우라든지 당사자의 약정으로써 제3자의 변제를 제한하는 경우가 그렇다(제469조 제1항 단서 참조). 뿐만 아니라 이해관계 없는 제3자의 변제로서 채무자의 의사에 반하는 경우에도 제한된다(제469조 제2항 참조). 따라서 제3자의 변제를 제한하는 법리를 검토함으로써 박씨의 변제가능성에 대한 답을 구한다.

(2) 사례에서의 검토

가. 채무의 성질이 제3자의 변제를 허용하지 않는지에 대한 검토

원래 채무자의 인격과 개성이 밀접하거나 불가분적으로 결합된 채무에 대해서는 제3자가 변제할 수 없다. 따라서 특별한 사정이 없는 한, 부대체적 작위급부를 목적으로 하는 채무에서는 제3자의 변제가 가능하지 않다. 그러나 강씨의 의무는 금전채무에 지나지 않기 때문에 박씨에 의한 제3자의 변제는 가능하다고 본다.

나. 당사자의 의사표시로써 제3자의 변제를 허용하지 않는지에 대한 검토

약정이나 단독행위로써 제3자의 변제를 금지할 수 있지만, 강씨와 박씨 사이의 매매계약에 수반하는 그런 금지약정은 확인되지 않는다. 따라서 박씨에 의한 제3자의 변제는 가능하다고 본다.

다. 이해관계 없는 제3자의 변제로서 채무자의 의사에 반하는지에 대한 검토

제3자의 변제가 그 성질에 의해 허용되더라도 그의 변제가 채무자의 의사에 반하여 이루어졌다면 제3자가 채무자의 본래 채무를 변제하는 데 이해관계가 없는 한 그 변제행위는 허용되지 않는다(제469조 제2항 참조). 따라서 박씨의 대변제가 제3자변제로서 허용되기 위해서는 채무자의 의사에 합치되든지 그 채무의 변제에 관해 이해관계가 있어야 한다.

a. 채무자의 의사에 반하는지 여부

채무자 강씨의 반대의사는 채권자 최씨 또는 제3자 박씨에게 표시할 필요도 없으며 제3자가 알고 있어야 할 것도 아니다. 제반사정으로부터 채무자의 반대의사가 인정될 수 있으면 충분하다(통설). 그러나 강씨가 최씨와 준소비대차를 약정하여 공사보수금 중 미수금에 대한 금전채무를 처리하려는 계획이 존재하는지를 객관적으로 인정할 수는 없었다고 볼 것이므로, 제3자 박씨에 의한 변제는 위 미수금의 변제에 대한 강씨의 의사에 반한다고 볼 수 없다. 특히 제3자의 변제는 원칙적으로 채무자를 위한 행위이므로 채무자의 의사에 반하지 않는다고 추정된다. 따라서 채무자의 의사에 반한다는 점에 대해서는 제3자변제의 무효를 주장하는 강씨가 입증해야 한다(통설).

b. 이해관계가 있는지 여부

제3자가 타인의 채무가 변제되는 데 이해관계가 있는지 여부를 결정할 기준은 무엇인가? 사실상 이해관계를[116] 가지는 데 불과한 제3자가 여기에 포함되지 않는다는 점에 대해서는 이견이 없다. 민법과 학설이 적극적으로 법률상 이해관계의 존재에 관한 명시적 기준을 제시하고 있지는 않지만, 법정대위의 요건인 변제할 정당한 이익의 존부로써 이를 파악하려는 견해가 있으며[117] 판례 역시 같은 태도를 취한다.[118] 통설에 의하면 변제할 정당한 이익이 있는 자

---

116) 예를 들어 친구사이 또는 부양의무가 없는 친족사이 등이 그렇다.
117) 곽윤직/김대휘, 민법주해, 제11권, 115쪽 이하 참고.
118) '제469조 제2항은 이해관계 없는 제3자는 채무자의 의사에 반하여 변제하지 못한다고 규정하고, 제481조는 변제할 정당한 이익이 있는 자는 변제로 당연히 채권자를 대위한다고 규정하고 있는바, 위 조항에서 말하는 이해관계 내지 변제할 정당한 이익이 있는 자는 변제를 하지 않으면 채권자로부터 집행을 받게 되거나 또는 채무자에 대한 자기의 권리를 잃게 되는 지위에 있기 때문에 변제함으로써 당연히 대위의 보호를 받아야 할 법률상 이익을 가지는 자를 말하고, 단지 사실상 이해관계를 가진 자는 제외된

로서는 '변제하지 않으면 집행을 받게 될 지위에 있는 자'와 '변제하지 않으면 채무자에 대한 자기의 권리를 상실하게 되는 자'가 이에 해당한다.[119] 그러나 민법 제469조 2항의 '법률상 이해관계'가 있는 자에는 이처럼 타인의 채무를 적극적으로 변제함으로써 자신의 법률적 지위를 소극적으로 유지할 수 있는 변제할 정당한 이익이 존재하는 자뿐만 아니라, 자신의 권리를 향유하는 데 필요한 조건을 적극적으로 형성하는 자도 포함된다고 봐야 한다(사견).[120]

그렇다면 최씨의 유치권이 박씨가 권리를 행사하는 데 법률상 장애사유가 되는가? 최씨의 공사보수금채권 역시 주택이라는 물건에 관하여 생긴 채권이라고 볼 수 있기 때문에 최씨는 그 채무의 변제를 받을 때까지 그 물건을 유치할 수 있다(제320조). 결국 위 신축 주택의 매수인이면서도 이전등기 때까지는 사용차주로서의 지위를 갖는 박씨에게는 주택의 점유를 이전받아야 하는데, 미수금채권 및 이를 담보하는 주택의 유치권이야말로 자신의 권리를 실현하는 데 법률상 장애가 된다. 따라서 유치권을 소멸시키기 위해서는 일반적으로 피담보채무를 소멸시키면 되므로 박씨는 강씨의 공사잔대금채무가 변제되는 데 이해관계가 있는 제3자에 해당한다.

또한 제3자의 이해관계가 존재한다고 추정되므로 박씨의 변제가 사회적으로 부당한 목적을 달성하기 위한 방편으로 이루어진 것이라는 점에 대한 입증은

다. (따라서) 공동저당의 목적인 물상보증인 소유의 부동산에 후순위로 소유권이전청구권 가등기가 설정되어 있는데 그 부동산에 대하여 먼저 경매가 실행되어 공동저당권자가 매각대금 전액을 배당받고 채무의 일부가 남은 사안에서 위 가등기권리자는 채무자의 의사에 반하여 그 채무 잔액을 대위변제하거나 변제공탁할 수 있는 이해관계 있는 제3자 또는 변제할 정당한 이익이 있는 자에 해당하지 않는다.'(대법원 2009.5.28. 자 2008마109 결정)

119) 전자의 예로는 ① 채무자와 함께 채무를 부담하는 공동채무자로서 불가분채무자·연대채무자·보증인·연대보증인, ② 타인을 위해 채무를 부담하는 손해담보계약자, ③ 타인의 채무에 대해 책임만을 부담하는 물상보증인, 그리고 ④ 담보물의 제3취득자를 들수 있다. 한편 후자의 예로는 후순위담보권자 또는 채무자에 대한 일반채권자가 이에 해당한다. 후자의 경우에는 변제할 정당한 이익이 있는지를 구체적으로 확인해야 하는데, 예컨대 저당부동산의 가격이 하락한 시기에 저당권의 실행으로 1번 저당권자가 모든 배당을 받게 된다면 후순위담보권자는 변제할 정당한 이익이 있는 자에 해당한다.
120) 변제할 정당한 이익의 개념보다는 넓게 해석하려는 견해로서, 곽윤직, 채권총론, 331쪽 참고.

제3자에 의한 변제의 효력을 부정하고자 하는 강씨에게 있다고 본다(통설).121)

(3) 소결

박씨로서는 강씨의 의사에 반해서 최씨에 대한 그의 채무를 변제하였는지는 결국 강씨의 입증에 달린 문제이지만, 최소한 박씨는 강씨의 채무가 변제되는지 여부와 관련하여 법률상 이해관계가 깊은 사람이므로, 강씨의 채무에 대한 박씨의 변제는 제3자의 변제로서 적법하다고 볼 수 있다.122)

2. 구상권의 취득

제3자가 타인의 채무를 변제함으로써 출연된 재산에 관해서는 타인에게 이를 구상함으로써 재산의 공백을 메울 수 있다.123) 박씨가 강씨에게 주장할 수 있는 구상권의 구체적 근거는 무엇인가? 박씨가 제3자로서 강씨의 사무를 처리할 의무를 부담하고 있지 않았기 때문에, 타인의 사무를 법률상 의무 없이 그를 위해 처리함으로써 박씨와 강씨 사이에는 사무관리가 성립되어 법정채권관계가 존재한다고 볼 수 있다(제734조).124) 특히 사무의 관리가 본인의 이익

---

121) 곽윤직, 채권총론, 331쪽; 김형배, 채권총론, 666쪽 참고.
122) 판례는 '부동산의 매수인은 그 권리실현에 장애가 되는 그 부동산에 대한 담보권 등의 권리를 소멸시키기 위하여 매도인의 채무를 대신 변제할 법률상 이해관계 있는 제3자라'고 본다(대법원 1995.3.24. 선고 94다44620 판결). 또한 위 <문제>와 유사한 사안에서 매수인 겸 임차인인 제3자의 변제를 유효하다고 보았다. 즉, 건물을 신축한 자가 건물을 매도함과 동시에 소유권이전등기 전까지 그 건물을 매수인에게 임대하기로 하였는데 그 건물의 건축공사수급인이 공사금의 일부를 지급받지 못하였다는 이유로 건물의 매수인 겸 임차인의 입주를 저지하자, 건물의 매수인 겸 임차인이 매도인에게 지급할 매매대금의 일부를 건축공사수급인에게 공사금채무의 변제조로 지급한 경우, 건물의 매수인 겸 임차인은 그 권리실현에 장애가 되는 위 수급인의 건물에 대한 유치권 등의 권리를 소멸시키기 위하여 매도인의 공사금채무를 대신 변제할 법률상 이해관계 있는 제3자이자 변제할 정당한 이익이 있는 자라고 볼 것이므로 위 변제는 공사금채무의 범위 내에서는 매도인의 의사에 반하여도 효력이 있다(대법원 1993.10.12. 선고 93다9903·9910 판결 참조).
123) 이 구상권을 확보하기 위해 제3자는 민법의 요건에 따라 채권자를 대위할 수도 있다(제481조 및 제480조 참조).
124) '변제에 의한 대위 또는 대위변제는 제3자 또는 공동채무자의 한 사람이 채무자 또는

이나 의사에 명백하게 반하는 경우에는 사무관리가 성립하지 않지만,125) 박씨의 변제에 대해 강씨가 자신의 의사에 반한 변제라는 점을 입증하는 데 성공하지 않는 한, 박씨에 의한 제3자의 변제는 사무관리로 인정된다고 볼 수 있다.126)

따라서 박씨의 구상권은 구체적으로 강씨에 대한 비용상환청구권을 그 내용으로 한다. 특히 관리자의 사무관리행위가 본인의 이익이나 의사에 합치되는 한 본인은 관리자가 지출한 필요비 또는 유익비의 전액을 상환하여야 하므로(제739조 제1항), 박씨는 강씨의 채무를 변제하는 데 소요된 공사보수 중 미수금채무의 전액에 대해 그 상환을 청구할 수 있다. 따라서 박씨가 강씨에게 구상할 수 있는 금액은 최씨에게 변제하면서 소요된 비용의 전부가 된다.

3. 상계와 그 법률효과

박씨로서는 최씨에 대한 강씨의 채무를 변제함으로써 적법하게 확보한 비용상환채권을 자동채권으로 하여 자신의 대금채무와 상계할 수 있다면, 박씨로서는 상계를 한 후에 잔존하는 대금채무를 위한 변제를 제공함으로써 그때부터 이행지체를 면할 수 있게 된다(제461조).

다른 공동채무자에 대하여 가지는 구상권의 실현을 확보하는 것을 목적으로 하는 제도이므로, 구상권이 없으면 대위는 성립하지 않는다고 할 것이고, 위와 같은 구상권 발생의 근거로는 먼저 불가분채무자, 연대채무자, 보증인, 물상보증인, 담보물의 제3취득자, 후순위 담보권자가 구상권을 가짐은 민법의 개별적 규정에 의하여 분명하고, 제3자가 채무자의 부탁으로 채무자를 위하여 변제하는 경우에는 민법 제688조 소정의 위임사무처리비용의 상환청구권에 의하여, 제3자가 사무관리에 의하여 채무자를 위하여 변제하는 경우에는 민법 제739조 소정의 사무관리비용의 상환청구권에 의하여 구상권을 취득하는 수가 있을 수 있다.'(대법원 1994.12.09. 선고 94다38106 판결 등).

125) 통설: 곽윤직, 채권각론, 414쪽(이견: 이은영, 채권각론, 669쪽 참고)
126) 판례도 같은 태도를 취한다. 즉, 연대보증인이 그 보증기간 이전의 채무에 관하여 채무변제를 하였다면 이에 관하여는 연대보증인의 변제로서의 효력이 발생하지 아니한다 하여도, 제3자의 변제는 그 자체가 채무자를 위하여 유익한 것이므로 반증이 없는 한 채무자에게 유익하고 또한 그 의사에 반하지 아니한 것으로 인정하여야 할 것이며 그 변제는 일종의 사무관리라고 보아야 할 것이므로 채무를 변제한 연대보증인은 채무자에 대하여 사무관리의 법리에 따라 동 변제액의 상환청구권이 인정된다(대법원 1961.11.9. 선고 4293민상729 판결).

상계가 효력을 갖기 위해서는 박씨가 일방적으로 상계의 의사표시를 할 수 있는 형성권을 갖춰야 하는데, 민법은 이를 상계적상이라는 개념으로 설명하고 있다. 강씨에 대한 박씨의 비용상환채권과 매도인 강씨의 매매잔금채권은 그 성질상 모두 금전채권으로서 동종의 목적을 가지며, 양 채무 모두 변제기에 들어섰으므로 상계적상의 요건이 충족되었다고 볼 수 있다(제492조). 물론 이러한 상계적상은 박씨가 상계의 의사표시를 강씨에게 행하는 당시에도 현존했다고 평가할 수 있다.

박씨가 자신의 비용상환채권을 자동채권으로 하고 강씨의 잔금채권을 수동채권으로 하여 적법하게 상계를 함으로써 강씨의 잔금채권은 비용상환채권의 금원을 공제한 나머지 금액으로 축소되었다.

4. 상계 후 나머지 금액에 관한 박씨의 변제제공과 강씨의 수령거절

상계 후의 잔대금을 강씨에게 지급한 박씨의 변제행위는 적법한가? 적법한 상계가 이루어졌기 때문에 상계 후에 남은 금원을 매매잔금지급시기에 제때 지급한 매수인 박씨의 행위는 금전채무의 적법한 현실제공(제460조 본문)이 되었다고 볼 수 있다. 따라서 매도인 강씨의 수령거절은 그 근거가 없는 행위에 지나지 않으며, 수령지체에 빠지게 된다(제400조).

III. 문제2 : 박씨의 변제자대위

1. 변제에 의해 최씨를 대위하기 위한 요건

위 <문제2>에서 강씨의 채무를 변제한 박씨가 최씨의 저당권을 대위한다고 주장하기 위해서는 그 피담보채권 및 담보권을 그대로 이전받아야 하는데, 타인의 채무를 변제한 제3자는 기존의 채무자에 대해 구상할 수 있는 범위 안에서 일정한 요건 아래 채무자에 대한 채권자의 '채권 및 이에 관한 권리'를 이전받아[127] 행사할 수 있다(제481조 및 제480조). 그러므로 변제자대위제도(또는 변제에 의한 대위제도) 아래에서는 제3자에 의한 적법한 변제로써 타인의 채무가 당연히 소멸되지 않고, 그 채무 및 이에 관한 담보의 권리 등이 제3자와 채무자 사이에 그대로 존속하게 된다. 아래에서는 변제자대위제도의 성립요건을 위 <문제2>와 관련하여 검토함으로써 강씨의 채무를 변제한 박씨가 F에 대한 최씨의 저당권을 행사할 수 있는지를 검토한다.

(1) 법정대위와 임의대위의 공통요건

채권자와 채무자 사이에 채권이 있었어야 하며,[128] 채권자의 채권이 변제대위자의 변제 또는 대물변제·공탁·상계 등의 출연행위에 의하여 만족을 얻었어야 한다. 또한 변제에 의한 대위는 결국 변제자의 구상권을 확보하기 위한 제도이므로, 변제자가 채무자에 대해 구상할 수 있어야 한다. 연대채무자나 보증인 등 공동채무자가 채무를 변제할 때 구상권을 갖는다는 데에는 개별적인 명문규정을 통해 분명하다고 볼 수 있다.[129] 그리고 구상권의 근거를 법률에서 구할 수 없는 경우에는 위임이나 사무관리에서 구하면 된다. 즉, 채무자의 부탁에 의하여 변제한 자는 위임사무처리비용의 상환청구(제688조 참조)로서, 그리고 부탁 없이 채무자를 위하여 변제한 자는 사무관리비용의 상환청구(제739조 참조)로서 구상권을 갖는다고 볼 수 있다.

위 <문제2>에서 박씨는 자신이 부담할 매매대금 가운데 일부를 가지고 공사보수잔존채무의 변제조로 최씨에게 완불하였기 때문에, 강씨의 채무를 자신이 제공한 변제로써 채권자 최씨에게 만족을 주었다고 볼 수 있다. 따라서 강씨의 채무를 변제한 행위에 관하여 강씨가 박씨에게 위임을 한 바가 없더라도, 박씨는 사무관리를 근거로써(제734조) 최씨에게 변제하면서 소요된 비용의 상환청구를 구상권의 내용으로 주장할 수 있다(제739조 제1항).

---

[127] 통설. 변제를 마친 제3자가 단지 채권자의 권리 등을 변제자의 명의로써 행사할 권한을 가질 뿐이라는 이견이 있다(이은영, 채권총론, 139쪽 참고).
[128] 채권이 존재해야 타인의 채무에 대한 제3자의 변제가 문제되기 때문이다.
[129] 예를 들어 불가분채무자(제411조), 연대채무자(제425조), 보증인(제441조 이하)의 경우가 그럴 뿐만 아니라 채무 없이 책임을 질 지위에 있는 물상보증인(제341조, 제355조, 및 제370조)이나 저당목적물의 제3취득자(제364조 및 제575조) 등의 경우도 마찬가지다.

(2) 특별요건의 필요 여부

가. 박씨는 '변제할 정당한 이익'을 가지는 제3자인가?

변제할 정당한 이익을 가지는 자는 변제에 의해 당연히 채권자를 대위하지만(제481조), 그렇지 않은 제3자의 변제에 의한 대위에는 특별요건이 필요하다(제480조). 따라서 최씨에 대한 강씨의 채무를 변제한 박씨에게 변제할 정당한 이익이 존재하는지를 검토할 필요가 있다.

원래 변제할 정당한 이익을 가지는 제3자란 타인의 채무를 감히 자신이 변제하는 데 일정한 법적 이익이 존재하는 사람을 말하며, 구체적으로 타인의 채무를 만약 자신이라도 변제하지 않으면 오히려 자신의 일반재산에 대해 집행을 받게 될 지위에 있는 사람과 변제하지 않으면 채무자에 대한 자기의 권리가 상실되는 제3자를 말한다.[130]

위(II)에서 밝혔듯이 박씨는 자신의 권리를 향유하는 데 필요한 소극조건을 제거하거나 적극조건을 형성하는 사람에 불과하기 때문에 민법 제469조가 규정하는 이해관계가 있는 제3자에 해당할 수 있을지 몰라도, 타인의 채무를 변제하는 데 정당하게 간섭할 수 있는 변제할 정당한 이익을 가진 제3자로 볼 수는 없다고 본다.

따라서 박씨의 변제에 의한 대위는 법정대위에 포섭될 수 없으므로, 임의대위의 요건을 검토함으로써 박씨에 의한 변제자대위의 근거를 마련해야 한다.

---

[130] 구체적인 예에 관해서는 기술하였음(각주 6) 참고). 특히 후자의 예로는 후순위담보권자 또는 채무자에 대한 일반채권자가 이에 해당한다. 예컨대 저당부동산의 가격이 하락한 시기에 저당권의 실행으로 1번 저당권자가 모든 배당을 받게 된다면 후순위담보권자는 담보 없는 채권자로 전락할 수 있으므로, 후순위담보권자로서는 먼저 채무자의 채무를 대위변제함으로써 선순위담보권자로 상승할 수 있기 때문이다. 또한 일반채권자는 담보권을 가진 채권자에 대한 채무자의 채무를 대위변제함으로써 담보물의 시장가격이 하락한 시기에 담보권이 실행되는 것을 막을 수 있고, 그럼으로써 채무자의 일반재산을 현상대로 유지케 할 수 있기 때문이다. 특히 이러한 경우에 '변제할 정당할 이익'이 있는지는 결국 담보물의 시장가격이 중요한 기준이 되므로 그 상황을 구체적으로 검토해야 한다.

나. 임의대위로서 박씨의 변제자대위

변제자대위제도는 타인의 채무를 변제한 제3자가 채권자의 채권 및 이에 관한 권리를 이전받아 이것들을 적법하게 행사하는 규범이므로, 특히 임의대위에서는 채권 등이 이전되기 위한 성립요건과 이전된 채권 및 권리 등을 행사하기 위한 대항요건이 구비되어야 한다.

a. 임의대위의 성립요건

비록 변제할 정당한 이익을 가지지 않는 자라 하더라도 채무자를 위해 변제한 자는 변제와 동시에 채권자의 승낙을 얻어 채권자를 대위할 수 있다(제480조). 채권자의 승낙은 채권 및 담보권을 변제자가 그로부터 이전받아 정당하게 행사할 수 있도록 하는 의사표시이므로 임의대위의 경우에 특별히 요구된다. 따라서 변제할 정당한 이익을 갖지 않는다고 평가된 박씨로서는 강씨에 대한 최씨의 채권 및 이에 관한 권리를 이전받아 행사하기 위해서는 반드시 최씨의 승낙이 있어야 한다. 공사보수잔존채무조로 제공된 박씨의 변제를 최씨가 수령한 이상 위 승낙의 의사표시를 하였다고 추정할 수 있다.

b. 임의대위에서의 대항요건

다음으로 임의대위에서는 채무자 또는 제3자의 이익을 보호하기 위해 지명채권양도의 대항요건과 그 효과에 관한 규정(제450조 이하)을 준용한다(제480조 제2항). 따라서 채권자가 변제자에 의한 임의대위를 승낙하였다고 하더라도 채무자가 이러한 사실을 채권자로부터 통지받거나 이를 승낙하지 않았다면 변제자로서는 채권자와 사이에서 상대적으로 채권 및 권리 등을 이전받았음에도 불구하고 변제자는 채무자 또는 제3자에게 대항할 수 없게 된다. 따라서 박씨가 종국적으로 임의대위를 통해 이전받은 최씨의 채권 및 그 담보권을 강씨, D 또는 F에게 적법하게 행사하기 위해서는 최씨가 자신이 승낙함으로써 임의대위가 성립되었음을 강씨에게 통지하거나 이를 강씨가 승낙하여야 한다.

특히 대위를 하고자 하는 변제자로서는 혹시 제2의 대위변제를 주장할지 모를 제3자에게 대항하기 위해서 확정일자 있는 증서에 의한 통지가 필요하다

(제450조 제2항의 준용). 여기의 제3자란 원래 채권자의 채권에 대해서 법률상 이익을 가지고 있는 사람이거나 그 채권에 대해 대위자의 지위와 병립할 수 없는 법률상 지위를 취득한 사람을 말한다. 따라서 F는 이미 저당권이 설정된 강씨 소유의 토지를 양도받은 이른바 제3취득자(제364조)에 해당하는 이상, 강씨의 채무가 변제되는지 여부에 따라 법률상 이익이 달라질 수 있는 사람이다. 만약 강씨의 위 채무가 변제되지 않은채 이행지체라도 빠지게 되면, F로서는 저당권을 행사하는 최씨로부터 자유로울 수 없기 때문이다. 결국 박씨가 임의대위를 통해 이전받은 최씨의 저당권을 제3취득자 F에게 주장하기 위해서는 임의대위에 의한 채권 및 저당권의 이전을 채무자 강씨에게 확정일자 있는 증서로써 통지하여야 한다.

c. 민법 제480조 제2항의 문제 여부

F가 저당목적물의 제3취득자이므로 박씨가 최씨를 적법하게 대위하기 위하여 과연 저당권의 등기에 그 대위를 부기하여야 하는가? 원래 동일 채권에 관해 법정대위를 할 수 있는 사람이 여럿인 경우에 각자의 구상권을 공평하게 관철하기 위해서 민법은 대위의 순서와 그 비율을 자세하게 정하고 있다.[131]

그러나 위 <문제2>에서는 박씨가 임의변제대위자이어서 이미 위의 성립요건 및 대항요건을 갖추면서 최씨를 대위함으로써 발생할 수 있는 항변의 문제를 해결하였기 때문에 민법 제482조 2항 제1호에서 요구하는 부기등기는 필요하지 않다고 생각한다.

---

131) 특히 보증인이 변제한 때에 저당물에 대한 권리를 취득한 제3자에 대해 채권자를 대위하기 위해서는 보증인이 변제를 한 후 제3취득자의 취득 이전에 미리 저당권에 대위를 부기하여야 한다(제482조 제2항 제1호). 만약 이론적으로 민법 제482조 2항 제1호가 유추될 수 있다고 하더라도, 박씨가 임의변제대위를 한 시기는 이미 F가 근저당물을 강씨로부터 취득하여 이전등기를 마친 후이므로 미리 부기등기를 할 실체적 이유조차 존재하지 않는다.

2. 임의변제대위에 따른 법률효과

(1) 박씨와 F의 법률관계

변제대위자는 채무자에 대해 행사할 수 있는 채권의 범위 안에서 저당권을 행사할 수 있다. 따라서 박씨는 최씨에 대한 강씨의 공사보수잔금채무를 변제하는 데 소요된 비용의 범위 안에서 저당권을 행사할 수 있다. 그러나 박씨가 F의 소유물에 대해 실제로 저당권을 실행하기 위해서는 박씨에게 마찬가지로 이전된 강씨의 공사보수잔존채무가 이행지체에 빠져야 한다.

(2) 최씨와 박씨의 관계

채권자는 변제대위자에 대하여 그가 대위한 권리의 행사를 용이하게 해줄 의무를 부담하므로(제484조 제1항), 강씨는 박씨가 저당권을 주장하거나 행사하는 데 협력하여야 한다.

◎ 연습문제

<연습 12-1> 만수는 철수를 채무자로 하는 2억 원의 금전채권을 무조건 1억 원에 넘기라고 위협하는 영희의 협박에 못 이겨 채권양도에 합의하고 그 채권증서를 영희에게 인도하였다. 며칠 후 만수가 강박을 이유로써 위 채권양도약정을 취소하였음에도 불구하고 채권증서를 반환하지 않던 영희가 위 금전채권의 변제기에 이르러 철수에게 채권증서를 제시하면서 2억 원의 지급을 청구하였다. 만약 철수의 변제로 말미암아 위 금전채권이 소멸되기 위한 요건을 통설에 따라 설명하라. (논점 : 채권의 준점유자에 대한 변제)

<연습 12-2> 영희로부터 연 12%의 이자를 원금 상환할 때 한꺼번에 주기로 하고 1,000만원을 1년간 빌린 은희가 3개월이나 남은 원금의 변제만기일이 도래한 줄 알고 영희에게 이자 120만원과 원금을 온라인으로 송금하였다. 마침 영희는 K은행에 대해 부담하고 있던 채무의 변제를 위해 이 원리금 1,200만원을 사용하였다. 당시 시중의 이자율은 매우 상승하여 평균 24%에 이르렀다고 한다. 이 변제와 관련하여 은희가 자신의 채무에 대한 변제기를 착오하였음을 주장한다. 이와 관련하여 강 변호사는 변제했던 원금 1,000만원의 반환을 청구할 수 있다고 조언하고, 최 변호사는 위 변제로 말미암아 영희가 부당하게 취득한 이익의 반환만 청구할 수 있을 뿐이라고 조언한다. 누구의 주장이 타당한가? (논점 : 변제기에 대한 착각과 부당이득의 문제)

<연습 12-3> 친구 만수가 H은행으로부터 1억 원을 빌리는 데 보증채무를 부담하게 된 철수는 위 금전채무에 대한 이행기가 지나도 만수가 임의변제를 하지 않아 H은행이 자신에게 보증채무의 이행을 청구하자, 철수는 직접 H은행에 대해 변제조로 1억 원 및 지연이자를 지급하였다. 또한 만수는 위 1억 원을 차용하면서 그 담보조로 이미 자신 소유의 주택에 대해 저당권을 설정해 준 상태이었다고 한다. 한편 대위변제한 철수가 H은행을 대위하여 만수를 상대로 1억 원과 그 지

연이자를 합한 금액의 지급을 청구하였으나 그가 임의변제를 하지 않을 경우에 철수로서는 적법한 변제대위자로서 위 저당권을 실행할 수 있다고 한다. 그럼 여기에 등장하는 철수와 동일한 법률적 지위를 갖는 사람을 아는 대로 열거하시오. (논점 : 법정대위의 요건으로서 '변제할 정당한 이익을 가진 자'의 사례)

　　<연습 12-4> 강씨가 K로부터 1억 원을 빌리는 데 연대보증을 선 윤씨는 위 금전채무에 대한 이행기가 지나도 강씨가 스스로 변제를 하지 않아 같은 날 K가 자신에게 보증채무의 이행을 청구하자, 윤씨는 직접 K에게 변제조로 1억 원을 제때 지급하였다. 또한 강씨는 위 1억 원을 차용하면서 그 담보조로 이미 자신 소유의 주택에 대해 저당권을 설정해 준 상태이었다. 윤씨의 대위변제 후 강씨는 K에게 저당권을 설정해 주었던 자신 소유의 주택을 적당한 가격에 박씨에게 매각하고 이전등기를 마쳤다고 한다. 한편 대위변제한 윤씨가 K를 대위하여 강씨를 상대로 1억 원의 지급을 청구하였으나 그가 임의변제를 하지 않자, 박씨 소유의 주택에 대해 저당권을 실행하기 위한 경매를 신청하였다. 이에 대해 박씨가 저당권의 부존재를 이유로써 법원의 경매개시결정에 대해 이의를 신청하였다. 박씨의 이의신청은 인용될 수 있는가? (논점 : 법정대위자 사이의 대위순서와 그 요건)

<참고문헌>(가나다 순)

곽윤직, 채권각론(신정수정판), 박영사, 2000
곽윤직, 채권총론(신정수정판), 박영사, 1999
김형배, 채권각론(계약법), 신정판, 박영사, 2001
김형배, 채권총론(제2판), 박영사, 1998
이은영, 채권각론(제3판), 박영사, 2000
이은영, 채권총론(개정판), 박영사, 1999

제13장 불완전이행과 담보책임

문제

강씨는 최근에 사용하지 않던 자신 소유의 pc를 최씨에게 100만원에 파는 계약을 체결한 후, 1주일 뒤에 인도할 것에 대비하여 본체에 쌓여 있던 먼지를 제거하였을 뿐만 아니라 하드디스크에 저장되어 있던 자신의 자료를 외장하드디스크에 모두 옮겼다. 그런데 위 계약을 체결하면서 강씨는 최씨로부터 자신은 이 pc를 구입하여 디지털영상자료를 편집할 예정이라고 몇 번이나 강조하였고, 강씨 역시 잘 알았다고 대답하였다. 한편 이행기에 이르자 강씨는 약속대로 위 pc를 최씨의 주택에서 인도하고 대금 100만원을 수령하였다. 디지털영상물을 창작하고 편집하는 작업을 하던 최씨는 그림과 소리를 재생하는 기능이 전혀 이루어지지 않자, 전문가에게 출장을 요청하여 pc의 진단을 부탁하였는데 그림과 소리를 재생시키는 카드가 거의 파손상태라는 진단을 받았을 뿐만 아니라 최근 작업하던 디지털영상자료 역시 복구가 불가능하다는 말을 들었다. 이런 상태로서는 자신의 영상작업을 할 수 없다고 주장하면서 강씨에 대해 위 계약을 해제한 후 pc를 반환하면서 대금 100만원의 상환을 청구함과 동시에 손해배상을 청구하였다. 최씨에 의하면 손해배상의 항목으로는 전문가의 출장비용 5만원 및 디지털영상자료의 손실분 500만원이었다. 최씨가 주장하는 해제와 손해배상의 청구가 인용될 수 있는지를 검토하라. 나중에 밝혀진 바에 따르면, 그림과 소리를 재생하는 카드는 위 계약이 체결되기 전부터 이미 파손된 상태였다고 한다.

 풀이

I. 논점

강씨에게 주장한 매수인 최씨의 청구취지는 위 매매계약의 해제와 그 효과로서 발생하는 원상회복을 비롯하여, 강씨가 위 계약의무를 완벽하게 이행하지 않음으로써 생긴 손해의 배상이다. 최씨의 해제가 인용되기 위해서는 형성권으로서의 해제권이 그에게 적법하게 발생하여야 하는데 위 <문제>에서 약정해제권의 유보를 정한 바 없으므로 법률규정에 의한 해제권을 검토해야 한다. 해제권의 법적 근거로서는 채무불이행을 원인으로 하는 법정해제권이 그 원인의 유형에 맞게 일반조항이 입법되어 있으며, 또한 각 계약의 성질에 따라 담보책임의 내용으로서 특수한 해제권이 마련되어 있는데 특히 강씨는 특정물의 매도인이므로 이와 관련한 해제권의 원인을 검토하여야 한다. 한편 최씨는 매도인 강씨가 계약의 내용에 맞게 이행하지 않은 데에 대한 책임으로서 손해배상을 청구하고 있기 때문에 손해배상청구의 원인은 계약에서의 의무위반 내지 채무불이행에서 구해야 한다. 계약법에서 매도인이 부담하는 손해배상책임 역시 일반조항으로서 민법 제390조가 마련되어 있지만, 각 계약의 성질에 따라 담보책임의 내용으로서 손해배상의무가 마련되어 있다.

특히 최씨는 해제의 효과와 손해배상의 청구에 관하여 강씨의 계약위반을 그 원인으로서 제시하고 있다. 따라서 아래에서는 위 계약의 성질을 고려하여 강씨의 계약위반 여부 및 그 성질을 파악한 후, 이에 관한 계약법의 책임체계 안에서 해제의 효과와 손해배상 및 그 범위가 인용될 수 있는지를 검토한다.

II. 특정물매도인으로서 강씨의 급부의무

pc의 인도를 계약의 내용으로 하는 강씨와 최씨 사이의 매매계약(민법 제563조 참조)은 특정물매매의 성질을 갖는다. 채무자는 특정물을 상대방에게 실제로 인도할 때까지 선관주의의무를 다해야 하며(제374조 참조), 채무자는 이행기의 현상대로 특정물을 인도하면 된다(제462조). 따라서 자신이 소유하던 pc라는 특정물의 인도급부를 실현해야 하는 채무자 강씨로서는 계약이 효력을 가질 때부터 채무의 내용에 맞는 변제를 최씨에게 제공할 때까지 선량한 관리자의 주의를 다한 후 이행기 그대로 목적물을 인도하면 된다. 다시 말해서 채무자는 선관주의의무를 다하여 목적물을 보존한 후에 그 물건을 인도할 때의 현상 그대로 인도하면 자신의 변제제공을 마쳤다고 평가받는다(이른바 '특정물도그마'). 따라서 특정물채권의 성립 당시에 존재하던 목적물의 현상과 인도할 때의 현상 사이에 불일치가 존재하더라도 채무자가 선량한 관리자의 주의의무를 다했음을 입증하는 데 성공하는 한(통설), 강씨가 채무를 불이행하였다고 평가할 수는 없다(제390조 참조).

특히 통설은 특정물도그마라는 관념 아래에서 이러한 불이행책임의 면제라는 결과의 특혜는 특정물이라는 물건의 주관적 속성 때문에 어쩔 수 없다고 한다. 이런 이론적 배려는 특정물채무에 있어서만 인정할 수 있는 규범논리이며, 계약목적이 달성되지 않았음을 이유로써 계약관계를 해소하려는 길을 처음부터 막는 역할을 하고 있다. 문제는 이 논리가 계약체결 이전부터 존재하던 '숨은 원시적 하자'로 인해 인도된 특정물의 완성도에 시비가 걸리더라도 매도인이 선관주의의무를 다했다면 특정물의 하자를 이유로써 매도인의 채무불이행책임을 물을 수는 없다는 논리로 확대되는 데 있다. 그러나 이러한 논리의 확대는 그 특정물에 내재한 원시적 하자로 인해 계약의 목적을 달성하는 데 실패한 매수인에게는 규범적 설득력이 없다고 봐야 한다.

III. 급부의무의 불완전이행과 그 평가

1. 변제가 되었다고 평가하는 학설

(1) 불완전이행책임과 담보책임에서 적용영역의 분리

학설 가운데 종래의 통설은 특정물도그마의 관념 아래에서 불완전이행책임의 적용 여부를 매도인이 부담하는 의무의 체계에 따라 달리 파악한다.[132] 먼저 급부의무와 관련해서는 매도인이 이를 이행하든지 아니면 불이행한 경우만 있을 뿐이라고 본다. 매도인이 급부의무를 이행한 이상, 그 목적물인 특정물에 하자가 숨어 있는지 여부와 관계없이 채무불이행책임을 물을 수 없다고 한다.

---

132) 김기선, 한국채권법각론(제3전정판), 법문사, 1988, 133쪽; 김현태, (신고)채권각론, 일조각, 1969, 117쪽 등. '매도인의 담보책임은 그 본질에 있어서 채무불이행에 대한 책임에 지나지 않으나 연혁적 이유로 말미암아 결국 법정책임으로 되었다'고 보는 견해(곽윤직, 채권각론, 166쪽 이하 참고)도 같은 생각이라고 본다.

다시 말해서 이행지체나 이행불능 등 소극적 이행이 있는 경우에만 급부의무에 관한 채무불이행책임이 가능하다고 이해한다. 따라서 급부의무의 불완전이행은 책임법의 이론으로 구성할 수 없는 개념이므로 그 자체로써 변제가 완료되었다고 평가하고, 다만 급부의무의 유상성과 반대급부의무의 유상성 사이에 존재하는 불균형을 사후적으로 치유하는 무과실의 법정책임으로서 담보책임을 설정할 수 있다고 이해한다. 결국 종래의 통설은 급부의무가 이행되었다고 하더라도 설명의무, 정보제공의무 혹은 안전배려의무 등과 같은 급부의무 이외의 용태의무 혹은 부수적 의무를 이행하지 않을 경우에만 비로소 매도인은 불완전이행책임으로부터 자유로울 수 없다고 이해한다. 이렇듯 종래의 통설은 특정물채무에서 매도인은 불완전이행책임을 부담하는 의무체계와 담보책임만을 적용받는 의무체계를 확연히 구별한다.

(2) 불완전이행책임과 담보책임의 성질을 구별하는 견해에 대한 비판

매도인의 담보책임을 무과실의 법정책임이라고 이해하는 종래의 통설은 이른바 특정물도그마의 논리적 확대에 지나지 않는다. 즉, 특정물을 인도하는 채무에서 특정물을 이행기의 현상대로 인도하면 그 목적물에 하자가 있더라도 선량한 관리자의 주의를 다한 이상 특정물의 인도로써 이행행위는 종료되므로 물건의 하자에 대한 매도인의 책임은 채무불이행책임이 아니라 법정책임에 속하는 것이라고 한다. 다시 말해서 특정물에 대한 매도인의 담보책임은 목적물의 원시적 일부하자 내지 일부불능으로 인해 매매계약이 일부무효가 되는 데에 대한 책임이라고 이해하는 것이다. 결국 비록 일부무효의 사유가 존재하더라도 언제나 잔존하는 계약만으로 유효하다고 하는 종래 통설의 주장은 일부무효의 법리(제137조 참조)에 반하고, 결과적으로 계약의 내용에 맞게 완전한 목적물을 인도해야 하는 매도인이 비록 하자있는 특정물을 인도하더라도 하자 없는 이행행위가 된다는 모순에[133] 빠지게 된다.

이러한 이론의 모순은 종래의 통설이 매도인의 급부의무를 잘못 이해한 데

---

133) 김형배, 채권각론, 319쪽 이하 참고.

에서 기인한다고 생각한다. 종래의 통설에 따른다면, 특정물채무의 내용은 다름 아니라 특정물 그 자체의 인도라고 하는 외적 행위의 존부에 있게 된다. 따라서 특정물의 매도인은 계약체결 당시에 목적물에 존재하는 일반적 성질 또는 마땅히 갖추어야 할 성질에 대해서까지 보증하지 않는다고 이해한다. 특정물의 성질은 선량한 관리자의 주의를 다한 끝에 결국 이행당시에 존재하는 객관적 모습 그 자체일 뿐이며, 계약체결 당시의 주관(主觀)에 의해서 결정되는 대상은 기준이 아니라고 하는 계약관념의 편향을 갖고 있다. 그렇다면 변제되었다는 평가에도 불구하고 매도인은 도대체 무슨 이유로 2차적 계약책임을 부담하는가? 약속 내지 의사(意思)의 가치가 아닌 실제 속의 가치로써 그 근거를 마련하여야 할 것이다. 왜냐하면 매도인으로서는 계약내용 밖의 이유에 의하여 책임을 부담하게 되므로 더욱이 법정책임설에서는 채무불이행책임설의 경우와는 달리 의사이론의 논리에 의한 설명조차 어렵기 때문이다.134)

한편 민법이 전제하는 매도인의 급부의무는 완전한 재산권에 대한 이전의 무인데, 급부의 대상이 종류물의 인도나 특정물의 인도에 따라 달라지지 않는다. 종류물의 매도인이 언제나 완전물인도의무를 부담한다는 데 이견이 없듯이 (제581조 제2항 참조), 특정물의 매도인도 매수인이 출연하는 대금과 동일한 대가적 가치를 가진 물건을 인도할 채무를 부담한다고 봐야 한다. 결국 이러한 비판적 인식에 따르면, 정상적인 pc에 늘 구비되어 있어야 하는 그림 및 소리의 재생장치가 고장 난 pc의 인도로써 변제를 제공하는 데 만족한 강씨의 행위는 전형적인 불완전이행으로서 자신에게 귀책사유가 없음을 항변하는 데 성공하지 못하는 한 그는 채무불이행책임(제390조)을 면할 수 없다고 봐야 한다.

2. 아직 변제가 되지 않았다고 평가하는 학설

(1) 계약책임에 대한 일원론적 관점

특정물도그마의 관념에 빠져 불완전이행의 현상을 적법한 변제행위로 파악

---

134) 고영남, 계약규범의 재구조화를 위한 가치다양성: 민주주의와 인권의 관점에서, 저스티스, 제146권 제3호, 2015, 335쪽 이하 참고.

함으로써 불완전이행책임이 적용되는 영역을 부수적 의무위반에 한정하는 종래의 통설과 달리, 급부의무의 불완전한 이행을 계약에 반하는 채무자의 행위로 평가하고 그에게 채무불이행책임을 물 수 있다는 견해가 주장된다.[135] 이 견해는 종래의 통설과는 두 측면에서 다른 사고를 전제하고 있다. 먼저 불완전이행에 의한 채무불이행책임이 발생할 수 있는 영역을 담보책임의 적용영역과 구별하지 않는 점이 다르다. 이 견해에 의하면 불완전이행책임은 부수적 의무위반의 경우뿐만 아니라 급부의무를 위반할 때에도 발생한다고 본다. 따라서 불완전한 급부의무의 이행은 적법한 변제행위가 아니라, 채무불이행책임이 부가될 수 있는 원인으로서 불완전이행이 된다.

또한 이 견해는 특정물채무에서 적법한 현실제공(제460조 참조)을 해야 하는 매도인의 변제에 대해 확연히 다른 태도를 취한다. 이 견해에 의하면, 특정물의 인도를 부담하는 채무자도 종류물의 매도인과 마찬가지로 하자 없는 완전한 상태의 목적물을 상대방에게 인도할 채무를 부담한다고 이해한다. 따라서 특정물에 하자가 있는 이상, 하자가 있는 그 특정물을 인도할 때까지 매도인이 선량한 관리자의 주의를 다했다고 하더라도 급부의무의 불완전이행에 지나지 않으며 결국 특정물매도인으로서는 채무불이행책임으로부터 자유로울 수 없다.

매도인 강씨가 매매계약의 체결 이후 최씨에게 pc를 인도할 때까지 선량한 관리자의 주의를 다했음을 입증하는 데 성공하더라도, 강씨는 완전한 상태의 pc를 상대방에게 인도해야 할 급부의무를 부담하기 때문에 그림과 소리를 재생시키는 기계장치가 고장 난 pc를 인도한 이상 그는 급부의무를 불완전하게 이행한 셈이고 결국 불완전이행에 대한 계약책임으로부터 자유로울 수 없다(제390조).

(2) 채무불이행책임의 특칙으로서 담보책임

급부의무의 불완전한 이행이나 부수적 의무의 위반을 채무불이행의 한 유형인 불완전이행으로 파악하는 한, 민법 아래에서는 계약책임을 적용하는 데

---

[135] 김형배, 채권총론, 224쪽 이하 참고.

규범의 중첩이 발생한다. 특히 채무자의 급부의무가 매도인의 재산권이전의무에 해당할 때에는 채무불이행책임(제390조)과 담보책임(제570조 이하)이 충돌한다.136) 위 견해에서는 이런 규범중첩현상을 해결하기 위한 이론적 대안을 제출하는데, 담보책임을 채무불이행책임의 특칙으로 이해하는 방식137)이 바로 그것이다. 이 견해 아래에서는 이제 담보책임의 성질을 채무불이행에서 구하기 때문에 학설사적으로 일반적으로 채무불이행책임설이라고 부른다. 그러나 이 학설에 관해서도 국내에서 매도인의 귀책사유와 관련하여 그 특칙의 의미를 둘러싸고 견해의 대립이 있다.

가. 제1설

채무불이행책임설을 지지하는 견해에 의하면, 특정물매매의 하자담보책임에 대한 민법 제580조는 채무불이행책임의 규정인 제390조에 대한 '특칙'이므로 일반규정에 기초한 손해배상청구권(제390조)과 법정해제권(제543조 이하)은 배제된다고 한다.138) 이 견해에 의하게 되면 특정물의 하자로 인한 계약책임에서 해제권과 손해배상청구권을 행사하는 경우 매수인은 언제나 담보책임에서 근거를 구하여야 한다. 다시 말해서 매도인이 급부의무를 이행하는 데 자신에게 귀책사유가 없음을 입증하는 데 실패하더라도, 매수인은 불완전이행책임의 특칙인 담보책임을 주장해야 한다.

위 <문제>에서 강씨는 자신이 인도한 pc에 숨어 있던 하자에 대해 자신에게 귀책사유가 없음을 입증하는 데 비록 실패하더라도, 매수인 최씨로서는 채무불이행책임의 특칙인 민법 제580조를 근거로써 계약의 해제 또는 손해배상을 청구할 수 있다고 봐야 한다.

---

136) 따라서 급부의무와 관련해서는 이행지체나 이행불능이라는 채무불이행유형이 문제될 뿐이고 불완전이행이라는 채무불이행유형이 문제되지 않는다는 종래의 통설에 의할 때에는 이러한 규범의 중첩이 생길 수 없다.
137) 김형배, 채권각론, 321쪽 이하; 이은영, 채권각론, 309쪽 참고.
138) 김대정, "채무불이행책임설에 의한 하자담보책임상의 재구성", 민사법학, 제9·10호, 1993, 269쪽 참고.

나. 제2설

하자에 대한 매도인의 귀책사유의 유무를 불문하고 하자있는 목적물을 인도한 행위에 대해 계약위반 내지 채무불이행이라는 광의의 개념에 포섭한 후, 매도인의 담보책임에 관한 규정은 채무불이행책임의 특칙으로서 지위를 갖지만 매도인의 귀책사유를 전제하지 않는 무과실의 계약책임이라는 체계를 견지하는 견해이다.[139] 그러므로 매도인의 담보책임은 하자있는 불완전한 이행을 했다는 의미에서 광의의 불완전이행에 속하지만, 매도인의 귀책사유가 인용되는 한 그 적용은 배제된다고 본다. 결국 채무불이행책임설의 논지에 따라 담보책임의 규정을 특칙으로 보는 의도는 매도인에게 과실이 없어도 매도인의 책임을 특별히 인정하는 규정이라는 의미이지, 특별규정의 존재 자체만으로써 일반규정의 적용을 배제한다는 뜻이 아니라고 한다. 이렇듯 제2설이 귀책사유에 의한 좁은 의미의 채무불이행책임과 무과실의 담보책임을 다 같이 광의의 채무불이행책임의 체계 속에서 통일적으로 이해하는 논거는 두 책임체계가 계약에 의하여 약정된 채무를 위반함으로써 비로소 발생된 책임이라는 데 있다.[140]

위 <문제>에서 pc의 하자와 관련하여 강씨가 자신에게 귀책사유가 없음을 입증하는 데 실패하는 한 최씨는 채무불이행책임을 정한 일반조항(제543조 이하 및 제390조 이하)이 적용되고,[141] 비록 강씨가 그 입증에 성공하더라도 최씨는 매도인의 담보책임규정(제580조)에 의해 해제 및 손해배상을 청구할 수 있다.

---

139) 김형배, 채권각론, 322쪽 이하 참고.
140) 민법 제570조와 관련된 사례이긴 하나 판례도 같은 태도를 취한다. 즉, '타인의 권리를 매매의 목적으로 한 경우에 그 권리를 취득하여 매수인에게 이전하여야 할 매도인의 의무가 매도인의 귀책사유로 인하여 이행불능이 되었다면 매수인이 매도인의 담보책임에 관한 민법 제570조 단서의 규정에 의해 손해배상을 청구할 수 없다 하더라도 채무불이행책임의 일반규정(§§546, 390)에 좇아서 계약을 해제하고 손해배상을 청구할 수 있다.'(대법원 1993.11.23. 선고 93다37328 판결 참조)
141) 판례는 입증부담을 달리 보고 있다. 즉, '매매계약당시 그 토지의 소유권이 매도인에 속하지 아니함을 알고 있던 매수인은 매도인에 대하여 그 이행불능을 원인으로 손해배상을 청구할 수 없고 다만 그 이행불능이 매도인의 귀책사유로 인하여 이루어진 것인 때에 한하여 그 손해배상을 청구할 수 있는 것이므로 그 이행불능이 매도인의 귀책사유로 인한 것인가는 매수인이 입증해야 한다.'(대법원 1970.12.29. 선고 70다2449 판결)

(3) 비판

매도인이 지는 담보책임의 성질을 채무불이행책임으로 이해하는 견해를 의사이론의 논리에 따라 검토하면, 그 책임의 내용은 당초 성립된 계약의 내용대로 변제되지 않은 데 있으므로 계약을 위반하거나 채무를 불이행할 경우 그런 책임을 지겠다는 의사에 의거한 책임의 속성을 갖는다고 볼 것이다. 하지만 그런 '책임부담의 의사(意思)'는 해석이나 의제의 결과일 뿐, 당사자 사이의 실제 속 가치는 결코 아니다. 오히려 매수인으로부터 대금을 수령하거나 수령할 예정인 매도인이 그만큼의 이득을 보았기 때문에 매도인으로서도 매수인에게 그에 상당하는 이득을 확보해주어야 하는 것이다.

결국, 의사의 합치로써 형성된 계약의 내용이 당사자의 변제제공과 상대방의 수령으로써 그 목적이 완성되었다고 규범적으로 평가하더라도 이는 어디까지나 형식논리에 그치고 계약관계의 실제와는 일치하지 않을 수 있으며, 불일치만큼의 이득이 존재하는 한 매도인은 그 책임을 지게 되는 것이다. 요컨대 매도인의 담보책임에서도 그 규범의 근거는 단순히 당사자의 약속 내지 의사에서 구할 수 없고 실제 속의 가치로서 이득에서 구할 수밖에 없음을 알 수 있다.[142]

IV. 특정물매도인으로서 강씨의 계약책임

1. 변제가 되었다고 평가하는 학설에서 본 담보책임

(1) 담보책임의 성립에 관한 검토

가. 법적 기초

하자있는 pc의 인도를 한 강씨의 행위에 대해 적법한 변제제공이라고 평가하는 학설에서는 쌍무·유상계약의 양 당사자에게 발생한 재산출연에서의 불

---

[142] 고영남, "계약규범의 재구조화를 위한 가치다양성: 민주주의와 인권의 관점에서", 저스티스, 제146권 제3호, 2015, 335쪽 이하 참고.

균형을 공평하게 회복시킬 필요가 존재한다고 하고, 그 불균형을 시정하기 위하여 법률이 특별히 매도인에게 무과실책임으로서의 담보책임을 부과할 뿐이라고 이해한다. 그러므로 이 학설에서는 계약의무의 위반에 대한 채무불이행책임과 변제 후의 담보책임이 계약책임의 체계 속에 별개의 원인에 기초하여 공존(共存)하게 된다. 결국 급부의무가 이행지체 내지 이행불능에 빠져 매도인이 급부의무의 이행에 소극적일 때 비로소 채무불이행책임을 지게 되므로, 담보책임의 법적 기초는 다름 아니라 매도인의 급부의무가 변제됨으로써 이행의 효과가 발생하였다는 데 있다. 따라서 담보책임의 법적 근거는 계약이 아닌 법률에 있음이 분명하다(=법정책임설).

나. 담보책임의 법률근거

a. 하자의 종류와 판단시기

강씨가 사용하던 그의 소유 pc를 매매하는 법률관계에서 하자(瑕疵)가 존재한다는 것은 정상적인 pc의 경우 보통 갖추고 있어야 할 품질 내지 성능이 위 목적물에 결여되어 있는 법적 상태를 말한다(=객관적 하자). pc에 필수적인 그림 및 소리의 재생이 관련된 기계장치의 손실로 인해 그 기능이 결여된 이상, 강씨가 제공한 pc에는 물건의 하자가 존재한다고 볼 수 있다.

더욱이 이 경우에 적용될 수 있는 담보책임규정은 물건의 숨은 하자에 대한 대가적 회복을 담보책임의 내용으로 하기 때문에 계약체결시를 기준으로 원시적으로 존재하는 하자에 한하여 담보책임이 성립할 수 있다. 최씨가 주장한 pc의 하자는 이미 매매계약 당시에 존재하고 있던 원시적 하자이므로 이를 대가적으로 회복하기 위한 담보책임이 성립하는 데 문제는 없다.

b. 법률의 근거

약정된 물건이 통상 지녀야 할 성능이 결여됨으로써 나타나는 물건의 하자를 이유로써 매도인이 부담하게 될 담보책임은 그 물건이 특정물이었는지 아니면 종류물이었는지에 따라 그 법률근거를 달리한다. 매매계약의 대상이 된 강씨 소유의 pc는 강씨가 줄곧 사용하던 물건을 매매의 목적물로 계약체결 당시부터 지정되었으므로 특정물이라고 할 수 있다. 따라서 강씨는 특정물매매에서의 매도인으로서 민법 제580조의 담보책임을 부담하게 된다.

(2) 담보책임의 내용

가. 해제와 그 효과로서 원상회복의무

a. 해제권의 발생

선의의 매수인이 목적물의 하자 때문에 계약의 목적을 달성할 수 없을 때에는 계약을 해제할 수 있다(제580조 및 제575조 제1항).[143] 해제의 의사표시에 의해 해제권이 행사되며, 해제의 효과로 인해 매매관계는 청산된다.

매수인이 민법 제580조 제1항에 기한 해제권을 행사하기 위해서는 두 요건이 충족되어야 한다. 먼저 매수인 최씨가 선의·무과실이어야 한다. 목적물 pc에 숨어 있던 원시적 하자에 대해 최씨가 이를 구매할 당시에 알 수 없는 데 과실이 없어야 한다. 매수인의 악의 또는 과실의 존재에 대해서는 매도인이 주장·입증해야 하므로, 강씨는 자신이 인도한 pc에 하자가 있었다는 사실에 대해 최씨가 알고 있었거나 모른 데 과실이 있었음을 입증하는 데 성공하지 않는 한, 매수인 최씨는 담보책임을 강씨에게 주장할 수 있다.

다음 요건으로서 물건의 하자로 인해 최씨가 계약의 목적을 달성할 수 없어야 한다. 최씨는 강씨로부터 구매한 pc를 이용하여 자신의 디지털영상자료를

---

[143] 매도인의 담보책임에 관한 법률근거를 정확하게 구하기 위해서는 민법 제570조 이하에서 규정하고 있는 하자의 종류, 담보책임의 내용과 종류, 그리고 매매목적물의 하자에 대한 매수인의 선의 여부를 검토하여야 한다. 결국 민법이 규정하고 있는 담보책임의 내용은 위의 요소들을 기초로 다음과 같은 원리에 의하여 구성된다. 첫째, 하자의 종류(성질)에 따라 책임의 종류(내용)가 결정된다. 1차적으로 매매에서의 하자가 권리에 관한 것인가 또는 물건 자체에 관한 것인가를 물은 다음, 그 하자가 민법 제570조 이하의 어느 규정에 해당하는 것인가를 확인하여야 한다. 둘째, 매수인이 매매계약당시에 목적물의 하자를 알고 있었을 때(악의)에는 손해배상을 청구할 수 없다. 왜냐하면 목적물의 하자를 이미 알고 있었던 매수인은 그로 인하여 발생할지도 모를 장래의 손해에 대하여 미리 대비할 수 있었던 것으로 전제되기 때문이다. 따라서 목적물의 하자로 인하여 손해를 입은 경우에 배상을 청구할 수 있는 매수인은 원칙적으로 선의의 매수인에게 한정된다.

편집하는 작업을 할 예정이었으나, 구매한 pc의 일부 기계가 파손되면서 그림과 소리를 재생할 수 있는 기능이 결여되었기 때문에 매수인 최씨로서는 매매계약의 목적을 달성할 수 없게 되었다.

결국, 최씨로서는 그 존재를 알 수 없었던 pc의 숨은 하자로 인해 계약을 목적을 달성할 수 없게 되었으므로 담보책임의 내용으로서 위 매매의 해제권을 강씨에게 행사할 수 있다.

b. 해제의 효과로서 원상회복의무

최씨의 적법한 해제로 말미암아 양 당사자는 원상회복의무를 지게 된다(제548조 제1항 본문). 매수인으로서 pc를 인도받아 점유하던 최씨는 pc의 점유를 다시 강씨에게 회복시켜야 하며 매도인 강씨는 이미 변제받은 대금 100만원을 최씨에게 회복시켜야 한다. 그러나 양 당사자의 원상회복의무는 동시이행의 관계에 있기 때문에(제549조 및 제536조 참조),[144] 최씨가 매매의 해제를 주장하며 그 효과로서 주장한 대금의 원상회복청구가 인용되기 위해서는 원상회복을 위한 pc의 반환이라는 급부를 동시에 제공하여야 한다. 따라서 최씨가 pc를 강씨에게 반환함과 동시에 청구한 대금의 원상회복은 인용되어야 한다.

나. 손해배상의 청구와 그 범위

a. 출장비용

담보책임을 지게 된 매도인은 하자가 없는 목적물에 대해서 매매계약이 성립하였다고 매수인이 믿게 됨으로써 발생된 이익(=신뢰이익)을 배상하여야 한다. 따라서 계약이 그 효력에 따라 양 당사자가 자신들의 채무를 이행함으로써 달성하고자 했던 계약의 목적이 좌초되면서 발생한 비용은 신뢰이익의 이름으

---

[144] 담보책임을 법정책임으로 이해하는 종래의 통설과 동일한 계약법이론에 서있는 직접효과설에 따르면 원상회복의무는 부당이득반환의무의 특칙으로서의 성질을 지니기 때문에 쌍무계약관계에 적용되는 동시이행의 항변권은 해제 후의 당사자들에게는 적용될 여지가 없게 된다. 그래서 이 학설에서는 원상회복의무자 사이에 동시이행의 관계가 성립하는 것은 단지 '양 당사자 사이의 공평'을 기하기 위함이라고 한다(곽윤직, 채권각론, 129쪽 참고).

로 배상되어야 한다. 결국 강씨는 상대방과의 매매계약이 차라리 체결되지 않았으면 발생하지 않았을 비용에 해당하는 전문가출장비용 5만원을 배상하여야 한다.

b. 영상자료의 손실분

담보책임을 법정책임으로 이해하는 학설에서도 물건의 하자로 인해 확대된 손해의 배상에 관해서는 그 근거를 제시하는 데 이견이 존재한다. 담보책임에 관한 민법 제580조를 확대하여 적용하는 견해[145]가 있는 반면에, 채무자의 귀책사유에 근거를 둬 채무불이행책임을 검토해야 한다는 견해[146]가 있다. 전자의 견해에 의하면 최씨는 여전히 무과실의 법정책임인 담보책임의 규범 아래에서 디지털영상자료의 손실분 500만원의 배상을 청구할 수 있겠다(제580조 제1항). 반면에 후자의 견해에 의하면 그 손실분 500만원에 대한 손해배상의 근거는 민법 제390조에 있다. 따라서 최씨로서는 강씨의 채무불이행을 원인으로 손해배상을 청구하면서(제390조) 디지털영상자료의 손실이 pc의 하자로 인해 발생하였다는 점을 입증하여야 한다. 결국 pc의 하자에 관해 강씨가 자신에게 귀책사유가 없음을 항변하는 데 성공하는지 여부에 따라 최씨의 손해배상청구가 인용될 수 있는지 결정된다.

2. 변제가 되었다는 학설에서의 문제해결

(1) 담보책임의 성립에 관한 검토

가. 법적 기초

숨은 하자를 가진 목적물을 인도한 이상 매도인의 변제제공은 그 목적물이 특정물이라고 하더라도 적법한 변제가 이루어졌다고 평가할 수 없다(=채무불이행책임설). 문제가 된 사례에 대해 담보책임규정이 적용되더라도 이는 법적용의 체계에서 도출된 우선적용의 규범일 뿐이지, 결코 매도인의 책임에 관한

---

[145] 김주수, 채권각론, 141쪽 참고.
[146] 곽윤직, 채권각론, 119쪽 참고.

성질을 변경할만한 요소는 아니라는 관점이다. 즉, 대금과 동일한 대가적 가치를 지닌 특정물의 인도를 합의함으로써 매도인에게는 하자 없는 완전한 특정물을 인도해야 할 채무가 발생했다는 데 본질이 있다고 이해한다. 따라서 하자 있는 특정물을 인도한 매도인의 변제행위는 이러한 채무를 위반한 것이다. 다만 담보책임은 매도인에게 과실이 없는 경우에(도)[147] 적용함으로써 매수인의 계약이익을 보호할 수 있는 매매법 내지 유상계약의 특칙이라고 볼 수 있다. 따라서 위 <문제>에서 담보책임이 문제되는 근거는 매도인의 불완전이행에 관한 책임에 우선할 수 있는 민법상 특칙을 고려하여야 하기 때문이다.

나. 담보책임의 적용 여부

a. 담보책임의 적용기초

채무불이행책임설에서는 담보책임 적용의 원인이 되는 물건의 하자를 계약당사자의 주관적 기준으로써 그 존부를 판단한다(=주관적 하자). 즉, 매매의 대상인 특정물이 계약에 의해 합의된 성질 및 상태에 적합하지 않거나 존재하지 않는 경우에 하자가 있다고 평가한다. 최씨가 문제제기한 그림 및 소리재생기능은 위 매매계약의 내용 속에 포함되어 있다고 해석할 수 있으므로 그 재생기능이 결여된 pc는 영상작업을 해야 하는 최씨에게는 매우 치명적인 하자가 될 것이다.

또한 이 학설에서 담보책임으로서 다루고자 하는 물건의 하자에 관한 그 존부판단의 시기는 매매목적물에 대한 급부위험이 이전되는 시기라고 한다.[148] 위에서 문제가 되는 그림 및 소리재생기능의 결여는 이미 매매계약이 체결하기 이전부터 매도인이 모르는 사이에 생긴 하자이므로, 담보책임이 적용되는 물건의 하자라고 말할 수 있다.

따라서 매도인 강씨는 자신이 인도한 pc에 내재한 하자에 대해 담보책임을

---

[147] 담보책임은 채무불이행책임의 특칙이라는 점에 대해 학설이 갈리기 때문에 이렇게 표현하였다.
[148] 동산을 인도할 때, 부동산의 이전등기를 마칠 때 또는 수령지체시가 그렇다(김형배, 채권각론, 338쪽 이하; 이은영, 채권각론, 339쪽 참고).

부담하게 되었지만, 그 책임의 원인이 물건의 하자에 있기 때문에 담보책임의 법률근거는 민법 제580조 내지 제582조에서 구해야 한다. 그런데 위 매매계약은 강씨가 소유하여 사용하던 pc를, 즉 특정물을 목적물로 정했기 때문에 강씨가 부담하는 담보책임의 법률근거는 민법 제580조라고 말할 수 있다.

b. 매도인의 귀책사유를 둘러싼 견해의 대립

한편 채무불이행책임설에서는 담보책임을 채무불이행책임의 특칙으로서 이해하면서 매도인의 귀책사유와 관련하여 그 특칙의 개념을 다양하게 이해하고 있음을 고려해야 한다. 매도인에게 귀책사유가 존재하더라도 불완전이행책임의 특칙인 담보책임을 우선 적용해야 한다는 견해[149])에 의하면, pc에 재생기능의 결여라는 하자가 생긴 데 강씨의 귀책사유가 인정되는지 여부와 관계없이 강씨는 특정물매매의 담보책임을 주장해야 한다(제580조). 반면에 매도인의 귀책사유가 인정되면 그는 채무불이행책임(제390조)을 면할 수 없으며 그의 귀책사유가 존재하지 않는 경우에 한하여 담보책임(제580조)이 적용된다는 견해[150])에 의하면 최씨가 그 하자의 발생과 관련하여 강씨가 자신에게 귀책사유가 없음을 항변하는 데 실패하면 채무불이행책임을, 이를 항변하는 데 성공하면 담보책임을 주장할 수 있겠다. 이하에서는 두 견해에 따라 문제해결을 제시한다.

(2) 담보책임의 내용

가. 제1설에 따른 문제해결

a. 해제의 효과와 원상회복의무

제1설의 논리에 충실하면, 위 <문제>에 적용될 담보책임의 법적 기초가 강씨의 불완전이행에서 도출된다는 본질에 관한 접근이 다를 뿐 담보책임의 법률근거를 민법 제580조에서 구한다는 결론은 법정책임설의 태도와 다르지 않다.

따라서 최씨로서는 그 존재를 알 수 없었던 pc의 숨은 하자로 인해 계약을

---

149) 김대정 교수의 견해인데, 그 내용에 관해서는 이미 위에서 설명함.
150) 김형배 교수의 견해인데, 마찬가지로 이미 위에서 설명함.

목적을 달성할 수 없게 된 이상, 담보책임의 내용으로서 위 매매의 해제권을 강씨에게 행사할 수 있다(제580조 제1항). 또한 최씨의 적법한 해제로 말미암아 양 당사자는 원상회복의무를 지게 된다(제548조 제1항 본문). 따라서 최씨가 pc를 강씨에게 반환하면서 청구한 대금의 원상회복은 인용되어야 한다.

b. 손해배상의 청구와 그 범위

민법 제580조의 담보책임을 적용한다는 점에서 법정책임설과 동일한 결론에 도달하더라도, 제1설의 논리에 의하면 손해배상에서 그 범위는 언제나 이행이익에 미친다고 한다.151) 담보책임의 성질을 채무불이행책임에서 구하기 때문이다.

이행이익이 배상범위이므로 강씨는 하자가 발생하지 않아 계약의 목적이 달성되었더라면 최씨가 얻었을 이익, 즉 채무가 이행되었을 경우 얻었을 것으로 기대되는 이익을 기준으로 배상하여야 한다. 따라서 계약의 목적이 계약의 내용에 따라 달성되었으면 당연히 존재하지 않았을 전문가출장비용이나 디지털영상자료의 손실분은 모두 이행이익의 범위에 포섭되므로, 모두 손해배상의 범위에 들어간다고 볼 수 있다.152)

나. 제2설에 따른 문제해결

a. 강씨가 하자의 존재에 관한 귀책사유가 자신에게 없음을 입증한 경우

채무불이행책임의 특칙인 무과실책임으로서 담보책임을 강씨에게 물 수 있다고 본다. 위에서 검토한 바처럼 최씨는 민법 제580조의 담보책임을 주장할 수 있다. 해제권의 근거 및 해제의 효과로서 원상회복의무에 관해서는 법정책임설에 의한 문제해결이나 제1설에 따른 문제해결과 그 결과에 있어서 다르지

---

151) 이은영, 채권각론, 317쪽 참고.
152) 이행이익을 차액설에 따라 그 손해 여부를 판단하면 이렇다. <손해> = <이행하면 얻을 수 있다고 기대되는 이익=a> - <현재의 이익=b>. <현재의 이익=b> = <현재의 적극적 이익=c> - <현재의 소극적 이익=d>. 만약 a와 c가 비록 零이라고 하더라도 d에 해당하는 전문가출장비용 및 디지털영상자료의 손실분이 명확하게 존재하기 때문에, 결국 이행이익이라는 손해는 그 이상이 될 것이다.

않다.

다만 손해배상에서는 물건의 하자로 인한 손해배상이므로 그 범위가 신뢰이익에 한정된다고 한다.153) 따라서 최씨는 민법 제580조에 의거 전문가출장비용에 대해 신뢰이익의 이름으로 그 배상을 청구할 수 있으므로 이에 대한 최씨의 손해배상청구는 인용된다. 그러나 그림 및 소리재생기계장치의 파손으로 인하여 손실되었다고 주장하는 디지털영상자료에 관해서는 채무자의 귀책사유가 전제되어야 한다고 본다. 따라서 그 하자로 인해 영상자료가 손실되었다고 최씨가 입증하더라도 하자의 존재에 대해 강씨가 자신에게 귀책사유가 없음을 항변하는 데 성공하는 한 영상자료의 손실분에 대한 손해배상청구는 인용될 수 없다(제390조 참조).

b. 강씨가 하자의 존재에 관한 귀책사유가 자신에게 없음을 입증하지 못한 경우

담보책임이 비록 채무불이행책임의 특칙이라고 하나, 그러한 성질 때문에 귀책사유가 있음이 확인된 강씨의 채무불이행책임을 배제하지는 않는다고 본다(제390조). 따라서 해제권의 법률근거도 법정해제권의 발생원인을 규정한 일반조항에서 찾아야 하는데, 우리 민법이 불완전이행을 해제권의 원인으로 규정한 적이 없기 때문에 학설은 이행지체나 이행불능에 의한 해제권규정을 유추한다(제544조 이하의 유추).

최씨는 위 pc를 사용하다가 자신의 영상자료를 모두 손실당하는 손해까지 입었기 때문에 강씨의 불완전이행에 관해서는 이행불능에 의한 해제권규정(제546조)을 유추하여 그 해제권의 발생을 정당화할 수 있을 것이다. 물론 최씨의 해제권행사에 이은 그 법률효과로서 원상회복의무에 관해서는 앞의 견해들과 다르지 않기 때문에, 최씨는 강씨에게 대금 100만원에 대한 원상회복청구는 인용된다(제548조 제1항 본문).

---

153) 권리의 하자(제570조 이하)가 문제될 때에는 일반적으로 그 하자는 드러나 있고 이로 인하여 매수인에게 생긴 손해에 대해서 매도인의 귀책사유가 인정되므로 그 배상범위는 이행이익에 미칠 수 있지만, 물건의 숨은 하자에 대한 경우에는 신뢰이익의 배상에 그친다(김형배, 채권각론, 360쪽 참고).

강씨에 대한 손해배상청구권의 근거는 민법 제390조이며, 그 손해의 성질은 위와는 달리 이행이익이다. 물론 그 배상범위는 제393조 1항 및 2항에 의하게 된다. 전문가출장비용과 디지털영상자료의 손실분은 모두 재생기계장치의 하자와 상당인과관계가 인정되는 통상손해로서 그 배상을 청구할 수 있다(제393조 제1항). 따라서 위 손해들은 특별한 사정에 의한 손해라는 점을 강씨가 항변하는 데 성공하지 못하는 한, 위 손해들에 대한 최씨의 배상청구는 인용되어야 한다.

◎ 연습문제

<연습 13-1> 철수는 자신의 경주용 중고자전거를 경주용 자전거에 익숙하지 않은 만수에게 100만원에 팔았다. 한편 고속주행시에는 핸드브레이크를 작동시킬 수 없음에도 불구하고 이를 모르는 만수는 일반도로에서 위 자전거로 고속주행하다가 이를 제동시키지 못해 보행 중이던 경수를 추돌하여 자신도 크게 다치고 경수도 경상을 입게 되었다. 이 사고는 마침 만수가 자신의 노트북PC를 시가보다 10만원이나 비싸게 구매하겠다는 영희와 계약을 체결하기 위해 김해를 출발하여 부산의 남천동으로 가던 중에 발생한 것이었다. 만수는 자전거구매비용, 자신과 경수의 치료비, 노트북PC의 매매이익 및 노동능력상실에 따른 일실이익을 손해배상으로 철수에게 청구하였다. 이 손해배상청구가 모두 인용되기 위한 근거를 설명하시오. (논점 : 계약의 성질결정, 그리고 설명의무 등 부수적 의무의 위반에 대한 책임의 성질과 그 내용)

<연습 13-2> 철수는 오늘 새벽출어에서 확보한 최상품 제주산(産)갈치 전량을 만수에게 매도하는 계약을 체결하였다. 그 계약내용에 따르면, 몸 전체의 길이가 70센티미터에 이르고 폭이 7~8센티미터인 갈치가 10마리씩 들어있는 10상자를 철수가 공급하고, 만수는 한 마리당 1만원으로 계산해서 대금을 지급하기로 하였다. 새벽출어 후 철수가 공급한 갈치 10상자를 수령한 후, 만수가 이를 전매(轉賣)하는 과정에서 밝혀진 바에 따르면 각 상자마다 위 규격에 해당하는 갈치가 9마리밖에 들어있지 않았다. 물론 이와 관한 철수의 귀책사유는 없다고 한다. 이와 관련하여 이미 대금을 지급했던 만수가 10만원의 반환을 철수에게 요구하였다. 만수의 요구는 정당한가? 그 이유를 설명하시오. (논점 : '수량을 지정한 매매'에서 담보책임의 요건과 그 법률효과)

<연습 13-3> 철수는 자신이 소유하는 연립주택을 시세대로 1억 원에 매도하기로 만수와 약정하고, 며칠 후 잔금을 수령하면서 이전등기를 만수 앞으로 마쳤다.

그러나 위 연립주택에는 임차인 영희가 임대보증금 7,000만원을 주고 1년 전부터 전입신고를 마친 후 현재까지 거주하고 있었다. 완전한 주택소유권을 원하는 만수가 철수를 상대로 취할 수 있는 구제방법은 무엇인가? (논점 : 대항력 있는 임차인이 거주하는 아파트의 매매와 담보책임)

<참고문헌>(가나다 순)

고영남, "계약규범의 재구조화를 위한 가치다양성: 민주주의와 인권의 관점에서", 저스티스, 통권 제146-3호, 2015

권영준, 민법학, 개인과 공동체, 그리고 법원, 비교사법, 제22권 제4호, 2015

곽윤직, 채권각론(신정수정판), 박영사, 2000

곽윤직, 채권총론(신정수정판), 박영사, 1999

김형배, 채권각론(계약법), 신정판, 박영사, 2001

김형배, 채권총론(제2판), 박영사, 1998

성승현, 급부장애법 발전에 관한 비교법사학적 고찰, 법학논총, 제33집 제3호, 2013

이은영, 채권각론(제3판), 박영사, 2000

이은영, 채권총론(개정판), 박영사, 1999

김대정, "채무불이행책임설에 의한 하자담보책임상의 재구성", 민사법학, 제9·10호, 1993

제14장 이행지체와 계약의 해제

문제

철수는 자신의 주택을 1억 원에 만수에게 넘기는 계약을 체결한 후, 이행기에 이르러 주택의 소유권을 넘기기로 하고 그 이전등기를 만수 앞으로 마쳤다. 그러나 이전등기 후 1주일 안으로 변제하기로 했던 대금채무를 만수가 변제하지 않자, 철수는 1주일의 유예기간을 주면서 그 기간 안에 이행하지 않으면 유예기간이 끝남과 동시에 해제된 것으로 하겠다는 의사를 표시하였다. 당시 최씨는 철수에게 위 주택을 자신에게 즉시 인도해주면 1억 5,000만원에 구매하겠다는 제안을 하기도 하였다. 한편 위 유예기간이 만료되었음에도 불구하고 아직 소유권의 등기명의가 철수 앞으로 회복되지 않은 상태에서 만수는 해제사실을 모르는 강씨에게 위 주택을 1억 5,000만원에 넘기고 이전등기를 마쳤다. 이와 관련하여 철수는 위 주택을 점유하여 거주하는 강씨를 상대로 소유물의 반환을 청구하였다. 철수의 청구는 인용되는가?

 풀이

I. 논점

주택을 점유하는 강씨를 상대로 이를 반환하라는 철수의 청구가 인용되기 위해서는 그에게 소유권이 존재해야 하며(민법 제213조 본문), 특히 강씨에게 철수의 청구에 항변할 수 있는 점유할 권리가 인정되지 않아야 한다(단서). 따라서 주택의 소유권이 제3자에게 귀속되는 경우에도 그에게 점유할 권리가 인정되는 한, 철수로서는 소유물의 반환을 청구할 수 없게 된다.

만수와 매매계약을 체결하고 자신의 급부의무를 이행한 철수가 다시 소유권을 회복하기 위해서는 그 계약이 무효, 취소, 혹은 해제됨으로써 해소되어야 한다. 위 <문제>에서는 철수가 해제의 법리에 따라 자신에게 소유권이 복귀하였음을 전제로 그 내용으로서 주택의 반환을 청구하고 있다. 따라서 아래에서는 철수에 의한 계약해제의 법리를 중심으로 철수의 반환청구에 법적 기초가 되는 주택소유권이 철수에게 적법하게 복귀하였는지를 검토하면서, 이에 대응한 강씨의 법적 지위를 함께 검토한다.

II. 주택을 반환하라는 철수의 청구에 대한 근거

1. 해제권의 발생원인

(1) 해제권의 발생원인에 대한 법적 기초

철수는 자신이 급부의무를 이행함으로써 이전한 소유권을 다시 회복하는데 계약해제권[154]을 행사하고 그 법률효과를 원용하였다. 철수와 만수가 매매계약을 체결하면서 약정해제권을 유보하는 그 발생원인을 약정한 적이 없으므로, 법정해제권의 법리를 중심으로 검토하면 된다. 특히 만수는 대금채무를 이행해야 하는 매도인으로서 금전채무의 성질상 이행불능에 빠지지 않는다(통설). 따라서 철수는 대금채무에 대한 채무불이행을 이유로 해제권을 원용하고자 하므로 이행지체를 그 발생요건의 기초로 삼는 해제권을 중심으로 그 법리를 검토해야 한다.

이행지체를 그 발생원인으로 하는 해제권의 법률근거를 구하기 위해서는 채무불이행에 빠진 계약이 정기행위인지 검토해야 한다. 정기행위란 계약의 성질에 의하거나[155] 당사자의 의사표시에 의해서[156] 일정한 일시 또는 기간 내에 의무를 이행하지 않으면 그 목적을 달성할 수 없는 계약을 말한다(제545조 참조). 철수가 1억 원의 대금을 받고 자신의 주택을 만수에게 넘기기로 한 계

---

154) 법정해제든지 약정해제든지 해제'권'이라는 형성권이 당사자에게 주어져야 한다. 해제가 문제되기 위해서는 그 전제로서 계약관계가 존재해야 하고, 해제권의 발생(원인)→해제권의 행사→해제의 효과라는 일련의 과정이 검토되어야 한다.
155) 이를 절대적 정기행위라고 한다. 이러한 정기행위의 지체는 그 성질상 이행불능으로 다루어진다.
156) 이를 상대적 정기행위라고 하는데, 이러한 정기행위가 지체에 빠지더라도 해제권자는 자신의 선택에 의해 이행불능으로 처리할 수도 있고 이행지체를 주장할 수도 있다.

약은 비록 만수가 대금채무를 일정한 시기까지 이행하지 않더라도 철수가 그 목적을 달성할 수 없는 계약이라고 볼 수는 없다. 왜냐하면 대금채무를 이행해야 할 만수가 철수와 약정한 이행기를 도과하더라도, 철수로서는 지연이자를 더한 대금을 제공하는 만수의 변제를 거절할 수 없기 때문이다. 따라서 철수가 원용하고자 하는 해제권의 발생근거는 민법 제544조에서 구해야 한다.

(2) 민법 제544조의 요건

계약의 일방당사자가 이행을 지체하는 경우에는 상대방이 상당한 기간을 정하여 그 이행을 최고하고 그 기간 내에 이행하지 아니한 때에는 해제권이 발생한다(제544조 본문).

가. 만수의 이행지체에 대한 검토

a. 대금채무의 지체 여부 검토

철수와 만수는 주택소유권의 이전을 목적으로 하는 특정물의 매매계약을 체결하였다. 그리고 만수는 대금을 지급해야 하며, 그 채무의 이행기는 먼저 이행해야 하는 철수의 급부의무와는 달리 이전등기를 마친 때로부터 1주일 안이다. 이처럼 채무의 이행기가 확정기한의 성질을 가질 때에는 그 이행기를 지날 때부터 채무자가 지체책임을 진다(제387조 제1항 참조).

위 <문제>에서 만수는 약속한 대금채무의 이행기를 지나쳤기 때문에 당연히 다음날부터 이행지체책임을 진다.

b. 만수의 항변사유에 대한 검토

만수가 약속한 대금채무의 이행기를 도과하였더라도 그에게 정당한 항변사유가 존재한다면 이행지체책임을 면하게 할 수 있다. 우선 동일한 쌍무계약을 원인으로 발생한 양 채무의 이행기가 같은 경우에 상대방에 의한 변제제공이 있음에도 불구하고 자신의 채무를 이행하지 않을 때에 지체책임을 지지만, 철수가 자신의 급부의무를 먼저 이행하도록 되어 있고 실제 그렇게 하였기 때문에 만수로서는 자신의 이행지체를 면할 목적으로 동시이행의 항변권을 원용할 수 없다.

또한 만수로서는 자신의 대금채무를 변제하는 데 필요한 현실제공을 다하여도 이행지체면제의 효과가 생기지만, 만수는 철수의 최고에도 불구하고 현실제공을 하지 않았다. 결국 만수에게는 그의 이행지체책임을 저지할 항변사유가 존재하지 않는다.

c. 만수의 귀책사유 여부

이행불능을 원인으로 발생하는 해제권이 성립하기 위해서는 채무자의 의무가 그의 책임 있는 사유로써 불능에 빠져야 하는데(제546조 참조), 민법 제544조에서는 그 요건으로서 채무자의 귀책사유를 명확하게 규정하고 있지 않다. 반면에 이행지체를 채무불이행의 한 유형으로서 계약책임의 법률요건으로 규정하는 민법의 책임원리에 의하면 채무자의 귀책사유(고의 또는 과실)가 없으면 채무불이행책임을 지지 않는다고 한다(제390조 단서). 이와 관련하여 이행지체의 성질을 고려할 때, 과연 이행지체를 원인으로 하는 법정해제권이 발생하는 데 채무자의 귀책사유가 필요한 요건인지가 문제되었다. 종래의 통설에 따르면, 이행지체에 기한 해제권의 발생에도 이행불능의 경우와 마찬가지로 채무자의 귀책사유가 필요하다고 한다.[157] 그러나 최근에는 다른 요건들이 모두 충족되는 한 귀책사유의 존부는 해제권의 발생에 영향을 줄 수 없다는 적극적인 해석이 나오고 있다. 그럼으로써 해제권자는 해제를 통해 기존 계약의 구속으로부터 벗어나서 새로운 거래행위를 할 수 있는 자유를 회복할 수 있다고 한다.[158]

d. 소결

만수에게 이행지체책임을 부과하기 위해서는 통설이 그의 귀책사유를 전제

---

[157] 곽윤직, 채권각론, 102쪽 등 참고. 이러한 견해가 해제제도의 규범목적에 적합하지 않은 점은 분명하다. 귀책사유를 전제로 하는 손해배상제도와 그런 요소를 요건으로 할 필요가 없는 해제제도를 채무불이행이라는 형식적인 틀에 같이 끼워 넣기 때문이다. 다시 말해서 통설의 논리대로라면, 이행지체가 계약의 목적이나 채권자의 이해에 중대한 영향을 미치는 것이라도 이것이 채무자의 귀책사유에 의한 것이 아닌 때에는 채권자로서도 계약관계를 해제할 수 없고, 결국 계약의 구속으로부터 벗어날 수 없게 된다. 이러한 결론은 해제제도의 취지에 부합하지 않는다.
[158] 김형배, 채권각론, 214쪽; 이은영, 채권각론, 229쪽 참고.

해야 한다고 하지만, 실제에 있어서 만수가 자신에게 귀책사유가 없음을 적극적으로 항변하는 데 성공해야 한다면 이행기의 도과 자체만으로도 그에게 이행지체책임이 있다고 볼 수 있겠다. 또한 동시이행의 항변권 등 만수에게 이행지체책임을 면제시킬 수 있는 적법한 항변사유가 존재하지 않기 때문에, 만수가 이행지체에 빠졌다는 법률요건이 충족한다는 데에는 문제가 없다.

나. 상당한 유예기간을 설정한 이행의 최고

이행지체에 빠진 채무자를 향해 채권자가 그 채무의 이행을 촉구해야 한다(제544조 참조).[159] 최고의 내용은 채권자가 적시한 채무에 대하여 채무자가 계약의 내용으로서 인식할 수 있는 동일성이 존재하면 충분하다. 또한 채권자는 상당한 기간을 지정한 최고를 하여야 한다. 상당한 기간이란 채무자의 채무이행에 필요한 유예기간[160]이라고 보면 된다.

위 <문제>에서 철수가 1주일의 유예기간은 만수가 대금채무를 이행하는 데 충분한 시간이라고 본다. 특히 대금채무는 금전채무로서 이행불능에 빠질 수 없다는 성질을 고려한다면 더욱 그렇다.

다. 유예된 기간 동안 만수의 이행 또는 이행제공이 없어야 한다.

유예된 상당한 기간 동안에도 만수의 이행제공조차 없어야 한다. 특히 철수가 이미 주택의 소유권에 대한 이전등기를 이미 마친 상태이었으므로 대금채무의 불이행에 관한 적법한 항변사유가 전혀 존재하지 않는다.

(3) 소결

주택의 소유권을 이전받아 그 등기까지 마친 매수인 만수로서는 1주일 안

---

159) 채권자가 채무자에 대하여 채무의 이행을 촉구하는 것을 뜻하며, 민법 제387조 제2항의 '이행의 청구'와 같은 의미로 이해된다(통설).
160) 구체적으로는 이행하여야 할 급부의 성질, 거래관행 등 객관적인 사정뿐만 아니라 채무자의 질병 등 주관적 사정도 고려되어야 한다(이행지체가 된 이상 채무자의 주관적 사정을 고려하지 않아도 된다는 견해로서는 곽윤직, 채권각론, 105쪽 참고).

으로 대금채무를 변제해야 하는 채무를 하지 않아, 결국 이행지체책임을 면할 수 없게 되었고 더욱이 매도인 철수의 최고에도 불구하고 그 유예기간 동안에도 이행을 하지 않음으로써 철수에게는 이행지체를 원인으로 하는 법정해제권이 발생하였다고 볼 수 있다(제544조).

2. 해제권의 행사

(1) 의사표시로서의 해제권행사

해제권이 발생하더라도 이 형성권을 행사하지 않는 한 계약관계를 청산하려는 해제의 법률효과는 결코 발생하지 않는다. 해제권은 법률에 의해 발생할 수 있다고 하더라도 해제의 법률효과는 필히 해제권자의 의사표시에 의해 형성되기 때문이다.161)

해제의 의사표시는 상대방의 수령을 요하는 의사표시로서(제543조 제1항) 계약당사자 또는 당사자의 지위를 승계한 자만이 행사할 수 있고, 상대방에게 도달하여야 그 효력이 발생한다(제111조 제1항 참조).

(2) 정지조건부 해제의 의사표시

위 <문제>에서 만수에게 유예기간을 정한 이행의 최고를 하면서 유예기간 동안 이행을 하지 않으면 해제한 것으로 보겠다는 철수의 의사표시에 관한 법적 성질을 검토할 필요가 있다. 철수의 이러한 의사표시는 유예기간을 정하여 이행을 최고한 부분과 해제권의 행사부분으로 크게 나눌 수 있다고 본다. 문제는 후자의 부분이 적법한가에 있다.

해제의 의사표시는 양 당사자의 합의에 의해 계약관계가 해소되는 게 아니라 해제권자라는 당사자에 의해 채권관계를 일방적으로 해소시키는 형성권의

---

161) 따라서 해제권의 행사 여부는 해제권자의 사적자치영역으로서 그의 자유에 속하는 문제이다. 그러나 이행지체를 원인으로 해제권이 발생한 경우에 해제권자가 해제권을 행사하기 전에 채무자가 채무의 내용에 좇은 이행의 제공을 한 때에는 이를 수령하여야 한다. 그 계약은 여전히 유효한 채, 다시 말해서 구속력을 유지되고 있기 때문이다.

행사이므로 원칙적으로 조건을 붙이지 못한다(통설). 그렇지만 최고를 하면서 일정한 기간 안에 이행하지 않으면 해제의 의사표시가 없더라도 계약의 효력이 상실되는 것으로 보겠다는 의사표시는 해제의 의사표시로서 유효하다고 볼 수 있다(통설 및 판례162)). 이러한 정지조건부 해제의 의사표시를 유효하다고 보더라도 의사표시의 수령자에게 불리할 게 없기 때문에 적법한 해제의 의사표시라고 평가할 수 있다고 본다. 왜냐하면 정지조건부 의사표시에서 그 효력이 확정적으로 발생하는 시기는 정지조건이 성취한 때로부터 발생하기 때문이다(제147조 제1항 참조).

3. 해제의 효과로서 원상회복의무

(1) 해제의 법률효과에 대한 민법의 태도

해제의 의사표시가 상대방에 도달되어 그 효력이 생기면 기존의 계약관계는 일거에 해소된다. 따라서 아직 이행되지 않은 급부의무 또는 반대급부의무는 그 법적 구속력을 상실함으로써 결국 소멸하게 되고, 이미 이행된 급부는 원상으로 복귀시켜야 한다. 특히 후자를 원상회복의무라고 하는데(제548조 제1항 본문), 그 법적 성질을 둘러싼 학설의 대립이 심하다. 한편 민법은 해제와 함께 해제권자는 상대방에 대해 손해배상을 청구할 수 있도록 하는 입법례를 견지하고 있다(제551조).

(2) 해제의 법률효과로서 원상회복의무

가. 직접효과설

해제권이 행사되면 그 직접적인 효과로서 계약상의 채권 및 채무는 처음부터 존재하지 않았던 것처럼 소급하여 소멸한다는 견해인데,163) 따라서 이미 이행된 급부는 법률상 원인을 상실하게 되므로 부당이득이 되어 부당이득반환

---

162) 대법원 1992.12.22. 선고 92다28549 판결 참조.
163) 곽윤직, 채권각론, 121쪽 이하 및 대법원 2005.6.9. 선고 2005다6341 판결 등 참조.

의무를 발생시킨다고 한다. 다만 반환의무의 범위가 현존이익의 한도에 그치지 아니하고 원상회복까지 확대된다고 한다. 종래의 통설이 취하던 견해이며, 판례도 이를 지지한다.164) 그러나 직접효과설에 따를 경우에 채권관계가 소급적으로 소멸한 것으로 구성하게 되어 제3자의 권리가 부당하게 침해될 우려가 깊은데, 제3자의 보호법리를 내세워 이러한 해제의 소급효를 제한하고 있다.

철수의 해제에 의해 만수의 대금채무는 소멸되지만, 만수가 이전받은 주택의 소유권은 당연히 철수에게로 반환되어야 하는데, 이 반환의 효과가 채권적 효과에 그치는지 아니면 물권적 효과까지 발생하는지에 관하여 견해가 대립하고 있다. 전자의 견해(=채권적 효과설)에 따르면 만수는 소유권반환의무를 부담할 뿐이며, 후자의 견해(=물권적 효과설)에 의하면 주택의 소유권은 해제의 의해 당연히 철수에게 회복된다.

나. 청산관계설

해제의 의사표시에 의하여 기존의 계약관계는 청산목적을 가진 법률관계로 변경된다는 견해인데,165) 계속 존속되는 채권관계를 바탕으로 원상회복을 목적으로 하는 반환채무가 성립한다고 한다. 이미 이행된 급부의 반환을 청구하는 권리는 동일성을 유지하며 존속하는 채권관계를 기초로 한다. 원상회복의무는 급부가 행하여졌던 당시의 가치를 기준으로 실현되어야 하므로 부당이득법이 적용될 수 없다고 한다.166)

철수의 해제에 의해 위 주택의 매매관계는 원상회복될 때가지 청산되므로 만수는 자신이 이전받은 주택소유권을 급부가 이루어졌던 당시의 원상에 맞게 회복할 의무를 부담하며, 만수의 대금채무는 장래를 향해 소멸하게 된다.

---

164) 판례의 일관된 태도다. 즉, '계약 해제의 효과로서 원상회복의무를 규정하는 민법 제548조 제1항 본문은 부당이득에 관한 특별규정의 성격을 가지는 것으로서, 그 이익 반환의 범위는 이익의 현존 여부나 청구인의 선의·악의를 불문하고 특단의 사유가 없는 한 받은 이익의 전부이다.'(대법원 2014.3.13. 선고 2013다34143 판결)
165) 미이행채무로부터의 해방효는 청산목적을 위해 인정되기 때문에, 기존의 계약관계가 소급적으로 소멸되는 게 아니라 장래를 향하여 소멸하게 된다. 다시 말해서 해제의 효과는 청산을 위하여 필요한 한도 내에서만 인정되는 것이다.
166) 김형배, 채권각론, 235쪽 참고.

III. 강씨의 법적 지위에 대한 검토

1. 민법 제548조 제1항 단서를 소극적으로 해석하는 견해

(1) 채권적 효과설

해제의 의사표시로 말미암아 계약관계가 소급적으로 무효로 되었어도 이미 물권변동으로써 만수가 획득한 소유권은 유효하게 존속한다. 따라서 원인행위가 소급적으로 해소되었더라도 만수로서는 원상회복을 해야 하는 채무자로서 부당이득반환채무를 부담하는 데 그치므로,167) 만수로부터 적법하게 물권을 이전받은 강씨는 당연히 철수의 원상회복청구로부터 자유롭다. 따라서 제3자 강씨에 대해 소유물의 반환을 청구하는 철수의 주장은 인용될 수 없다.

(2) 청산관계설

해제로써 기존의 계약관계가 청산을 목적으로 하는 반환채권채무관계로 변용될 뿐이므로, 급부수령자나 이로부터 다시 권리를 얻은 제3자가 물권변동의 형식주의를 갖춘 경우에는 해제의 법률효과로부터 자유롭다.168) 따라서 원상회복의무자인 만수로부터 적법하게 주택의 소유권을 이전받아 그 등기까지 마친 강씨의 소유권은 철수의 해제에 의해 영향을 받지 않는다. 결국 제3자 강씨에게 소유물의 반환을 요구하는 철수의 청구는 그 법적 전제인 소유권이 그에게 없으므로 인용될 수 없다.

---

167) 민법 제548조 제1항 단서는 단지 주의적 규정에 불과하다고 한다(김기선, 한국채권법 각론, 98쪽 등 참고).

168) 채권적 효과설과 마찬가지로 민법 제548조 제1항 단서는 주의적 규정에 지나지 않는다(김형배, 채권각론, 242쪽; 이은영, 채권각론, 182쪽 등 참고).

2. 민법 제548조 제1항 단서를 적극적으로 해석하는 견해

(1) 민법 제548조 제1항 단서

해제의 효과를 직접효과설에 의해 설명하는 학설 가운데 일부[169]와 판례[170]는 이미 변동된 물권의 원상회복과 관련하여 물권행위의 유인성에 입각하여 설명한다. 채권계약이 해제되면 일단 이전하였던 권리는 채권 및 물권을 막론하고 당연히 복귀한다는 입장이다. 다만 해제의 의사표시가 있기 전에 이미 배타적 권리를 취득한 제3자는 법률(제548조 제1항 단서)에 의해 보호되므로,[171] 이 규정은 해제의 소급효를 제한하는 적극적인 의미를 가진다고 한다.

그런데 강씨가 만수로부터 주택의 소유권을 양도받게 된 원인행위는 철수의 해제 이후이므로 물권적 효과설에서 소급효의 제한법리라고 제시한 민법 제548조 제1항 단서에 포섭되지 않는다. 그렇다면 이 견해에 의할 경우에 강씨의 소유권은 보호되지 않은 채, 결과적으로 철수의 소유물반환청구는 인용되는가? 그러나 판례와 이를 지지하는 학설은 위 제한법리의 적용범위를 확대함으로써 제3자의 권리를 보호하고자 한다. 그 요건을 검토해 본다.

(2) 민법 제548조 제1항 단서의 확대적용

민법 제548조 제1항 단서에 대해 해제의 소급효를 제한하는 적극적인 규정이라고 하는 물권적 효과설에서는 이 규정을 확대적용한다. 그 법리에 의하면

---

169) 곽윤직, 채권각론, 121쪽 참고.
170) '물권에 관한 계약해제의 효과에 관하여는 '채권적 효과설'과 '물권적 효과설'이 대립되어 있으나, 우리의 법제가 물권행위의 독자성과 무인성을 인정하고 있지 않는 점과 제548조 1항 단서가 거래안전을 위한 특별규정이란 점을 생각할 때 계약이 해제되면 그 계약의 이행으로 변동이 생겼던 물권은 당연히 그 계약이 없었던 원상태로 복귀한다고 봄이 타당하다.'(대법원 1977.5.24. 선고 75다1394 판결; 대법원 1995.5.12. 선고 94다18881 판결 등 참조)
171) '민법 제548조 제1항 단서에서 말하는 제3자는 일반적으로 해제된 계약으로부터 생긴 법률효과를 기초로 하여 해제 전에 새로운 이해관계를 가졌을 뿐만 아니라 등기, 인도 등으로 권리를 취득한 사람을 말하는 것인바, 매수인과 매매예약을 체결한 후 그에 기한 소유권이전청구권 보전을 위한 가등기를 마친 사람도 위 조항 단서에서 말하는 제3자에 포함된다.'(대법원 2014.12.11. 선고 2013다14569 판결)

해제권의 행사 후 원상회복등기 등이 이루어지기 전에 계약해제의 사실을 모른 채 새로운 권리를 취득한 제3자가 계약해제를 주장하는 자와 양립할 수 없는 법률관계를 가지는 한, 제3자에게 계약해제의 효과는 미치지 않는다고 한다.[172][173] 제3자의 범위가 확대되는 근거는 선의의 제3자를 보호하여 거래의 안전을 확보하는 데 있다고 한다.

강씨는 철수의 해제 이후 원상회복을 위한 종국적인 행위, 예를 들어 이전등기나 말소등기 등이 이루어지기 전에 만수로부터 적법하게 새로운 권리를 종국적으로 취득하였을 뿐만 아니라 강씨의 소유권은 일물일권주의에 의해 철수와 양립할 수 없는 지위에 있다고 볼 수 있다. 더욱이 강씨가 만수로부터 권리를 취득할 때 계약해제의 사실을 모르는 선의의 제3자에 해당하므로 계약해제를 주장하는 철수가 강씨의 악의를 입증하는 데 실패할 경우 원상회복을 위한 물권적 효과는 그에게 미치지 않는다고 할 수 있다. 결국 강씨의 소유권은 보호되므로 그에 대한 철수의 주택반환청구는 인용될 수 없다.

---

[172] 곽윤직, 채권각론, 124쪽; 김주수, 채권각론, 135쪽 참고.
[173] '계약해제시 계약은 소급하여 소멸하게 되어 해약당사자는 각 원상회복의 의무를 부담하게 되나 이 경우 계약해제로 인한 원상회복등기 등이 이루어지기 이전에 해약당사자와 양립되지 아니하는 법률관계를 가지게 되었고 계약해제 사실을 몰랐던 제3자에 대하여는 계약해제를 주장할 수 없고, 이 경우 제3자가 악의라는 사실의 주장·입증책임은 계약해제를 주장하는 자에게 있다.'(대법원 2005.6.9. 선고 2005다6341 판결 등)

◎ 연습문제

<연습 14-1> 재단법인 K는 5월 1일 저녁 7시부터 1시간 동안 열리는 세계노동절기념 외국인노동자가요경연대회를 주관하면서 행사내용을 디지털비디오로 촬영할 것을 강씨와 계약을 맺고 1,000만원의 보수(報酬) 가운데 500만원을 착수금으로 주었다. 행사 당일 저녁 7시가 되어도 강씨가 행사장소에 도착하지 않자 K의 이사 박씨는 어렵게 전화통화가 이루어진 강씨에게 위 계약의 해제를 통지하면서 착수금 500만원 및 받은 날 이후 법정이자의 반환과 손해배상을 추가적으로 청구하였다. 이와 관련하여 강씨는 박씨가 해제하기 전 별도의 최고를 하지 않았음을 이유로 들면서 착수금의 반환청구 및 손해배상청구를 거절하였다. 강씨의 거절은 인용되겠는가? (논점 : 절대적 정기행위가 지체될 때 해제권의 발생요건)

<연습 14-2> 강씨는 현재 도로 옆에 인접한 자신 소유 토지 1필지를 다른 도시에 거주하는 박씨에게 1억 원에 넘기는 계약을 체결하고, 계약금으로 2,000만원을 수령하였다(2월 1일). 중도금 3,000만원은 3월 1일에, 그리고 잔금은 4월 1일에 주기로 하고 같은 날 강씨가 박씨와 함께 토지의 소유권이전등기를 하기로 하였다. 박씨는 이 토지를 구매한 후 상가건물을 신축하여 대형식당을 운영해볼 작정이었다. 중도금을 지급한 지 며칠이 지나서 위 토지가 인접도로의 확장공사를 위해 내년 봄에 편입된다는 도시계획안의 공람안내문을 토지소재지의 기초자치단체장이 공표하였다. 이런 도시계획안의 공람안내문을 일간신문을 통해 확인한 매수인 박씨는 계약성립시에 전제되지 않았던 사정이 발생했다며 위 계약을 해제하는 내용문서를 강씨에 송부하면서 이미 지급한 계약금과 중도금의 총액 5,000만원의 반환을 청구하였다. 박씨의 청구가 인용되는지를 학설과 판례의 태도에 의거하여 설명하라. (논점 : 법정해제권의 발생원인으로서 사정변경. 대법원 2015.5.28. 선고 2014다24327 판결 등 참조)

<연습 14-3> 강씨 소유의 토지를 공동으로 9,000만원에 매입하는 철수와 만수는 토지의 소유권이전등기를 마쳤으나, 2주일 이내에 잔대금을 모두 변제하기로 한 약속을 지키지 못하였다. 이에 대해 다시 2주일이나 유예를 해 준 강씨로서는

여전히 잔대금지급을 하지 않자, 철수를 상대로 계약을 해제한다는 의사표시를 하고, 토지소유권이전등기의 말소를 청구하였다. 철수의 해제와 말소등기청구의 인용 여부를 검토하라. (논점 : 해제권행사에서 불가분성의 원칙. 대법원 2015.10.29. 선고 2012다5537 등 판결 참조)

<연습 14-4> 강씨는 자신 소유의 주택을 변씨에게 1억 원에 매도하고 이전등기를 마쳤으나, 대금 가운데 잔대금 5,000만원은 한 달 후에 변제받기로 하였다. 자기 앞으로 이전등기를 마친 변씨는 위 주택을 한씨에게 2년간 임대해 주면서 보증금으로 6,000만원을 수령하였음에도 불구하고 강씨와 약속한 날에 위 잔대금을 지급하지 않았다. 몇 번의 독촉에도 불구하고 변씨가 잔대금지급의무를 이행하지 않자, 강씨는 위 계약을 해제하면서 임차인 한씨에게 주택명도청구를 하였다. 강씨의 청구가 인용되겠는가? 한편 한씨는 변씨와 임대보증금을 지급한 당일에 주택을 인도받고 전입신고를 마쳤다고 한다. 판례의 법리에 의해 설명하시오. (논점 : 민법 제548조 제1항 단서의 제3자로서 대항력을 갖춘 주택임차인. 대법원 2008.4.10. 선고 2007다38908 판결 등 참조)

<참고문헌>(가나다 순)

곽윤직, 채권각론(신정수정판), 박영사, 2000
곽윤직, 채권총론(신정수정판), 박영사, 1999
김동훈, 채무불이행의 효과 - 계약의 해제 : 한국민법의 개정시안을 중심으로, 민사법학, 제65호, 2013
김기선, 한국채권법각론(제3전정판), 법문사, 1988
김주수, 채권각론(제2판), 삼영사, 1997
김형배, 채권각론(계약법), 신정판, 박영사, 2001
김형배, 채권총론(제2판), 박영사, 1998
서종희, 쌍무계약해제시 반환법리와 급부부당이득의 관계 : 사용이익 반환을 중심으로, 민사법학, 제68호, 2014
이은영, 채권각론(제3판), 박영사, 2000
이은영, 채권총론(개정판), 박영사, 1999

제15장 채무불이행과 손해배상

문제

경상남도 김해시 대동면에 거주하는 철수는 자신 소유의 밭 1,000평에서 딸기를 재배하는 농민인데, 최근에 집중호우로 인하여 딸기밭이 침수되자 밭의 빗물을 퍼내기 위해서 성능이 좋은 양수기를 1대 구입하려고 작정했다. 이틀 안으로 빗물을 퍼내지 못하면 올 딸기농사는 힘들게 되었는데, 양수기의 품귀 때문에 그 구매가 쉽지 않았다. 마침 시내에서 농기계를 판매하는 김씨가 최신모델의 양수기를 500만원에 넘기겠다고 해서 계약이 이루어졌다. 모레 아침에 양수기를 직접 배달해 주기로 하고, 대금 500만원은 이날 지급해 버렸다. 양수기를 인도하기로 약정한 날 오전이 지나도록 연락이 없던 김씨가 오후에 이르러서야 물건을 확보하지 못했다고 알려왔다. 철수로서는 하는 수 없이 양수기를 구매하려고 부산의 농기계판매점들에 샅샅이 전화를 하다가, 마침 동일 모델의 양수기를 650만원에 넘길 수 있다는 박씨와 매매계약을 체결하고 양수기를 넘겨받아 이미 늦긴 했지만 당일 밤 늦게부터 빗물을 퍼내기 시작하여 겨우 일을 마쳤으나 이미 다자란 딸기가 제때 빗물을 퍼내지 못해 오랫동안 빗물에 노출되어 있었던 관계로 평소보다 수확율이 50%나 떨어져서 평소 순이익이 1,000만원이나 감소되었다. 더욱이 철수는 올 여름에 열릴 예정인 김해시최우수농업인상의 유일후보로 추천된 상태이지만 예상 밖의 아주 저조한 수확량으로 인해 수상자격이 상실되었고, 결국 그 예정상금 100만원만큼의 손해가 생겼다고 한다. 이와 관련하여 철수는 김씨와의 매매계약을 해제하면서 대금 500만원 및 법정이자의 반환을 청구하였을 뿐만 아니라, 양수기구매차손 250만원과 순이익감소분 1,000만원 그리고 상금손실분 100만원에 대해 손해배상을 청구하였다. 철수의 해제 및 대금반환청구의 인용 여부를 검토하고, 철수가 손해배상을 받을 수 있는 범위에 관한 논거를 검토하시오(통설 및 판례의 견해에 따름). 한편 나중에 밝혀진 바에 의하면 철수가 부산의 박씨로부터 구매한 동일 모델의 양수기는 당시 가격이 앙등하여 구매 이후 며칠 뒤에는 750만원에 이르렀다고 한다. 또한 유일후보로 추천되었던 사실은 담당직원으로부터 비공개로 통보만 받은 상태였다고 한다.

▼ 풀이

I. 논점

검토의 대상은 철수의 해제와 그 법률효과인 원상회복과 손해배상에 관해서이다. 먼저 해제와 관련해서, 철수에게 적법한 해제권이 발생하였는지, 더욱이 적법하게 해제권을 행사하였는지 검토되어야 한다. 그리고 해제의 법률효과로서 양 당사자는 원상회복의무를 부담하는데, 매수인에 의해 계약체결 당시에 이미 지급되었던 대금과 그날 이후의 법정이자가 그 반환범위에 포함되는지 검토해야 한다.

다음으로 손해배상을 검토하는 데, 손해배상책임의 원인과 배상범위를 구별해야 한다. 특히 손해배상책임의 원인과 관련해서는 해제의 법리와 성질상 양립할 수 있는지 검토해야 하며, 배상범위에 포섭되는 손해항목들에 대한 법적 근거를 마련해야 한다.

II. 철수의 해제 및 원상회복청구에 대한 검토

1. 해제에 대한 검토

(1) 법정해제권의 발생원인에 대한 검토

철수와 김씨는 최신 모델의 양수기 1대를 구입하기로 한 종류매매의 당사자로서, 매도인 김씨는 지참(持參)채무의 성질을 갖는 종류채무를 이행하면 된다. 채무의 성질상 약정한 시기에 변제를 제공해야 매수인 철수가 계약의 목적을 달성할 수 있다는 면에서 그 채무는 절대적 정기행위의 성질을 보유하고 있다.

철수가 양수기를 최소한 사용해야 하는 시기(始期)가 이틀 정도에 불과하다는 점을 고려하면 양 당사자가 처음에 약정한 시기(모레 아침)까지는 김씨의 변제제공이 있어야 한다. 따라서 김씨의 이행지체에 대해 철수가 유예기간을 정한 최고를 하지도 않고 즉시 해제의 의사표시를 한 것은 정당하다. 이외에도 통설은 법정해제권의 원인으로서 채무불이행이 성립하기 위해서는 채무자의 귀책사유에 기한 채무불이행일 것을 전제한다.174) 따라서 김씨가 자신이 이행지체를 하는 데 귀책사유가 없음을 적극적으로 항변하는 데 성공하지 못하는 한, 이행기를 도과하는 즉시 이행지체에 빠졌다고 봐야 한다.

즉, 절대적 정기행위의 성질을 갖는 양수기인도의무를 지체한 김씨의 채무불이행으로 인해 계약의 목적을 달성할 수 없게 된 철수로서는 이를 원인으로 하는 법정해제권(민법 제545조)을 주장할 수 있다.

(2) 해제의 의사표시

해제권자 철수는 김씨를 상대로 해제의 의사표시를 하였으므로(제543조 제1항) 김씨는 더 이상 양수기를 인도할 채무를 부담하지 않으나, 자신이 이미 수령한 대금에 대해서는 민법이 정하는 바에 따라 원상에 회복시켜야 한다(제548조 제1항).

2. 원상회복청구에 대한 검토

해제의 효과를 통설과 판례의 견해에 따라 설명하면 해제로써 위 매매계약은 소급적으로 그 효력을 직접 상실하게 된다(=직접효과설). 따라서 김씨가 부담하는 원상회복의무의 성질은 부당이득반환의무이지만, 그 범위가 원상에 미친다고 한다. 따라서 김씨는 철수로부터 계약체결 당일 이미 제공받은 대금과 동일한 가액으로 반환해야 하며(제548조 제1항 본문), 더욱이 대금을 받은 날로부터 이자를 더해서 반환해야 한다(제2항). 그 이자의 범위를 정할 이율에

---

174) 곽윤직, 채권각론, 108쪽 이하 등 참고. 그러나 정기행위는 이행지체에 의하여 곧바로 계약목적의 실현이 불가능해지므로 채무자의 귀책사유는 전혀 문제될 수 없다는 반대 견해가 있다. 특히 이에 의하면 귀책사유의 존부는 손해배상에서나 고려될 수 있다고 한다(김형배, 채권각론, 223쪽 참고).

대해서 양 당사자가 합의한 바가 없으므로 법정이율(제379조 참조) 연 5%를 적용하면 된다. 결국 대금의 원본과 이에 대한 법정이자를 합한 금액을 원상회복하라는 철수의 청구는 인용되어야 한다고 본다.

III. 손해배상에 대한 검토

1. 손해배상의 계약법적 기초 내지 책임근거에 대한 검토

계약의 해제는 손해배상의 청구에 영향을 미치지 않는다(제551조). 다시 말해서 계약이 해제되어 결국 청산되더라도 손해배상의 법적 기초가 존재하는 한 이를 배제할 수는 없다는 논리이다. 그렇다면 손해배상의 법적 기초는 무엇인가? 채무불이행인가 아니면 불법행위인가?

직접효과설에 따르면 해제에 의하여 계약은 소급적으로 직접 소멸하기 때문에 손해배상을 청구할 수 있는 법적 기초 역시 소급적으로 소멸되어 결국 존재하지 않게 되므로 논리적으로 이를 인정할 계약법적 기초가 존재할 수 없게 된다. 따라서 만약 이 학설 아래에서 손해배상을 청구하기 위해서는 해제를 한 철수가 불법행위법을 고려해야 논리적 모순을 피할 수 있다.[175] 그러나 이 학설에서는 계약관계가 소급적으로 소멸하더라도 채무자가 자신의 채무불이행으로 생긴 손해는 소멸되지 않고 현실적으로 그대로 남게 되므로 실제적 공평의 관점에서 볼 때 그 손해발생의 유책자인 채무자가 배상책임을 지는 것은 당연하다고 한다.[176][177] 결국 직접효과설은 철수에게 발생한 손해를 전보할 책

---

175) 해제의 소급효에 의해 채권관계의 소멸을 인정하면서 소멸된 채권관계를 기초로 한 채무불이행을 다시 원용하는 것은 이론적 모순이 아닐 수 없다. 즉, 해제와 양립가능한 손해배상의 청구는 계약관계의 존속을 전제로 한 경우에만 가능한 것이다.
176) 곽윤직, 채권각론, 128쪽 및 김주수, 채권각론, 139쪽 등 참고. 판례도 직접효과설을 취하면서도 손해배상의 성질은 채무불이행이라고 한다(대판 1983.5.24, 82다카1667 참고).
177) 이와 관련하여 채무불이행과 같이 법률행위가 아닌 사실로부터 발생한 손해는 소급하여 소멸하지 않으므로 계약관계가 해소되더라도 손해배상청구는 그대로 남는다는 이른바 '신직접효과설'에 관해서는 김욱곤, 해제의 효과에 관한 법리소고, 황적인박사화갑기념논문집, 1990, 739쪽 이하 참고.

임의 근거가 김씨의 채무불이행(제390조)에 있다고 보는 셈이다.178)

2. 채무불이행의 성립에 대한 검토

해제 후에 채권자에게 존재하는 손해를 전보할 방법으로 인정되는 손해배상은 채무불이행에 그 책임근거가 있으므로 민법 제390조의 요건을 검토함으로써 그 성립 여부를 판단할 수 있다. 하지만 해제의 효과를 직접효과설에 의해 설명하는 통설에 의하면 법정해제권이 발생하기 위해서는 채무자의 이행지체 내지 이행불능에 대한 귀책사유가 그에게 존재하여야 한다고 하였기 때문에 법정해제의 원인으로서 채무불이행이나 손해배상의 원인으로서 채무불이행이나 그 요건은 동일하다고 봐야 한다. 따라서 채권자가 해제 없이 손해배상만을 청구하는 경우와는 달리, 계약관계를 해제하면서 청구하는 손해배상에서는 그 원인이 되는 채무불이행의 요건을 굳이 구체적으로 검토할 실익이 존재하지 않는다.

따라서 김씨가 절대적 정기행위의 성질을 가진 양수기인도의무가 지체에 빠지는 데 자신에게 귀책사유 없음을 항변하는 데 실패하면서 계약의 목적을 달성할 수 없게 된 철수가 위 계약을 해제하게 된 것이므로, 이미 손해배상의 원인으로서 채무불이행의 구체적 요건들은 모두 충족되었다고 봐야 한다.179)

---

178) 하지만 '계약이 합의에 의하여 해제 또는 해지된 경우에는 상대방에게 손해배상을 하기로 특약하거나 손해배상 청구를 유보하는 의사표시를 하는 등 다른 사정이 없는 한 채무불이행으로 인한 손해배상을 청구할 수 없다.'(대법원 1989.4.25. 선고 86다카1147·86다카1148 판결 참조). 그리고 '그와 같은 손해배상의 특약이 있었다거나 손해배상 청구를 유보하였다는 점은 이를 주장하는 당사자가 증명할 책임이 있다.'(대법원 2013.11.28. 선고 2013다8755 판결 참조)

179) 해제권의 발생원인이 되는 채무불이행에 관해서 상대방의 귀책사유가 반드시 필요하지 않지만 손해배상의 원인으로서 채무불이행에 관해서는 귀책사유가 반드시 필요하다는 청산관계설에 의하면 상대방의 귀책사유 없이 이행이 지체되어 계약의 목적을 달성할 수 없게 된 경우에 채권자에게는 해제권만이 주어진다고 본다. 이 학설에서는 해제와 손해배상이라는 두 제도는 기능과 요건을 달리하는 계약의 청산제도인 셈이다 (김형배, 채권각론, 223쪽 참고).

3. 손해배상의 범위에 대한 검토

(1) 배상범위의 근거

채무불이행을 책임원인으로 하는 손해배상이기 때문에 그 범위는 민법 제393조 제1항과 제2항의 법리에 따라 정해지는데(통설),[180] 배상하여야 할 손해의 성질은 원칙적으로 이행이익이라고 한다.[181]

따라서 철수로서는 자신에게 존재하는 손해 가운데 민법 제393조의 요건에 충족되는 손해에 대해서만 그 배상을 청구할 수 있다.

(2) 손해배상의 범위

가. 통상손해

채무불이행을 원인으로 한 김씨의 손해배상은 통상손해가 그 한도로 된다(제393조 제1항). 그렇다면 통상손해가 어디까지의 손해를 말하는지는 학설에 맡겨진 문제이다. 이에 관해 통설은 채무불이행에 의한 통상손해에 해당되기 위해서는 상당인과관계가 그 판단기준이 되며, 채무자 자신이 통상손해가 발생할 수 있는 사정을 예견할 수 있었는지는 전혀 문제되지 않는다. 더 나아가서 통설은 사회일반의 관념에 비추어 볼 때 채무불이행이라는 어떤 선행사실로 말미암아 보통 발생하는 후행사실로서 손해가 있을 때 상당인과관계가 존재한

---

[180] 채무불이행으로 인한 손해배상과 해제를 양립시키는 것은 이론적 모순이라는 이유에서 손해배상의 범위를 신뢰이익의 배상으로 한정하려는 견해가 있다(김주수, 채권각론, 140쪽 참고). 하지만 이행이익이든 신뢰이익이든 이는 채무불이행을 이유로 배상하여야 할 손해의 '성질'에 관한 담론에 지나지 않으며, 어느 것이나 그 양(量)을 따질 경우 언제나 민법 제393조에 따라 통상손해와 특별손해에 포섭되는지를 검토하여야 한다.

[181] '채무불이행을 이유로 계약해제와 아울러 손해배상을 청구하는 경우 그 계약이행으로 인하여 채권자가 얻을 이익 즉 이행이익의 배상을 구하는 것이 원칙이고, 다만 일정한 경우에는 그 계약이 이행되리라고 믿고 채권자가 지출한 비용 즉 신뢰이익의 배상도 구할 수 있는 것이지만, 중복배상 및 과잉배상 금지원칙에 비추어 그 신뢰이익은 이행이익에 갈음하여서만 구할 수 있고, 그 범위도 이행이익을 초과할 수 없다'고 한다. '(대법원 1992.4.28. 선고 91다29972 판결; 대법원 2002.6.11. 선고 2002다2539 판결; 대법원 2007.01.25. 선고 2004다51825 판결 등)

다고 하며, 이 기준에 의해 정당화되는 손해를 통상손해라고 이해한다.182)

위 <문제>에서 김씨의 이해지체로 말미암아 계약의 목적을 달성할 수 없게 된 철수가 자신에게 발생한 손해를 방지하는 과정에서 제3자로부터 대체물건을 구매하게 되었기 때문에 통상손해를 획정할 때 이를 고려해야 할 것이다. 만약 대체물건을 구할 수 없었더라면, 다시 말해서 철수가 스스로 손해의 확대를 막지 않았더라면 2,000만원의 순이익을 획득할 기회가 상실되었을 것이다. 순이익감소분 2,000만원은 김씨의 채무불이행이 견지되었으면 사회통념상 일반적으로 발생하였을 후행사실로서의 손해이므로, 이를 통상손해라고 볼 수 있다(제393조 제1항). 그러나 다행히 철수가 손해방지노력을 다한 끝에 순이익감소분이 1,000만원으로 감축되었다는 점, 그리고 손해방지노력을 하는 과정에서 출연된 양수기구매차손 250만원이 통상손해로서 추가되었다고 볼 것이다. 결국 철수는 김씨를 상대로 1,250만원의 통상손해를 한도로 그 배상을 청구할 수 있다고 본다. 그러나 양수기구매차손 250만원은 철수가 해제 당시의 구매차손이 아니라는 점을 고려한다면, 이 손해항목에 대해서는 손해의 산정시기를 고려하여 재고할 필요가 있다.

요컨대 철수는 순이익감소분 1,000만원과 양수기구매차손을 통상손해로서 그 배상을 청구할 수 있겠다. 따라서 이러한 결론에 대해 김씨가 항변하기 위해서는 특히, 순이익감소분은 통상손해가 아니라, 철수에게 존재했던 특별한 사정에 의한 손해임을 주장·입증해야 할 것이다.

나. 특별손해

a. 민법 제393조 제2항의 해석

민법 제393조 제2항의 특별손해라 함은 그 손해가 특별한 사정으로 인해 발생하였을 뿐만 아니라, 특히 채무자가 알았거나 알 수 있었던 특별한 사정으로부터 생긴 손해를 의미한다. 다시 말해서 특별손해는 채무자 자신의 예견가능성에 의해 포섭된 특별사정으로부터 생긴 손해이며, 따라서 그 손해의 범위

---

182) 곽윤직, 채권총론, 146쪽 및 이은영, 채권총론, 284쪽 이하 등 참고.

는 문제가 된 특별사정으로부터 통상 생기는 손해만 해당된다고 한다. 결국 특별손해라는 것은 상당인과관계설에 비추어 볼 때 특별한 통상손해 또는 채무자가 예견가능한 특별사정으로부터 생긴 통상손해라는 정도의 이해에 머물러 있다고 봐야 할 것이다(사견). 따라서 특별손해의 명목으로 배상되기 위해서는 첫째, 특별한 사정으로부터 통상 생기는 손해이어야 하며, 둘째 이 특별한 사정을 채무자가 최소한 알 수 있었어야 한다.

b. 문제해결

유일후보로 추천되었던 최우수농업인상을 수상하지 못함으로써 잃게 되었다는 상금손실분은 김씨의 채무불이행으로 인해 통상 생길 수 있는 손해가 아님이 분명하기 때문에 철수로서는 이를 특별손해의 명목으로 그 배상을 청구해야 한다. 따라서 그 배상청구가 인용되기 위해서는 민법 제393조 제2항의 요건에 충족되어야 한다.

먼저, 철수가 최우수농업인상을 수상할 유일후보로 추천되었다는 사실은 철수에게 있어서 숨어 있는 특별한 사정이라고 볼 수 있다. 그리고 유일후보였던 철수가 상금을 획득할 수 있는 기회의 상실이라는 손해는 이러한 특별한 사정으로부터 통상 생기는 손해에 해당한다.

다음으로 철수에게 그러한 특별한 사정이 있었다는 사실에 대해 김씨가 이를 알았거나 이를 모르더라도 김씨에게 과실이 있어야 비로소 상금손실분을 특별손해의 명목으로 그 배상을 청구할 수 있을 것이다. 한편 특별사정에 대한 김씨의 예견 또는 예견가능성에 대해서는 이행기를 기준으로 판단하며,[183] 철수가 채무자의 예견가능성을 입증해야 한다(통설).[184]

그런데 위 <문제>에서, 앞의 요건은 충족되겠지만 철수에게 존재하는 특별한 사정은 담당직원으로부터 비공개로 통보받아 아직까지 혼자 알고 있는 내용이기 때문에 뒤의 요건이 충족될 가능성은 없다고 본다면 상금손실분 100만

---

[183] 곽윤직, 채권총론, 150쪽 및 대법원 1985.9.10. 선고 84다카1532 판결 참조. 불란서민법 및 영미법의 학설을 비롯하여 계약체결시에 그 예견가능성의 존부를 판단해야 된다는 견해가 있다(김형배, 채권총론, 264쪽 참고).
[184] 김형배, 채권총론, 264쪽; 곽윤직, 채권총론, 150쪽 참고.

원에 대한 철수의 배상청구는 인용될 수 없다고 봐야 한다.

(3) 손해의 산정

손해배상액의 산정은 해제의 의사표시가 상대방에게 도달할 때의 시장가격으로 한다(통설).[185] 따라서 양수기구매차손이 박씨로부터 구매 이후에 100만원이 앙등되었다고 하더라도 양수기구매차손이라는 통상손해에 대한 산정은 철수의 해제시를 기준으로 해야 한다. 결국 양수기구매차손에 대한 철수의 배상청구는 해제시의 시장가격을 반영한 150만원에 한하여 인용될 수 있다.

---

185) 원래 채권자는 해제할 때까지는 원채무의 이행이 가능한 한 그 시점에서 본래의 급부를 청구할 수 있었으므로, 해제에 의하여 급부청구권이 전보배상청구권으로 전환되었다고 볼 것이다(대법원 1983.5.24. 선고 82다카1667 판결 참조).

◎ 연습문제

<연습 15-1> 콜롬비아産 커피의 생두를 판매하는 강씨는 올해 생산품 100Kg 가량을 1,000만원에 최씨에게 넘기는 계약을 체결하였다. 최씨는 강릉 정동진에서 원두커피전문점을 오랫동안 운영하던 사람으로서 매년 초에 1년치 소비량을 계약하곤 하였다. 최근 전통음료에 대한 관심이 젊은 층 사이에 증가하면서 커피의 소비량이 현격하게 감소되자 최씨는 운영하던 원두커피전문점을 폐쇄하고 전업하기로 생각을 굳히면서, 위 매매계약을 체결한 지 3주 만에 강씨에 대해 위 매매계약을 해제한다는 내용문서를 송부하였다. 한편 강씨는 위 원두커피를 확보하기 위해 수업업자 박씨로부터 같은 내용의 계약을 이미 체결하였고 제때 대금을 지급하지 못하면 손해배상액으로 100만원을 지급하기로 약정까지 했으나, 이러한 내용에 대해 최씨가 아는 바는 전혀 없었다고 한다. 최씨로부터 수령한 대금을 가지고 수입업자 박씨에게 자신의 대금을 결제하려던 강씨는 그와 약정된 손해배상예정액으로 100만원을 지급하였다. 이와 관련하여 강씨는 최씨의 이행지체를 이유로 손해배상을 청구하였는데, 최씨의 계약파기로 인해 자신이 박씨에게 물어주었던 100만원이 특별손해라고 주장한다. 이러한 강씨의 주장이 타당한지 검토하라. (논점 : 특별손해의 배상요건. 대법원 1980.5.13. 선고 80다130 판결 및 대법원 1997.11.11. 선고 97다26982·26999 판결 참조)

<연습 15-2> 강씨는 최씨 소유의 나대지 10평을 1,000만원에 매입하여 이곳에서 술과 약간의 안주를 파는 포장마차를 운영하려고 한다. 강씨의 요청에 따라 선대금 100만원을 받은 최씨의 양해 아래 강씨가 먼저 위 토지를 인도받고 포장마차영업에 필요한 시설공사를 마치고 영업을 하기 시작했다. 한편 두 달 뒤에 잔대금 900만원을 완제하면서 소유등기를 이전받기로 하였고, 만약 강씨가 잔대금을 제때 지급하지 않으면 위약금으로 대금의 20%를 지불하기로 약정하였다. 그런데 두 달이 지났음에도 불구하고 강씨가 잔대금을 지급하지 않자, 최씨가 위 매매계약을 해제하고 시설물철거 및 토지명도를 청구하고 승소하였다. 이어서 강씨는 위약금의 명목으로 200만원 이외에도 특별손해로서 100만원의 지급을 청구

하고, 영업을 계속한 위 시설물이 철거될 때까지 토지의 차임 상당의 손해에 대한 배상을 청구하였다. 이에 대해 최씨는 위약금 200만원을 지급하면서 이것으로써 모든 손해를 전보되었다고 항변한다. 최씨의 항변을 평가하라. 나중에 밝혀진 바에 따르면, 강씨는 최씨로부터 수령할 잔대금 900만원으로써 분양연립주택의 사업자 박씨에 대한 중도금지급채무를 변제하려던 계획이 수포로 돌아가면서 분양약관에 따라 박씨로부터 해제당하고 위약금조로 100만원을 공제된 후 분양선금을 돌려받았다고 한다. (논점 : 손해배상액예정의 효력이 특별손해와 불법행위로 인한 손해에도 미치는지 여부)

<연습 15-3> 대학을 졸업한 지 5년이 지나도록 취업이 되지 않자 김씨는 작년에 상속받아 유일하게 소유하고 있던 임야를 담보로 2억 원을 은행으로부터 대출받은 후 건축업자 박씨에게 독서실전용건물의 신축을 의뢰하였다. 박씨는 원래 김씨의 고향선배로서 김씨가 건물을 신축하게 된 연유 및 상속받은 재산을 담보로 자금을 확보했다는 점들에 대해서 잘 알고 있는 사람이다. 그런데 건물의 완공 후 독서실을 운영하던 김씨는 한 달 뒤 장마가 시작되면서 벽 사이로 조금씩 누수(漏水)가 생기자 이를 박씨에게 알리고 조속한 조치를 요청하였지만 그가 차일피일 미루면서 김씨는 한 달 동안 거의 밤잠을 이루지 못했다. 급기야 독서실 이용객들이 급감하면서 위 대여금의 이자조차 변제하는 데 어려움을 겪게 되었다. 다행히 장마가 끝나면서 누수현상이 멈추었지만, 독서실영업실적이 계속 저조하면서 대여금이자의 미납금이 늘어나면서 은행으로부터 변제독촉에 시달리게 되었다. 이와 관련하여 김씨는 박씨를 상대로 손해배상을 청구하였는데, 그 손해에는 누수를 임시로 막느라 소요된 비용과 독서실영업이익의 감소분 외에도 정신적 고통으로 인한 위자료가 포함되어 있다. 김씨의 보수청구 및 손해배상의 청구는 인용되겠는가? (논점 : 채무불이행으로 인한 위자료의 법적 근거. 대법원 2007.12.13. 선고 2007다18959 판결 등 참조)

<참고문헌>(가나다 순)

곽윤직, 채권각론(신정수정판), 박영사, 2000
곽윤직, 채권총론(신정수정판), 박영사, 1999
고영남, 계약법에서 손해의 성질결정 : 대법원 2006.2.10. 선고 2003다15501 판결을 중심으로, 민사법학, 제33호, 2006
김기선, 한국채권법각론(제3전정판), 법문사, 1988
김상중, 채무불이행법 체계의 새로운 이해를 위한 시도 : 채무구조론과 '요건적 유형론'의 극복을 통하여, 비교사법, 제16권 제2호, 2009
김주수, 채권각론(제2판), 삼영사, 1997
김형배, 채권각론(계약법), 신정판, 박영사, 2001
김형배, 채권총론(제2판), 박영사, 1998
이은영, 채권각론(제3판), 박영사, 2000
이은영, 채권총론(개정판), 박영사, 1999
정성헌, 신뢰이익에 대한 연구 : 신뢰이익에 대한 비판적 검토, 그리고 새로운 이해를 위한 시론, 민사법학, 제70호, 2015

사항색인

ㄱ

가액반환	94
간접적 손해	53
간접증명	63
감독의무	16
강박	80
강박행위	77
객관적 과실	5
객관적 과실설	4
객관적 하자	175
거래안전의무	5
거래의 안전	105, 197
견련관계	112
결과불법론	8, 32
경솔	76
계약	71
계약교섭	64
계약교섭의무	64
계약책임	59
계약체결상의 과실 책임	90
계약체결상의 과실책임	59
계약체결상의 악의	60
계약파기	64
고유책임설	17
고유한 책임	65
고의	4
과실	4, 34, 106
과실책임	7
관리행위	102
관습법	61
구두제공	140
구상권	22, 155, 158
구상범위제한설	23
궁박	76
귀책사유	127, 131, 180, 190, 203
금전배상주의	46
금전채무	152
급부	129
급부의 위험	126
급부의무	143, 169, 172
급부의무 이외의 용태의무	169
기망행위	93
기본대리권	104
기초적 내부관계	109

ㄴ

내심의 효과의사	79

ㄷ

담보책임	168
대리감독자	38
대리관계	109
대리권	102
대리권소멸 후의 표현대리	104

대리권수여표시에 의한 표현대리	104	배상보장설	18
대리권의 남용	106	법률요건	3
대리인	100	법률적 인과관계	10, 15, 36
대리행위	100	법률행위	8, 74
대상(代償)	128	법률효과	73
대상청구권	128	법의 유추	61
대위	160	법정대위	159
대위책임설	17	법정책임	65, 103, 117, 169
독일민법학	60	법정책임설	170
동기	75	법정해제권	90, 188, 203
동시이행의 항변권	82, 113, 141	변제	168
동일성	142	변제기	83, 114, 139
		변제의 제공	142

ㅁ

		변제자대위제도	157
무경험	76	변제할 정당한 이익	159
무과실	173	변제할 정당한 이익이 있는 자	153
무과실책임	22, 181	부기등기	161
무권대리	102	부당이득	88, 91, 94, 163
무권대리행위	102	부당이득반환의무	193
무의식적 불합의	96	부수적 의무	169, 184
무효	71, 108	부수적 주의의무	62
무효·취소	60	부진정연대채무	18
물건의 하자	179	불가분성의 원칙	199
물권설정행위	99	불공정한 법률행위	76
물권적 효과설	194	불법원인급여	109
물권행위의 유인성	196	불법행위	3, 59, 204
		불법행위능력	7

ㅂ

		불법행위책임	4, 15, 62
반대급부	112, 130, 148	불안의 항변권	121
반사회질서행위	74	불완전이행책임	168
		불합의	88

불확정개념	74	상담조건부 기소유예	272
비교형량이론	9	상린관계	7
비진의표시	78	상사과실	178
		상사회사	153
		상속	79

ㅅ

		사기에 의한 의사표시	93
사기파산죄	131	사무감독관계	19
사례금	118	사무관리	155, 158
사망	21	사무집행관련성	20
사무관리	107	사실적 인과관계	10, 32, 35, 44
사법경찰관	263	사용관계	19
사법경찰리	263	사용자	17
사보험	189	사용자의 면책사유	18
사실상의 구속력	14	사용자책임	18, 37, 62
사실상혼인관계존부확인의 소	53	사자(使者)	85, 100
사실인 관습	7	사정변경	198
사실혼	52	사회질서	74
사용대차	101	산정	47, 209
사원총회	159	상계	156
사적 부양	76	상당인과관계	183
사전연명의료의향서	28	상당인과관계설	16, 43, 208
사전연명의료의향서등록기관	26, 28	상당한 기간	191
사전채무조정제도	136	상속	115
사형	255	상환의 원칙	113
사형제도의 합헌성	257	선관주의의무	124, 168
사회규범	3	선량한 관리자의 주의의무	124
사회복지시설 이용 지원	293	선량한 풍속	74
사회적협동조합	160	선이행의무	118
상가건물	146	선택채무	147
상가건물 임차 보증금액	147	설명의무	33, 169, 184
상관습법	7	성년후견제도	8

소급적 무효	71	예링	61
소급효	196	완전물인도의무	170
소멸시효	62	외형이론	20
소유권	195	원물반환	94
손해방지의무	64	원상회복의무	91, 177, 193
손해배상	3, 204	원인행위	114, 196
손해배상액예정	211	위법성	8, 32, 34, 80
손해배상청구권	63, 92, 172	위법성조각사유	33
손해의 공평한 분담	24	위법한 기망행위	93
수권행위	101	위법행위	15
수동채권	157	위임	158
수량을 지정한 매매	184	위자료	51, 211
수령거절	140	위험	126
수령지체	116, 143	위험부담	127
수익자	95	유권대리	101
숨은 원시적 하자	168	유권대리행위	101
승낙	33, 160	유동적	108
신뢰	60, 65, 103	유치권	154
신뢰관계	65	유효요건	71
신뢰이익	67, 89, 92, 177	의료인	30
신의칙	24, 60	의료행위	30
실체권설	119	의사(意思)	170
쌍무계약	83, 112, 141, 189	의사능력	72
		의사무능력	72
		의사표시	72, 192
ㅇ		이익상환	134
악의	76	이중매매	85
안전배려의무	169	이해관계	153
업무상 과실	30	이해관계 없는 제3자	152
업무집행관련성	18	이행	71
예견가능성	44	이행기	115, 189

이행보조자	62	정보제공의무	169
이행불능	90, 182, 190, 205	정신적 손해	52, 69
이행상 견련관계	112	제3자변제	151
이행의 제공	83, 116	제548조 제1항 단서의 확대적용	196
이행이익	68, 181	존속상 견련관계	126
이행제공	191	종류물	170
이행지체	117, 139, 140, 188, 203	주관적 과실	5
인과관계	10, 94	주관적 과실설	5
일물일권주의	197	주관적 하자	179
일반불법행위	3	준소비대차	153
일반적 인격권	9	지참(持參)채무	202
일반조항	74	직접효과설	91, 193, 203
일부무효	169	진의 아닌 의사표시	79
일부불능	132, 169		
임의대리	101	**ㅊ**	
임의대리권	101		
임의대위	160	착오	93
입증책임	5, 63	착오에 의한 화해계약	97
		채권	154
ㅈ		채권의 준점유자	163
		채권자지체	143
자기결정	33	채권적 효과설	194
자동채권	157	채무불이행	92, 124, 172, 203, 204
자유	190	채무불이행책임	5, 169
재산상 손해	52	채무불이행책임설	170
저당권	158	채무자위험부담주의	126
전부명령	114	채무자의 의사	152, 153
절대적 법익	9	책임능력	5, 6
절대적 정기행위	198, 203	책임무능력자	8, 17
정기행위	188	책임설정적 인과관계	10, 44
정당한 이유	106	책임충족적 인과관계	44

처분행위	99	표현대리	103
청구원인	3	표현대리책임	103
청산관계설	91, 194	피담보채권	157
최고	139, 191	피담보채무	154
추상적 경과실	4	피한정후견인	6
추심채무	147		
추인	108		
취소권	71, 82, 93		

ㅋ

ㅎ

타인성	100	항변권설	118
통상손해	46, 206	해제	90, 137, 204
통지	160	해제계약	138
특별규정	173	해제권	137, 172, 188
특별손해	48, 207	해제의 소급효	196
특정	147	행위불법론	8, 34, 64
특정물	167, 168	허위표시	85
특정물도그마	125, 167	현명주의	100
특정물채무	170	현실제공	139, 171, 190
특정채권	85	형성권	80, 138
특칙	172	형식주의	195
		확정일자 있는 증서	161
		효과의사	73, 100
		효력	71

ㅍ

폭리행위	76, 82
효력요건	71
후발적 불능	126, 127

■ 저자소개

고 영 남

[약력]

고려대학교 법과대학과 같은 대학원 졸업(법학박사)
인제대학교 법학과 교수(2001-현재)

[주요 논문과 저서]

'민법의 기본원리에 대한 의문'(<민주법학>, 1996)
'계약법에서 손해의 성질결정'(<민사법학>, 2006)
'학교법인 임시이사의 권한'(<민주법학>, 2007)
'학교법인의 정상화에 관한 종전이사의 이해관련성'(<민주법학>, 2010)
'계약자유, 그리고/그러나 인권'(<민사법연구>, 2010)
'이혼의 자유'(<인제법학>, 2012)
'통상임금 노사합의의 효력'(<민주법학>, 2014)
'계약규범의 재구조화를 위한 가치다양성'(<저스티스>, 2015) 외 논문 다수
<민법학>(공저)(신조사, 2013) 외 (공)저서 다수

민 법 사 례 연 습

2016년 2월 28일 인쇄
2016년 3월 4일 발행

지은이 | 고 영 남
펴낸이 | 조 형 근
펴낸곳 | 도서출판 동방문화사
주 소 | 서울시 서초구 방배로 16길 13
전 화 | (02) 3473-7294
F A X | (02) 587-7294
E-Mail | 34737294@hanmail.net

* 이 책의 무단전재 및 복제행위는
  저작권법에 의거, 처벌의 대상이 됩니다.

값 20,000원

ISBN 979-11-86456-20-0 93360